国家现代农业产业技术体系（CARS-38）经费资助

中国羊文化的历史发展与传承

王玉琴　著

赵有璋　审

中国农业出版社

北　京

序

　　2007年9月21—23日，"第四届中国羊业发展大会暨首届中国羊肉美食节"在江苏省苏州市隆重举行。大会特邀请我作《中国羊文化》报告。十多年来，又多次应邀到各地作报告，同时不断修改补充，现将有关《中国羊文化》专题报告提供大家参考。中国的羊文化是指中华民族在不同的历史阶段，在发展养羊业过程中，由国人创造、加工的，富有羊内容特色的文学艺术、科学技术和羊相关的遗迹、遗物等的总和。它是中华文化的重要组成部分，是中华民族宝贵的精神财富。

　　王玉琴教授在多次参加养羊实践、科研教学活动及社会调查等的过程中，积累了丰富的有关羊的资料，内容具体可靠，并从中归纳、提炼出许多羊文化现象、事实，甚至是规律。这对我们用羊文化的现象或规律来协助指导养羊业生产实践，促进我国现代羊产业的不断发展起着重要的推波助澜作用。

　　该书主要阐述了与羊有关的各地区特色、民族特色、边陲特色文化，以及数千年的养羊发展过程和经验。笔者以史实为依据，比较客观地记述过去，如实反映当前，恰当记述各种错综复杂事件，并予以科学评价。

　　该书内容重点突出，层次阐述清楚，笔锋顺畅，并配有相应图片，使读者看后有较大收获，是一部难得的历史与现实结合很好的专著。

　　历史是一面镜子，观今宜鉴古，无古不成今。因此，中国养羊业数千年的历史发展与传承，不论是正面的经验，还是反面的教训，都是极为宝贵的精神财富。该书对当前乃至今后中国羊产业的发展，都是一部具有极高参考价值、学术价值和馆藏价值的专著，必将受到中国广大畜牧工作者、广大农林院校师生的积极欢迎和好评。

　　特向大家推荐并以此作序。

赵有璋

2023 年 3 月

前言

　　《诗经·小雅·无羊》中"谁谓尔无羊？三百维群。"为我们展现了一幅古代人民的放牧图。羊是人类衣食之源，是人类最早开始狩猎和驯养的动物之一。游牧民族以羊作为主要的生产、生活资料，到农耕社会时期，养羊的数量还是一种家庭或乡村生活富裕程度的象征。羊文化源远流长，羊是被华夏先民选作祭拜祖宗的祭品，伏羲、炎帝是中华人文始祖，他们与羊有着千丝万缕的"亲缘关系"，羊是伏羲、炎帝部落早期的图腾。自古以来，人们把羊视为温驯善良、公正公平、积极热情、儒雅、吉祥的象征，羊的品质赋予了中华羊文化的神与魂，经历了数千年的历史沉积，对中国政治、法律、道德、文学、艺术、饮食、礼仪、美学等领域产生了深刻的影响。随着现代社会的发展，人们生活水平的提高，养羊业产品肉、皮、毛、奶等越来越走进人们的日常生活，而"美""善""孝""仁""义""礼"等羊的品格则融入人类的心灵与精神中；羊文化中的政治、道德等元素还在现代大、中、小学的教材中作为思政案例被引用，在增加教育意义的同时，还提升了人们对羊的审美认知和内在特质认识的精神感受，并与现代人的价值观相契合，更成为一代代养羊人秉持笃志前行、虽远必达的初心，从而在从事养羊生产、养羊科学研究中，不断地继承和弘扬羊文化的精髓，使植根于中华民族血脉深处的羊文化基因历久弥新。同时，还需要指出，羊是世界性的，羊文化也具有世界性，透过世界之窗，我们可以概略地从中西羊文化的差异中，以独特的视角辨别和赏析中华羊文化独特的魅力，为中华民族文化自信注入不竭的动力。

2007年9月,"第四届中国羊业发展大会暨首届中国羊肉美食节"在江苏省苏州市举办,大会特邀我国著名养羊专家、国务院学位委员会第四届学科评议组成员、甘肃农业大学原副校长、全国高等农业院校先后三版《羊生产学》教材主编、中国畜牧兽医学会养羊学分会第二至第四届理事会理事长、农业农村部、科技部、教育部、国家科技进步奖等评审专家、多项省部级科技进步奖一等奖、教学成果奖、优秀教材奖一等奖获得者赵有璋教授作《中国羊文化》的报告,报告受到与会者的热烈欢迎和积极好评。2015年,羊年到来的时候,赵有璋教授写了一篇《羊年谈中国的羊文化》的文章,介绍了羊文化的定义和内涵、羊与中国的传统和现代文化的关系等,为羊年奉献了一道有关羊的文化大餐。很多年过去了,该文章仍被业界的人们不断诵读和传阅,为养羊领域开启了探究羊文化、学习羊文化的大门。

近几年,作者与赵有璋教授再次谈起他的关于羊文化的报告和文章,他又口述补充了新的内容。由于先生视力不好,已不能长时间在电脑前工作,便授权给我,让我牵头著书。在认真研究梳理赵有璋先生关于"羊文化"的文章和思想后,在先生报告和文章的基础上,补充新的内容并出版此书,命名为《中国羊文化的历史发展与传承》。

本书内容共分为八章:第一章主要介绍了羊与羊文化的概念,浅显地介绍了游牧文化与羊文化、农耕文化与羊文化及农牧羊文化与农耕文化的交融与发展。第二章主要讲述了羊的起源和驯化、羊种的演变、中国古代养羊业及羊文化、中国近代养羊业及羊文化。第三章主要叙述了"羊"字的起源与羊文化,羊骨遗迹、羊图腾、艺术、器物及语言文学与羊文化,与羊有关的历史故事传说,羊文化地理等。第四章主要内容有与羊相关的民间竞技活动、民俗与羊文化。第五章介绍了西方世界对羊的崇拜和相关文化意象。第六章重点讲述了新中国成立以来羊文化的形成和养羊业取得的成就和进步,同时介绍了羊文化在现代社会的表现形式及对现代养羊生产、科学研究、社会人文的影响。第七章重点讲述了全国各地知名羊肉、羊汤美食文化等。第八章简要介绍了羊生肖、古今属羊名人姓名中的"羊"。

本书凝聚了赵有璋教授对羊文化的资料积累和智慧成果，也是作者创新性著作，旨在为致力于养羊业发展和羊文化传承的广大同仁提供基本参考资料；同时，本书的部分内容还可作为涉农大中专院校课程思政的参考资料。

本书在编排、文字内容等方面还得到兰州大学李发弟教授的热心指导，并提供了相关照片和素材；研究生王赛桥、赵露、孙赛祎等在照片采集、文字校对等方面做了大量工作，在此一并表示感谢。鉴于作者水平和阅历有限，加之羊文化本来博大精深，作者在此体现的可能也只是冰山一角，尚不够深入，同时书中难免存在错漏之处，恳请各位读者批评指正。

著 者

2023 年 10 月

目录

序
前言

第一章

关于羊文化

一、羊与羊文化

羊很早就被人类狩猎和驯养，不仅是游牧民族重要的财产，也是农耕社会富裕的代号，还被华夏先民选作祭拜祖宗的祭品，进而被人们赋予了情感层面的意义。伏羲、炎帝是中华人文始祖，而伏羲、炎帝部落中早期的图腾就是羊。"八卦"的出现是中华文明发展进程中的重要事件，它就是伏羲受"羊角柱"的启发后发明的；尧舜时期，法官皋陶利用"独角神羊"在面对不同人时表现出的特殊行为进行断案，体现古代社会的司法公平；董仲舒在《春秋繁露》有"羔饮其母必跪，类知礼者"的表述，将以羊为代表的孝文化升华为礼文化，给予了羊善良、知恩图报与吉祥高雅的特质。羊身上体现着儒家核心文化内涵，包括"仁""义""礼""美""祥"等内容。到明代，启蒙读物《增广贤文》中也有"羊之跪乳"等内容。纵观古今，羊文化几乎渗透到中国传统文化的方方面面。

那什么是羊文化呢？关于羊文化，很多学者都从不同角度进行定义，如广义的羊文化就是指以羊为载体、以社会学和文化学为视角所集成的文化系统。如果以羊的生物特征为载体，把羊性赋予在人性（社会性）上，即是狭义的羊文化（丘晔，2011）。从综合视角的定义，中国的羊文化是指中华民族在不同的历史阶段，在发展养羊业过程中，由国人创造、加工的富有羊内容特色的文学艺术、科学技术和羊相关的遗迹、遗物等的总和。它是中华文化的重要组成部分，是我们民族宝贵的精神财富（赵有璋，2015）。当今社会，随着人们生活水平的不断提高，养羊业产品如肉、奶、毛、皮等产品越来越受到青睐；养羊业在畜牧业经济结构调整和乡村振兴中都占有重要地位，既促进了人民群众物质生活的丰富，又推动了中华民族精神生活的丰富，深入地融入传统文化和现代文化的洪流之中。从《探索·发现》的《一段姻缘羊脖牵》到神话动漫节目《十二生肖·羊羊得意》，我们看到的是羊带给人们的视觉美和价值美，而从《一馔千年》的《胡炮羊进馔》到《谁知盘中餐》的《炙羊脊骨》，我们啜吸的是这穿越千年的人间烟火。这些都体现了羊文化的源远流长和人类物质文明、精神文明发展的深厚绵长。同时，还需要指出，本书还简单地介绍了国外对羊文化的认识。因为羊是世界性的，羊文化也具有世界性。我们可以从中西羊文化的差异中辨别和赏析中华羊文化独特的魅力，坚定中华民族文化自信。因此，为了更深入地了解羊文化和我国养羊业发展历史，本书从多个角度介绍了与羊有关的事件，以供广大养羊爱好者学习和参考。

中国传统文化从诞生起就与羊有着密不可分的关系。

二、逐水草而居的游牧羊文化

说起羊文化，不得不说一下游牧文化。游牧部落出现于原始农业发展较晚的阶段，逐渐形成了游牧民族。在中国北部和西部地区自古以来就生存着很多游牧民族，他们世代逐水草而居，共同创造了以游牧为主的地域文化，成为中华文化不可或缺的重要组成部分，也深刻地影响了中原的农耕文化。

游牧文化的产生可追溯至新石器时代末期。游牧文化，就是在干旱、半干旱地区从事游牧生产的部落、民族和族群共同创造的文化，其显著特征在于游牧生产和生活方式，即表现为游牧人的观念信仰、风俗习惯以及社会结构、政治制度、价值体系等与农耕文化的不同。游牧文化离不开游牧民族的生产和生活以及与之相伴的风俗、习惯、艺术、文学、哲学和宗教等，其信仰源于自然，生存和适应性发展依赖自然，并与自然融为一体。游牧民族以游牧生活为主，经过长期的开拓和实践，创造出灿烂的富有草原色彩的语言、饮食、服饰、建筑、礼仪、祭祀、宗教等一系列文化集合。游牧文化的特点在于动，因其依托草原生存，根据草场的变化，进行不断地迁徙，造成其整体的不稳定性。手写文字在早期并不存在或没有条件存在，还没有产生像农耕文明那样发达的社会文化和制度组织，文化的体现和传播主要依靠口耳相传，但游牧文化不论在表现形式上，还是在内容上，羊都是其中的重要元素之一。

华夏民族历经渔猎（游猎）、游牧、农耕，进入文明社会。游牧部落从其余的野蛮人群中分离出来。这是第一次社会大分工（恩格斯《家庭、私有制和国家起源》）。从游猎到游牧，体现了人类从攫取经济向生产经济的过渡。但不论经历多少阶段及社会环境的变迁，民族性格、文化的形成都留存着大自然及其生态环境的深深烙印。中国古代把马、牛、羊、鸡、犬、豕称为"六畜"，即古代最早驯化的主要家畜。其中以犬最早，因犬在渔猎时代就与人做伴，是先民狩猎的帮手，中华人文始祖伏羲名字中的"伏"字承载了这一历史信息。另外，羊是游牧民的衣食之源，"伏羲"二字中有"犬""羊"两个字，可以理解为伏羲在远古时代降服野兽为牲、畜，开创了原始畜牧业，为游牧民族的生存和发展奠定了基础。山羊或绵羊接着驯化而成，再次才是其他家畜，而家禽更晚。也有人认为，养猪的历史最早，但不同家畜种类形成的早晚应与不同社会环境有关。在已经定居的原始社会里，人类可能最初饲养猪，但迁徙的游牧社会则不然。马、牛、羊是华夏游牧民族的主要牧畜，从甲骨文中就能找到证据。据动物学家研究，野羊早就生活在甘肃、青海一带的草原上，由于羊的性情温驯，易于驯服，且肉质鲜美，皮毛又可御寒，具有多种实用价值。古羌族先民们就以牧羊为生，羊直接维系着古羌人的生存和繁衍，羊皮可缝衣，羊肉可食用，羊毛可织线，羊粪可肥田，羊头可供敬神，另外，他们还把羊骨当做卜卦用具。当时农业生产不发达，羊肉是古羌人重要的主食，所以人们饲养羊、感恩羊、敬重羊，羊逐渐成为古羌人心目中的吉祥物，后来逐渐演化成羌人氏族的标志和符号，并形成羊图腾。

游牧文化发展到今天，已有了很多现代化气息。近些年来，草原人民通过游牧文化节来展示多姿多彩的游牧生活。"中国游牧文化旅游节"由内蒙古自治区主办，如首届旅游节暨达茂旗第24届那达慕大会就在包头市达茂旗举办。文化旅游节以游牧之乡达茂旗为核心，全面展示游牧民族文化和达茂旗本土特色旅游资源，融自然、人文、休闲、体验等多种时尚元素为一体，突出"草原本质生态、游牧特色文化、大众参与体验、民生人文关怀"主题。这是现代游牧文化发展的一种形式，其中的"蒙餐烹饪暨牛羊肉伴侣大赛"是涉及羊文化的内容之一。邢莉1995年著《游牧文化》一书中提及美食羊背子、蒙古八珍、全羊婚宴、掰羊膝骨的婚礼、满天星、一条鞭等均与羊文化有关；1999年所著的《草原牧俗》介绍了游牧民族的生活习俗，其中对羊文化在游牧文化中的体现——牧羊也做了描述。

三、与农耕文化水乳交融的农牧羊文化

中华民族以中华文化共同体为标识，而中华文化共同体是在农耕文化与游牧文化交融中形成的。农耕文化与游牧文化属于不同文化类型，历史上农耕文化与游牧文化的互动与交融，主要包括由政治震荡或自然灾害等造成的移民及由于生存交流而形成的商贸、和亲等（邢莉，2022）。在社会经济的不断推动下，农耕文化和游牧文化之间，形成了在经济上彼此依赖的关系。农耕民族的农产品和手工业品是游牧民族所需要的，而游牧民族的畜牧产品也是农耕民族所希望获得的。可见"耕"和"牧"自古以来就相辅相成，互相依存。因为在华夏文明史发展中，为了不断地开发耕地，中原农耕文化不断向西部和北部渗透，使得游牧民族融入农耕文化当中。同时，在三国归晋后，游牧民族进入中

原，接受中原农耕文化洗礼，并融于当中。在彼此的渗透和融合中，形成了中国特有的文化和民族；在两种文化交融过程中，有和平也有战争；在曲折中的发展过程中，记录着一段又一段悲壮、辉煌、又让人敬仰的历史。

司马迁曾在《史记·五帝本纪》中写到"时播百谷草木，淳化鸟兽虫蛾"，认为农业起源于黄帝。由于栽培植物种类的不断拓展，我国形成了各具特色的三大农业生产方式，即以华中、华南地区为主的水稻农业，以华北、东北、西北东部地区为主的旱地粟作农业，而在蒙古草原和青藏高原一带则形成了以狩猎、畜牧为主的特色农业。秦汉时期的"沃野千里，谷稼殷积，牛马衔尾，群羊塞道"，说明羊等家畜已是农业文明中的一道亮丽风景线；同时也说明，游牧文化与农耕文化并不是相互独立存在的。黄帝和炎帝是中华民族由游牧时代进入农耕时代的功勋人物，炎帝姜姓生于姜水，说明炎帝是游牧"羊族"之子（相对伏羲而言），部族以羊为图腾（杨冠丰，2010）。

自古以来，畜牧业一直是大农业的重要组成部分，即便是在以小农业以主的广大农区，牲畜养殖依然是关系国计民生的重要产业，目前更成为乡村振兴的基础性、支撑性产业。养羊业同样占有重要地位，发挥重要作用。羊文化一直与农耕文化紧密相连。近些年，部分地区把羊文化元素注入乡村振兴发展中，如"中国（庆阳）农耕文化节"于2009年设立，每两年举办一届，已成为传承农耕文化、推介宣传庆阳的一张亮丽名片。2019年，庆阳农耕文化节与第十六届（2019）中国羊业发展大会合并举办，主题为"发展现代羊业、助力脱贫攻坚，追溯农耕渊源、促进乡村振兴"，让羊文化传承、养羊业发展和乡村振兴一脉相承。

第二章
养羊业与羊文化的历史积淀

第一节　羊种的起源和驯化

《辞海》诠注，羊为哺乳纲，牛科部分动物的统称。《现代汉语词典》对"羊"的解释是一般头上有一对角的反刍类哺乳动物。《中国养羊学》（赵有璋，2013）载，羊为哺乳纲、偶蹄目、牛科、羊亚科的反刍动物。

现在已证实，与家绵羊（*Ovis aries*）亲缘关系最近的野生祖先有摩弗伦羊（Mouflon，*Ovis musimon*）、萨溪尼羊/阿卡尔羊（*Ovis orientalis*）和羱羊（*Ovis ammon*）。谢成侠（1985）认为，还有一些所谓野羊，如体形有些类似绵羊与山羊的西藏野羊（Pseudois）和喜马拉雅山区等地的长髯羊（Hemitragus）等是同亚科的异属动物，与家畜的起源无关。另外，还有羚羊亚科（Antilopinae）的很多种动物，虽然它们与绵羊和山羊更是远缘，但我国古代人民早就视它们为名贵的药用动物，在国外也早有驯养。

B.E. 查瓦多夫斯基早在《家畜起源》一书中提到，现代家羊的祖先和亲族过去和现在都生活在亚洲，目前已遍布全球，证明在远古时期人们就把羊驯化为家羊了。它们最早的祖先主要是摩弗伦羊和它的变种，包括沙尔齐姆羊、伊朗羊、喜马拉雅山羊、西藏羊。

羊在中国至少已有五千年的驯养历史。在古人心目中的六畜中，羊居第三位。羊是人类最早饲养的动物之一和早期理想的狩猎目标，在母系氏族公社时期，在人们的生产、生活中就占有重要地位。

中国养羊的历史悠久，现代的绵羊、山羊品种都是由野生的绵羊、山羊经过自然选择和人类长期驯化而形成的，黄河流域是中国最早驯养绵羊、山羊的地区之一。羊在长期的进化过程中，受到自然界和人工的双重选择，不仅表现品种的区域性分布特点，也使现代养羊生产中的家羊与野生祖先的体型外貌和生产性能等方面发生了许多明显差异，而且家养羊不同品种间的数量性状和质量性状上都存在着丰富的多样性，如羊毛的颜色、尾型、角型、繁殖力的高低、肉品质的好坏、对特定生态环境的适应性等。《家畜的起源》一书指出，被人类驯养的动物性状发生变化的主要原因首先是气候等条件不同，如在西班牙干旱的草原上，人们成功地培育了细毛羊品种，而在当时气候潮湿的英格兰未取得成功。同时，由于不同地区人们对羊产品需求不同，或人为地创造了不同条件，形成了众多适应不同生态条件、多种类型产品的地方品种。这些地方品种的形成是一个十分漫长的历史过程，但却为后人系统地选择培育高产的专用羊品种奠定了基础。

从古至今，羊不仅为人类的生存提供了重要生活必需品，促进了人类生产、生活方式及膳食结构的转变，并且在人类社会变迁，世界不同区域之间的资源、技术及文化交流中发挥了重要作用。因此，它作为动物资源和文化符号，对人类社会的政治、经济、文化等领域的发展都产生了深远的影响并具有重要意义。

无结石山羊（家山羊较近的族属）

萨溪尼羊（阿卡尔羊），家羊祖先之一

摩弗伦羊

中国地方品种绵羊

一、绵羊的起源、驯化与迁移

（一）绵羊的起源

B. E. 查瓦多夫斯基指出，摩弗伦羊是家饲短尾羊的最近祖先，有一类特殊的肥尾羊及著名的罗曼诺夫羊就是从这种家饲短尾羊中进化而来的。另外，长尾羊和脂尾羊是从萨溪尼羊起源的，但有些其他种类的野生绵羊如生长在北部非洲的长鬃羊，也有形成某些羊种的可能。因为各种野羊容易与家养绵羊杂交，杂交后代具有繁育能力。

中国绵羊的起源，根据国内外学者的研究，认为萨溪尼羊和羱羊（盘羊）及其若干亚种与中国现有绵羊品种血缘关系最近。羱羊亦名盘羊，许心芸著《养羊法》中指出，在远古时代，蒙古、西藏及西伯利亚南部等地就有这种羊分布，体大如驴、毛短而粗，夏毛淡褐色，冬毛较长而带赤色，公羊角大，盘环螺屈，长约四尺*。中国地区迄今尚有少量盘羊的野生种存在，并且常被捕获。

谢成侠（1985）指出，绵羊在世界上有许多不同的种和亚种，因此根据各地区野生类型的形态学特征又有几种不同的分类。例如，有的把大多数的野绵羊分为摩弗伦型（Mufloniformes）和阿尔格里型（Argaliformes）两大类群。摩弗伦型绵羊公羊的角长、弯而不呈螺旋状，也有的把摩弗伦羊称为欧洲的野绵羊。阿尔格里型绵羊一般都有螺旋形的长角，体格也较大，大多数分布在天山、阿尔泰山和帕米尔高原一带。这两种类群中，与我国现有绵羊品种血缘关系最近的当属阿尔卡尔野绵羊和羱羊（盘羊）及其若干亚种，它们分别属于以上的两大类群。

羱羊本来是我国古代的称谓，虽然并不能断言其是否就是现代动物学上的羱羊，但这个名称至少有了古为今用的意义。在历史文献中，以《尔雅》所说的"羱如羊"为最早，依郭璞注解，"羱羊似吴羊而大角，角椭，出西方。"这进一步表明羱羊是一种野羊，而且和晋代江南的山羊（或绵羊）相似，角的形状十分特殊。羱羊古时在我国西部地区（西方）、内蒙古区域和东北的一些地方都有存在。《后汉书·东夷列传》记载，"鲜卑国有原羊"，说明羱字原由"原"和"羊"二字组成，表示生长在原野或草原上的野绵羊。《埤雅·卷五》描述了它的生活特性："羱羊似吴羊而大角，角椭，善斗至死，……，羱羊之在原，不可牢畜者也。一云状若驴而群行，暑天尘露，在其角上生草，戴行，爱之，独寝"。由此可见，古人所见的羱羊，它的角是非常发达的，不过我国现有的绵羊品种，除藏系绵羊之外，大多数的角已很短小，甚至进化成无角的绵羊。

目前，业界学者把考古学、比较解剖学和生理学、分子生物学等技术相结合进行研究，对以下研究结果已达成共识：绵羊在动物学分类上，属牛科的绵

---

* 尺为非法定计量单位。1尺＝1/3米。

羊山羊亚科（Caprovinae）的绵羊属（*Ovis*），染色体数目为 27 对。摩弗伦羊、阿卡尔羊和羱羊是与家绵羊血缘关系最近的野生祖先，其中的阿卡尔羊与谢成侠提到的阿尔卡尔野绵羊是一种羊。

20 世纪 50—60 年代，在新疆、青海和西藏等地区，科技工作者采取了野生羊的精液，输入到当地西藏羊母羊子宫内，得到了发育正常的后代。目前由于国家对野生动物保护力度加强，人类保护野生动物的意识提升，野生绵羊的种群数量越来越多。

（二）绵羊的驯化与迁移

人类最早驯养动物是在旧石器时代，狩猎是当时人们取得食物的重要来源。到旧石器时代末期，由于弓箭的发明和对动物生活习性的不断了解和掌握，捕获的动物包括野羊越来越多，人们把幼小或一时吃不完的动物圈养起来备用，这些圈养的动物生育的后代就在"家养"条件下生活了，人类同时积累了饲养的知识和经验，这就是驯化的开始（包戈留布斯基，1959）。

Peters 等（2005）通过分析绵羊形态的变化以及种群的历史变更，说明在 1.05 万~1.1 万年前或更早的时候，可能在伊朗的扎格罗斯（Zagros）北部到安纳托利亚（Anatolia）东南部的连续地带，绵羊就被驯化了。另外，在伊朗和伊拉克边境地区的扎格罗斯山，考古研究者也发现了现存最早的绵羊化石，这样又将绵羊的驯化时间追溯到 11 000 年前的中石器时代末期。同时 Rezaei 等（2009）研究提示，家养绵羊可能由西南亚开始向世界扩张。

自新石器时代晚期，由于社会的进步、人口增加、不同区域间人群流动性不断加强，东西方贸易往来加深，驯化的羊可能于公元 3000 年前后由西亚两河流域向东传播到中国甘肃、青海地区，又于公元前 2500 年左右传入中原地区（左豪瑞，2017）。

结合考古学分析，中国绵羊遗存最早可以追溯到 5 000~7 000 年前。利用碳测技术测定从河北武安磁山遗址出土羊骨的结果表明，中国养羊业起源应当在 8 000 多年前。综合这些分析，羊的驯化时间至少也应在这个时期或更早些。同时，各地发掘的羊骨都可证明，我国的绵羊起源于多个地区，或者也可以说，我国的绵羊在一个地区被驯化以后，又向其他地区扩散。中国黄河、长江流域和西北地区以及西南地区，在新石器时代就有羊的存在。恩格斯在《家庭、私有制和国家的起源》中指出，动物的初次驯化和畜群的形成是在世界上的草原地区，只是未提到中国的草原。我国考古学家在内蒙古考察后，认为在新石器时代，牛羊就是家畜的主要代表（吕遵谔，1960）。西北的考古发掘也同样证明这一观点，如玉门火烧沟遗址的墓葬中以羊骨最多，其年代已晚在夏代，相当于齐家文化后期；青海都兰塔里他里哈遗址也以羊骨最多。这些都是考古学家研究绵羊驯化的有力依据。

野绵羊是一种行动灵敏、机警、胆小的群居动物，经过驯化后，成为家畜中最为温驯的动物之一，但仍留有野生时代的一些天性。在某些地区，绵羊的驯化早于猪和牛，但不能一概而论，在以养猪为宜的环境中，可能是猪先被驯化，如在中国南方绵羊的驯化晚于猪但早于牛，而在北方，绵羊比猪和牛更早被驯化。绵羊在新月沃地被驯化后向东、西2个方向扩散至欧洲与亚洲（Lü，等，2015）。中国绵羊有西域羊种东移和北羊南迁的现象（谢成侠，1985），沿着中亚草原带到蒙古高原，再以蒙古高原作为一个转运中心，向南扩散，进入中国其他各地区。在中国西南地区的绵羊又向印度北部地区迁移（赵永欣等，2017）。中国西北的甘肃和青海一带发现有公元前3600年至公元前3000年间家养绵羊骨化石；中原地区没有发现公元前2500年前的绵羊骨骼化石，但公元前2500年后的有发现，这都证明了绵羊在中国境内从西向东的扩散路线（袁靖等，2007）。

绵羊的分布与气候类型关系密切。从气候干旱的西北部沙漠半沙漠地区到气候湿润的中东部地区有绵羊分布，从海拔高的青藏高原地区到海拔较低的东部地区也有绵羊分布，总体分布特点是从北到南，从内陆到沿海，数量及分布由多到少。

二、山羊的起源、驯化与迁移

（一）山羊的起源

山羊在动物学分类上，属牛科的绵羊山羊亚科、山羊属（Capra），染色体数目30对。家山羊（Capra hircus）的野生祖先根据角型不同有2两个野生种，即角呈镰刀状的猯羊（Capra aegagrus）和角呈螺旋状的猯羊（Capra falconeri）。它们之间的杂交结果经过几千年的驯化过程，角形发生退化或成为较小的角。在欧亚大陆都能见到这两个角形的野生种。在青藏高原地区就常见角呈镰刀状的野生种，因为这种羊常年穿行在陡峭的山岩中，因此称为岩羊。目前，在青藏高原能见到成群结队的岩羊出现。

B.E. 查瓦多夫斯基认为，大部分野生北山羊聚居在高加索、阿富汗、伊朗等地。无结石山羊和马尔库羊（翻译为"吞蛇者"）是家山羊最近的族属。白萨宁品种山羊、短毛白乳山羊及其他许多山羊都是无结石山羊的后代，其中盎戈尔羊就是马库尔羊的后代，在阿塞拜疆、哈萨克斯坦及其他许多地区都饲养着这个品种。

中国学者对于中国家养山羊的起源研究也很深入。家山羊在西亚初步驯化后的角型被认为是原始型（即角猯型），旱原型（也称为捻角型）和努比亚型。

其中，中国绒山羊就属于旱原型即捻角型，主要分布在新疆、青藏、内蒙古、东北等4个家畜文化区（常洪，1995）。白文林等通过对11个产绒山羊品种的线粒体 D-loop 区进行遗传分化、遗传结构等研究，表明中国绒山羊存在捻角型和角猾型野山羊两个支系，但中国绒山羊与捻角型野山羊的母系有密切关系，结合现有绒山羊表型特征，提示中国绒山羊可能起源于捻角型野山羊（*Capra falconeri*）。另有其他学者认为绒山羊起源于螺角羊，就是指捻角型野山羊。研究还表明，中国的绒山羊品种不存在明显的地理结构差异，即品种间遗传分化不明显（Chen 等，2005）。

（二）山羊的驯化与迁移

从古生物学研究得知，我国现已发掘出不少属于山羊亚科（Caprinae）的化石，但在当时的研究证明它们和山羊属的动物没有关系。因此，怀疑山羊不是中国本土原有的，而是如驴种那样来源于古代的西域，因为在我国西部的高原以及邻近的中亚地区，都被公认为是世界现有山羊的主要发源地。

根据国外文献，山羊的驯化比绵羊更早，也就是说，山羊的驯化早于犬以外的其他家畜。东自喜马拉雅山和土库曼斯坦，西到中亚和中东地区都是山羊的野生祖先主要发源地。最早以家畜出现的山羊远在八九千年以前，也都是限于亚洲大陆上。以此推断，中国山羊最初来源于这些亚洲内陆山区是有根据的。但需要说明的是，不能因此否定我国古代广大的西南山区也是一个驯化地。我国现有的地方良种决不是由中亚地区以西的国外输入，而是古代中国人民在生产劳动中创造出来的，尤其是皮裘用山羊，如驰名中外的猾子皮等，很早就闻名于世。

蔡大伟等（2021）从考古学、分子生物学角度阐述了中国古代山羊的起源与扩散过程。大量的考古证据，表明家养山羊是距今 10 000 年前在近东新月沃地由野山羊 Bezoar（*Capra aegagrus*）驯化而来。被驯化后的山羊随着古人的贸易交流而向欧洲、非洲和亚洲迁徙传播。其中，向欧洲传播的路线主要是多瑙河路线和地中海路线，分别通过爱琴海向北到达匈牙利盆地和通过海上运输从西亚到达地中海沿岸地区而后再到达中欧和西欧（Fernández 等，2006）。Pereira 等（2009）认为山羊通过北非路线主要是从埃及西奈半岛进入东非，沿着地中海北非沿岸由东向西部和南部传播。美洲和大洋洲的现有山羊主要是由欧洲殖民者从欧洲和非洲带入的（贾青等，1997）。考古证据表明，山羊向亚洲传播的路线主要有3条：首先是从横贯欧亚大陆的草原地带经过中亚地区到达蒙古高原，进而向南进入中原地区的欧亚草原通道；其次是经中亚进入中国河西走廊，向东扩散到达黄土高原的绿洲通道；最后是通过巴基斯坦与阿富汗之间的开伯尔山口（khyber pass）进入印度河谷，到达南亚次大陆、东南亚等广大地区的通道。可见，很多研究都表明，绵羊和山羊通过欧亚草原通道和绿洲通道传播到东亚地区这个观点是一致的。

战国大角立羊形铜质和银质车舆饰（摄于西安市羊文化博物馆）

三、远属羚羊的起源

谢成侠在《中国养牛羊史》中介绍了远属的羚羊。羚羊的种类很多，在我国自古堪与鹿类动物媲美。它和鹿都是居于牛和羊之间的有角反刍动物，只是羚羊自古以来一直生活于山野岩壁之间，处于原始野生状态。从进化论的观点来看，鹿能接受驯养，羚羊也有驯养的可能性。在非洲肯尼亚的英国殖民者农场里，在 20 世纪就通过试验，使羚羊成为一个新种的家畜。

羚羊一类的化石曾在我国北方与三趾马同期的地层中有所发现。德国古生物学家步林来华作了详细的研究，发现其中除有羊牛亚科（Ovibovinae）这一类动物的化石外，还有羚羊亚科所属的瞪羚（Gazella）和另一羚羊属（Tragocerus），这两属动物还包括不同的羚羊种，其中有两种羚羊的化石在陕西省府谷县和山西省保德县发现。也有认为，至少有 4 个羚羊种见于中国，在蓬蒂期就有很广的分布。此外，在山西、甘肃等省还发掘到类似羚羊的很多种。在周口店也发掘出羚羊的化石，但早在北京猿人时期已告灭绝。另据中国科学院古生物研究所的报道，在山西省更新世中期的地层中也发现转角羚羊化石。

古人曾对羚羊有不同的认识，有一种观点把它当作《尔雅》里的"麢"。此字由鹿与"霝"二字相拼，去了"巫"字而成，读作"灵"音，羚字显然由此简化而成，或者说它就是"麢羊"。当时也有人推断，认为是一种山羊。前面已提到，麢是一种野生的绵羊，并且早知羚羊与山羊在进化上较为接近，生物学家林奈把羚羊列为山羊一属（谢成侠，1985），中国古代文献也证明这种观点。但《名医名录》已明确地称它为羚羊。在苏颂《图经本草》有如下记载："今（宋）秦、陇、龙、蜀、金、商州山中皆有之，戎人多捕得来货，其形似羊，青色而大，其角长一二尺，有节如人手指握痕，又最坚劲。"郭璞注《尔雅》云，似羊而大，其角细而圆锐，好在山崖间……观今所市者，与《尔雅》之羱羊，陶注之山羊，苏注之山驴，大都相似，今人相承用之，以为羚羊。其细角长四五寸，如人指，多节蹙蹙圆绕者，其间往往弯中有磨角成痕处。京都极多，详诸说，此乃真羚羊角，而世多不用，何也？又闽、广山中，出一种野羊，被人亦谓之羚羊。

根据《本草纲目》的解释："羚羊似羊，而青色毛粗，两角细小。羱羊似吴羊，两角长大。山驴，驴之身而羚之角，但稍大而节疏慢耳。"

羚羊属于哺乳纲、偶蹄目、牛科、羚羊属通称。目前，人们把羚羊作为一个类群，世界自然保护联盟物种存续委员会把这一类动物作为一个动物学研究和保护的单元并建立"羚羊专家组"，充分说明人类对羚羊的保护和关爱。羚羊类的动物总共有 86 种，分属于 11 个族、32 个属。羚羊也是一类反刍动物，角具有空心而结实的特点，与牛、羊不同。藏羚、扭角羚、高加索羱羊、布氏小羚羊、骝毛小羚羊等列入濒危野生动物种。普氏原羚是中国特有的珍稀濒危物种。

四、羊种的演变

（一）绵羊和山羊

最早的"羊"字见于甲骨文，直到春秋时代前后，专指绵羊和山羊的名词才见于典籍。如《尔雅》中的"羊，牡羒，牝羘；夏羊，牡羭，牝羖"，这里所说的羊是指绵羊，夏羊指山羊，也称黑羊、羖羊，不同性别的羊也各有专名。古文献中凡是单指的羊，在北方一般都认为是指绵羊，但山羊必已杂在群中。秦汉以米，也称绵羊为白羊。如《前汉书·匈奴传》所指的"白羊王"就是以白羊为号的匈奴首领之一，并且还有"白羊国"的称号，都可说明当时的畜牧以养绵羊为主。《齐民要术》中更是明确地称绵羊为白羊，山羊为羖羊。另外，《唐律》中也是这样加以区分的。绵羊和山羊这两个名称，到宋朝以后才渐渐区分清楚，但有些记载也经常把绵羊这个名称用于山羊，招致误会。

"在野曰兽，在家曰畜"（《周礼·天官·兽医》），"养之曰畜，用之曰牲"（《左传·僖十九年》）。随着人类社会的进步和发展、人类文明程度的提高，人工选择占据了主导地位，野生的羊种被驯化为家羊，培育出人类需要的各种性状和类型，使羊种发生了各种变异。同一个羊种，先后分化出肉用、毛用、乳用、裘皮用、羔皮用等不同生产方向的类群；同时还因为不同地域的自然条件不同，又演变出许多能适应草原、平原、山地及荒漠和半荒漠等不同生态的类群。在不同地区的不同类群之间，有些生物学性状相同，有些生物学特性不同，主要体现在生长发育、繁殖性能等经济性状和适应力等方面的差别。由于中国古代处于长期的封建专制统治下，社会发展落后、生产水平低下、繁育饲养技术不高，所以绵羊的分化演变程度比较小，仅出现几种类群（李志农，1993）。

（二）羊品种的演变

我国古代文献记载的"羊"，往往不表明是绵羊还是山羊，因此很多时候不能判断它是什么种。但古代的绵羊和山羊与现代一样，命名时往往带有地域特征，有的可能是一个品种，或同一类型，但饲养在不同地区，因此有了不同的名称。下面对绵羊、山羊在古代出现的各种名称的由来加以介绍；需要说明的是，以下所述的几种绵羊，在谢成侠编著的《中国养牛羊史》中，均归为肥尾绵羊一类，包括肥臀羊。

1. 蒙古羊的前世今生

古史所说的"胡羊"，如同胡琴及胡桃之类的名称，表示来源于古代的异域，原是指北方草原上的绵羊，新石器时代游牧部族的生产和生活就以牧羊为主。直到汉代，还通过多次对匈奴的战争，把羊作为战利品源源不断地带入长城以南。如在汉武帝时代，卫青出征匈奴，击败白羊王于河南（今河套地区），俘获羊达百余万只（《前汉书·匈奴传》）。这些羊群与现代的蒙古羊是同源的品种。蒙古羊在秦汉时期，还称作白羊。

另有随同苏武出使匈奴的常惠，在宣帝本始二年（公元前72年）联合乌孙反击匈奴时，除俘获大量牛马等牲畜外，还有羊60万只，并且允许乌孙自取其中一部分作为战利品（《前汉书·常惠传》）。同时也说明，现在的哈萨克羊很可能与古代的蒙古羊相混合，或者说以匈奴一直到蒙古帝国势力西征时，蒙古羊还向西北牧区扩散。

汉代以后的两千年以来，这种羊随着北方草原部族的多次南移，扩散到黄河流域。史书记载，晋太康八年，匈奴都督率部落1 150人，羊10.5万只，牛2.2万头来降（《晋书·列传第六十七》）。到东晋以后，草原部族向南迁徙的现象更加频繁。北魏统治者将今陕西、甘肃等水草丰美的地区定为放牧地，不仅马群以百万匹计，而且牛羊无数（《文献通考·兵考》）。到唐朝时期，在边塞指定地点以贸易方式从突厥等北方部族输入大量的羊，也有的以羊作为贡品礼物。其中，贞观十七年（公元643年），薛延陀贡献十万只羊，五万匹马，一万头牛和骆驼作为婚礼（《旧唐书·本纪第三·太宗下》）。从此以后，塞北的绵羊更是广为分布于北方的农村，有的与当地及西北边远牧区来的羊种进行了杂交。除了青藏高原及其邻近地区之外，中国现有的各地绵羊品种，都认为是蒙古羊的血统（谢成侠，1985）。

如今东北三省境内的绵羊，根据史书记载，同样也是随同草原民族的东迁而散布到那里的。因为原来的白山黑水地区没有牛羊，但猪和马较多。《晋书·列传第六十七》和《新唐书·北狄列传》里的记载都表明当时那里没有牛羊。到契丹国强盛以后，向草原地区扩张，继而女真族的兴起，通过辽金两代的发展和蒙古帝国的东扩，蒙古羊也越来越多地出现在现今的东三省北部的牧区。蒙古羊自古在草原环境里繁衍生息，长期以来保持它原始的状态和特点。直到13世纪成吉思汗统一北方各部落后，号称蒙古民族，才把他们饲养的羊改称蒙古羊（内蒙古家畜家禽品种志编委会，1985）。

2. 北方脂尾羊

现在看来，北方脂尾羊应是一类羊的统称。《史记·匈奴列传》记载，匈奴人长期逐水草迁移，过着食畜肉、衣皮革、被毡裘的游牧生活，北方脂尾羊就是他们的主要生活资料来源。"儿能骑羊，引弓射鸟鼠"说明这种羊的体质结实、体躯高大，我国古代北方这种绵羊与今蒙古羊就是同源的品种（何小龙等，2008）。当时，匈奴人将脂尾羊引入甘肃、新疆、青海等地区，并在当地饲养。

绵羊自古以来就有长尾和短尾种之分，尾型是现代绵羊品种的分类中用于区别不同绵羊品种的主要特征之一，长尾羊的尾椎骨有18～24枚，短尾羊有12～14枚。还有的绵羊品种在尾根或尾部有大量脂肪沉积，因此又分为肥臀羊和肥尾羊，肥臀羊的尾椎骨一般只有5～8枚。绵羊尾上的脂肪在尾部周围和坐骨上的臀部形成脂肪库，垂在后方，形状像肥尾。有肥尾的绵羊有许多品种，它和长尾羊截然有别，国外著名的绵羊品种都是长尾的，我国除藏系绵羊（分布在青藏高原一带，并见于云南、贵州等省）外，都是肥尾型的，肥尾又有大小的显著区别。同羊和大尾寒羊，尾很肥且长大，蒙古羊、小尾寒羊以及江南的湖羊是小型的肥尾。在新疆塔城地区有一种肥臀绵羊，因外观很像肥尾，一般也称它为肥尾羊或大尾羊（现在的哈萨克肥臀羊、阿勒泰大尾羊也属这种类型）。这些大尾的绵羊，都是来源于古代的西域地区。北方脂尾羊即当今蒙古羊的祖先，属短脂尾型。从内蒙古乌审旗大沟湾出土的河套人及羊的骨骼化石表明，此处在旧石器时代就有人类和野羊存在。现代养羊界科学家是按照长脂尾、肥臀、短脂尾和短瘦尾四种类型来研究绵羊的遗传特性及表型性状遗传机制的。

3. 河东羊和河西羊

河东羊和河西羊与北方脂尾羊同属于短脂尾型。产于陕西、山西的羊称河东羊，产于甘肃河西地区的羊称河西羊。唐代孟诜在《食疗本草》中的评价是："河西羊最佳，河东羊亦好。纵驱至南方，筋力自劳损，安能补益人？"说明当时已选育出肉质较好的羊（李志农，1991）。

4. 康居大尾羊

康居大尾羊属长脂尾型系统。据唐代《酉阳杂俎》载，"康居出大尾羊，尾上旁广，重十斤。"按当时版图，康居是今新疆北部及中亚部分地区，而哈密和凉州（今武威）又是沟通西域的必经通道。该羊引入后，经由哈密进入甘肃，后又扩展到陕西和中原一带，长期在优越的生态环境和当地人民的选育下，分别形成了陕西一带的同羊和中原地带的大尾寒羊。另外，李时珍《本草纲目》中记载有"哈密和大食有大尾羊，尾重十斤"。《凉州异物志》中有"有羊大尾，车推乃行"。杨岫的《豳风广义》中叙述，"哈密一种大尾羊，尾重一二十斤；大食一种胡羊，高三尺余，尾大如扇"从古籍中可以看出，那时的大尾羊就是现在的同羊和大尾寒羊的原形。

5. 沙苑羊

沙苑羊是一种肥尾羊，属于长脂尾型，其名称与古代的沙苑监有关。在唐宋时期，同州就有历史上著名的沙苑监，是一种大规模的皇室牧场，存在历史相当长，现今在陕西省大荔县一带。它不仅是大型种马场，而且也是综合性的种畜繁殖场；当时西城进贡的马、羊良种都在此繁殖，经过人们长期的选育，培育出沙苑羊这一良种。沙苑羊即现在的同羊，与康居大尾羊同属，并与康居大尾羊是同种异名羊，早在西魏至唐代期间即有此羊。

唐代《元和郡县图志·卷二》同州朝邑县指出："苦泉在县西北三十里许原下，其水咸苦，羊饮之，肥而美，今于泉侧置羊牧。故俗谚云：'苦泉水，洛水浆。'"当时在这里养羊就是专为皇室兴办宴会、祭祀及日常膳食用。

宋代乐史《太平寰宇记》记载，"冯翊（唐朝京畿东部重镇）朝邑县许原下，地有苦泉水，味咸，羊饮之，肥而肉美，今于泉侧设羊牧，因相传谓：沙苑细肋羊。"宋代陶谷《清异录》中也有"冯翊产羊，名曰白沙龙，膏嫩第一，言饮食者，必推冯翊白沙龙为首"的记载。宋代洪皓《松漠纪闻》道："关西羊，出同州沙苑，大角虬，上盘至耳，最佳者为卧沙细肋。北羊（指蒙古羊）皆长面多髯。"宋代黄庭坚的《戏答张秘监馈羊》有诗"细肋柔毛饱卧沙，烦公遣骑送寒家。忍令无罪充庖宰，留与儿童驾小车。"宋代陈师道的《送冯翊宋令》中有"细肋卧沙勤下箸，长芒刺眼莫沾唇"；陆游的"但有长腰吴下米，岂须细肋大官羊"；蔡肇"重闻共此烛灯光，肥羊细肋蟹著黄"；杨万里的"卧沙压玉割红香"等的诗句说的也是此羊。因此，同羊至今有"卧沙细肋"的美名。

据咸丰二年《同州府志》载："沙苑在（大荔）县南洛渭之间，亦曰沙海，沙泽其中盆起者曰沙阜。东跨朝邑，西至渭南，南连华州。广八十里，袤三之二。其沙随风流徙，不可耕植。"

6. 吐蕃羊

吐蕃羊也称羌羊或蛮羊，属短瘦尾型系统。藏族这一称呼，是清代乾隆时才固定下来的，正因为如此，那时才开始把他们饲养的羊改称藏羊。所以，它与吐蕃羊实际是同源的品种。

7. 饕羊

饕字源于"饕餮"，是中国古代神话传说中的一种凶恶贪食的野兽，四大凶兽之一。据《山海经·北次二经》记载：饕餮其形状如羊身人面，其目在腋下，虎齿人爪，其音如婴儿。而饕羊就是指现在的哈萨克羊和阿勒泰羊，可见，在当时社会，这两个羊种在人们心目中之威武和凶悍。这两种羊都同属肥臀尾型系统。明代叶盛中的《水东日记》记载："庄浪有饕羊，土人岁取其脂，不久复满。"庄浪是现在的甘肃省河西地区，当地至今仍有这种肥臀羊分布。在新疆阿尔泰山等地，当地牧民向来在有需要的时候切开羊的肥臀部，割取羊尾中部的脂肪食用，不久以后，切取的部分仍能长满，相当于活的贮油器。根据《异物志》记载："月氏有羊大尾，稍割以赏（饕），亦稍自补复。""月氏"是古代国家，在现在的中亚，也是现在的肥臀羊产区。这种肥臀羊或古籍中所述的大尾羊，可以判断就是现在的哈萨克羊。同时也可以推断，中国的哈萨克羊与哈萨克斯坦的肥臀羊是同源（冯维其，1991）。

8. 吴羊

古时的吴羊一般指现在的湖羊，产于浙江、江苏太湖流域，属短脂尾型。明代《本草纲目》中记载："生江南者为吴羊，头身相等而毛短。生秦晋者为夏羊，头小身大而毛长。"由此推论，当时的吴羊为湖羊。但由于古书中说的羊必包括山羊在内，尤其是《尔雅》郭璞注，把吴羊解释为白羝，就指的是山羊。因此要具体情况具体分析，但以下所引述史料中的吴羊，大部分都可推断是现在的湖羊。

湖羊的历史已久，绝非始于宋元时代。江南有羊可远远追溯到春秋时代，如《越绝书》指出在吴国时期就已有羊。当时陶朱公已提出，"子欲速富，当畜五牸"，这五种母畜，可能就有北方来的胡羊。

唐代孟诜《食疗本草》有这样的记载："河西羊最佳，河东羊亦好。纵驱至南方，筋力自劳损，安能补益人？今南方羊多食野草、毒草，故江浙羊少味而发疾，南人食之，即不忧也。惟淮南州郡或有佳者，不亚北羊，北羊至南方一、二年，亦不中食，何况于南羊，盖水土使然也。"由此，根据古代医学家对各地羊肉品质的评价，也就是"北羊至南方"，应该主要指的是绵羊。宋嘉泰元年（公元 1201 年）谈钥编写的《嘉泰吴兴志》在物产一栏中提到，旧编云："安吉、长兴接近江东，多畜白羊。按《本草》以青色为胜，次乌羊，今乡土间有无角斑黑而高大者，曰湖羊。"可见，当时就有"湖羊"一名。《湖州府志》所引述的《谈志》，就是《嘉泰吴兴志》的别称，也说明了这个问题，只是改称湖羊为胡羊，并且引《湖录》记载"我乡羊有两种：曰吴羊，曰山羊。吴羊毛卷，尾大，无角，二八月剪其毛，以为毡；山羊毛直，角长，尾细，其毛堪作笔料，畜之者多食以青草，草枯则食以枯桑叶，谓桑叶羊，北人珍焉，其羔儿皮均可以为裘。"所以，湖羊自古以来有不同的名称，如按"吴羊"命名，还可以追溯到春秋到三国时代，只不过那时所称的吴羊可能主要指山羊；而胡羊这一名称则是表示来源于北方的羊种。至于当今所说的"湖羊"，是因分布于湖州或太湖地区而得名。《本草纲目》中也有这种羊食青草、桑叶，羔皮为裘的表述。可见，湖羊原为北方大尾羊，在北人南下时迁移到南方，传到长兴、安吉一带，由于气候、饲养管理条件等的改善和当地人长期精心地选育，适应了江南的生活环境，逐渐繁殖推广，成为现在的湖羊。上述史料都表明，湖羊是蒙古羊的变种或分支，蒙古羊来到江南有 1 600 多年的历史，但湖羊有不同于蒙古羊的显著特征，完全是移居江南的古代农民长期以来的生产劳动成果。另外，笔者认为，《湖录》中的另一种山羊，应该是当今长江三角洲一带的笔料毛山羊品种，如长江三角洲白山羊、海门山羊等。

9. 山羊

在产绵羊的地方一般有山羊，而山羊的产地在我国未必有绵羊。这是因为山羊对环境有较强的适应性。在我国古代，山羊在全国的分布十分广泛，因此，谢成侠（1985）称"遍于四方的山羊"，当时以其乳肉和毛皮作为衣食的原料之一，但山羊品种的名称演变的并不如绵羊那么多。

在古代有用山羊拉的"羊车"。《晋书·帝纪第三》记载，司马昭"常乘羊车恣其所之……宫人乃取竹叶插户，以盐洒地，以引帝车。"文天祥《咏羊》有"长游主缭有佳名，镇首柔毛似雪明，幸引驾车如卫玠，叱教起石羡初平。"的诗句。在民间也有给羊装上头络，供儿童当马骑的。当然，现在看来，当时骑的更多的可能是绵羊，也可能有山羊。如果是山羊，也足以说明中国当时的山羊体格健壮而又机敏。

古代的"羱"字，在《广韵》和《集韵》中都解释为"山羊细角者"。根据日本历史的记载表明，后唐清泰二年（公元 935 年），吴越人陈承勋献羊，可能是当年苏浙人民东渡通商带去的山羊。由于中国自古就有三羊（阳）开泰的传说，因此，在日本直到 18 世纪仍把山羊当作珍贵祥瑞的象征。

史书资料表明，岭南地区山羊出现的时期也很早。汉文景时代，南越王赵佗上书就指出当地的牛羊很多。《南越书》还记载："尉佗之时，有五色羊以为瑞。"因广州地区背山近海，宜于养山羊。唐代刘恂《岭表录异》载："野葛毒草也，俗呼胡蔓草，误食之，则用羊血浆解之……山羊食其苗，则肥而大。"羊血浆就是指山羊血。南宋范石湖《桂海虞衡志》所说的"花羊，南中无白羊，多黄褐白斑，如黄牛，又有一种，深褐黑脊白斑，全似鹿。"这也指的是山羊。现在，我国南方地区有些山羊品种中也有接近这种描述的被毛颜色。

《清波杂志》记载，在南宋时代，在现在的杭州就有专用的"乳羊"，显然，这就是指乳用山羊。《桂海兽志》里也提到了乳羊："乳羊本出英州，其地出仙茅，羊食茅，举体悉化为脂，不复有血肉，食之宜人。"另外，《本草纲目》也记载，（乳羊）"食仙茅极肥，无复血肉之分，食之甚补人"。这里所说的英州是现在的广东英德，但所指羊不一定是乳山羊。

我国古代医学家很重视山羊的药用价值，因此对山羊的特点和品质做了很多考证和研究。宋代寇宗奭《本草衍义》指出："羖𤫩羊出陕西、河东，尤狠健，毛最长而厚，入药最佳，如供食，不如北地无角白大羊。""羖𤫩"音"古力"，指山羊。可见，古代人们品评当时的山羊肉不如绵羊肉味美。宋代的陕西包括现在的甘肃省和宁夏回族自治区。苏颂《图经本草》里描述："羊之种类甚多，而羖羊亦有褐色、黑色、白色者，毛长尺余，亦谓之羖𤫩羊。北人引土羊，以此为头羊，又谓之羊头。"在现代养羊业生产中，不论是农区还是牧区，仍然有用山羊做羊头或领头羊的现象。在养羊界，把学术水平高、成就显赫、有威望、对养羊业做出卓越贡献的人也称为"领头羊"或"羊头"，同时在各行各业，也把类似的人称为该行业的"领头羊"，这便是羊文化在现代社会中的一种渗透。因为领头羊的诞生，是羊个体在羊群中通过发挥自己的才能和领袖作用而赢得至高的领导权力和威望，并得到群体认可的结果，是值得人们去学习和敬重的。

10. 裘皮羊

在古代社会里，人们把羊皮经过简单的鞣制处理，制成御寒所需的衣物。随着社会的进步和生活水平的不断提高，人们对服饰的要求也越来越高，开始选择那些柔软光润的皮裘，作为衣冠饰物。珍贵的皮裘成为贡品，只有上层的统治阶级才可享用。普通人只能穿老羊皮的袍袄和用粗制的兽皮垫褥。用毛皮制成的衣服，自古称为裘。羊皮是其中最普遍的原料之一，在春秋时代羊裘已是贵重的衣物。《越绝书·卷三》说："蔡昭公南朝楚，被羊裘，囊瓦求之，昭公不与。"蔡国在今河南省东南，囊瓦即楚昭王，可见这种羊裘非同寻常，可推测它是中原地区固有羊种的产品。《诗经·羔羊》里指出的"羔羊之皮，素丝五丝"以及"羔羊之缝，素丝五总"，也说明羔皮是制裘的优质衣料。《周礼·天官》有司裘一职，其职掌如下："掌为大裘，以供王祀天之服。中秋，献良裘，王乃行羽物；季秋，献功裘，以待颁赐。王大射，则共虎侯、熊侯、豹侯……凡邦之皮事，掌之。"这些大裘、功裘都是等级很高的皮裘，而虎侯及熊侯、豹侯等是指穿着这类兽皮服装准备跟随王出猎的一批扈从，所以司裘相当于王国的皮毛业总管。

因为裘皮衣之高贵，所以裘皮生产在古代非常重要，其价值远远超过丝麻织品的价值，迄今在国际市场上，我国出口的皮裘仍驰名于世。《史记·货殖列传》指出，"狐貂裘千皮，羔羊裘千石"，可以看出，这里指是几乎相当于"千乘之家"的财富。这些昂贵的毛皮货物来源，主要是以养羊和狩猎业为主，我国北方自古就是它们的主产区。《史记·匈奴列传》有"自君王以下，咸食畜肉，衣其皮草，被旃裘"的记载；《盐铁论·本议篇》也有"燕齐之鱼盐旃裘"。旃裘即"毡裘"，即指毛制的衣服。清代杨屾著《豳风广义》也有"临洮一种洮羊，重六七十斤，以产紫羔皮著名，又名紫羊"的阐述。

在绵羊、山羊品种中，有些品种专门以生产羔皮或裘皮为主，如卡拉库尔羊、湖羊、滩羊、济宁青山羊和中卫山羊等。卡拉库尔羊也称为三北羊、波斯羔羊，其名称来源"卡拉库尔"是乌兹别克语"黑湖"的意思，或者亚述语"黑玫瑰"之意，同时因为古代这种羔皮运往欧洲途经波斯，所以又称波斯羔。除上述专用品种以外的其他绵羊品种和少数的山羊品种，也生产羔皮和裘皮，但品质远不如专用品种的好。在我国，一般绵羊、山羊品种都可以生产板皮。我国有些山羊品种以生产板皮而驰名中外，如宜昌白山羊、黄淮山羊、建昌黑山羊等。板皮经脱毛鞣制后，可制成皮夹克、皮鞋、皮箱、包袋、手套、票夹等各种皮革制品，因此，它与羔皮和裘皮一样，在人们日常生活和国民经济中都具有重要的意义。羊皮的这些特性、分类及用途，早已写进《羊生产学》教材里，是学习养羊学知识、学习羊文化等的重要参考依据。

第二节　中国古代养羊业及羊文化

一、上古时期

在五六千年前的伏羲氏和燧人氏时代，人们就以狩猎为生。如《礼记·礼运》上所说的"食草木之实，鸟兽之肉，饮其血，茹其毛"。直到有了火以后，"茹毛饮血"的历史才渐渐结束，开始吃熟食，如钻燧取火，以化腥臊（《韩非子·五蠹篇》）。人们吃羊肉的方式有石烹、烧烤、煮等。也可以说，羊肉文化的发展促进了人类社会生产力水平的提高和人类健康水平的改善（马章全，2007）。尧舜时代，皋陶借助独角神羊来破解案情，体现自身的公平。这种独角神羊生长在"东北荒中",见到双方有争斗的就去顶理亏的一方；听到有人说不正当的言论时，就会去惩罚他们。因此，独角神羊成为人们心中公平正义的象征（《诗经·尔雅》）。

二、夏商时期

夏商时期已开始出现文字，即甲骨文。1975 年，从河南安阳殷墟出土的甲骨文中就有表示羊的符号。《楚辞·天问》中云：夏启在征服了有扈氏以后，把俘虏罚作"牧竖"，强迫他们"牧夫牛羊"，即成为牧畜的奴隶，说明夏朝已出现饲养牛羊的奴隶了。"国之大事，在祀与戎"，祭祀以通神人，是凸显君权自天而授、王朝膺受天命等政治伦理的主要手段。当时祭祀用的牲，牛为太牢，羊为少牢；在祭祀大典中，宰杀牛、羊一次用量达 300 头/只，说明饲养牲畜已有相当规模，各种牲畜都只是用作食用和祭祀，六畜即马、牛、羊、猪、犬、鸡的概念已存在，而且畜牧业在当时的经济生活中已发挥了重要作用，当时农牧业发展水平也已经达到一定高度。到了商代，由于社会进一步发展，马和牛等大牲畜除食用和祭祀外，还逐渐用于军事、交通、狩猎和农耕，羊主要就是食用和祭祀，这个时期，以羊首为素材打造成青铜器二羊尊、四羊尊等，来祈祷国家来年风调雨顺，六畜兴旺。

三、西周时期

西周时期的农业和畜牧业都得到了较快的发展，养羊业到了比较发达的水平。《礼记·王制》记载，"大夫无故不杀羊""大夫不坐羊，士不坐犬。"等，将无故杀羊当作大夫不守礼教的象征，除祭祀、庆典和节日外，不能随意杀羊以为食。晋代在魏襄王墓中发现记述周穆王西游故事的《穆天子传》中记载，"甲子，天子北征……因献食马三百，牛羊三千""壬申，天子西征，至于赤乌，赤乌之人，献酒千斛于天子，食马九百，牛羊三千"，也说明当时西北边境游牧民族畜牧业中的马、牛、羊都非常多。当时北方的黄河流域的羊肉吃法已发展到一定高度，如炮牂（烤小母羊）、捣珍（里脊肉烧制的肉脯）和渍（酒糟牛、羊肉）成为宫廷膳食。《诗经》收录了西周初年至春秋中叶 500 多年间的诗歌共 305 篇，在《诗经》中咏及"羊"的有 14 首，借羊咏人、咏事，借助诗歌描述了古代人民壮观的牧羊景象、赞美周宣王时期的养羊业盛况、对卿大夫高尚品德进行赞颂，同时传播一些养羊经验总结。

四、春秋战国时期

春秋战国时期，畜牧业相当发达，此时大量饲养羊和其他小型畜类供作肉食。《庄子·达生篇》记载，"善养生者，若牧羊然，视其后者而鞭之"，以牧羊喻养生。当时的统治者将羊当作赐给宠臣的礼品，获赐的羊越多，就代表着这个大臣位高权重。另外，《论语·八佾》篇还有记载，春秋时期的贵族们将羊作为祭品献祭祖先，来祈祷家族兴旺。这一制度叫做饩羊，经常在朔日举行。孔子之徒子贡特别喜欢羊，不喜欢羊被杀，于是打算向统治者提出建议，取消朔日的饩羊制度，孔子听说之后，连忙阻拦了子贡，对他语重心长地说："赐也，尔爱其羊，我爱其礼。"意思是，子贡，你爱羊，我却爱这背后的礼节。

《广州记》记载，"战国时，高固为楚相，五羊衔谷穗于楚庭，故广州厅室、梁上画五羊像，又作五谷囊"。因此，羊的身上被赋予了正义和奉献的新含义，羊也被人类奉作十二生肖之一。

《墨子·天志篇》中的"四海之内，粒食之民，莫不犓牛羊"，《荀子·荣辱篇》中的"今之人生也……又畜牛羊"，《列子》中所记载的歧路亡羊，《庄子·外篇·骈拇》中的臧谷亡羊的故事，都说明战国时期羊对人类所作出的贡献、人类对羊的喜爱以及羊对人类文化的深远影响。

五、秦汉时期

《汉书·地理志》记载，周代以来，除并州"畜宜五扰"，冀州"畜宜牛羊"和幽州"畜宜四扰"外（"五扰"即马、牛、羊、豕、犬，"四扰"即马、牛、羊、豕），还有豫州、兖州，也均"畜宜六扰"，即适宜于饲养马、牛、羊、豕、犬、鸡。在江南地区，畜牧业是农业的副业，处于附属地位，也没有单独形成一个经济门类。但在我国西部、北部、东北的畜牧经济地区以及半农半牧的辽阔地带，到秦汉时期以后，畜牧业仍较发达（高敏，1989），同时饲养猪、牛、羊、马、狗等家畜和鸡、鸭、鹅等家禽。秦汉时期开辟的皇家禁地上林苑，是由周代的囿苑发展而来，是一处广阔的狩猎围场，也是规模宏大的园林场，始建于秦朝统一六国后九年，地居都城咸阳渭水之南。秦汉畜牧业，有官府畜牧业与民间畜牧业之分。官府畜牧业以养马为主，民间畜牧业则牛、羊、豕、驴、骡等家畜为主，当时马、牛、驴、骡等用于驾车、耕种等，其中马除了驾车还用于战争，因此其地位显得更加重要。豕主要食用，羊食用、祭祀用等。羊肉是汉代北方和西北居民肉类食品中的重要组成部分，当时，西北和北方地区羊肉在所有肉食类中占据第一位，中原地区羊肉列于第二位，齐鲁地区列为第五位、巴蜀地区为第七位（马章全，2007）。

公元前112年，汉武帝通过实行"官假母畜，三岁而归，及息什一"的政策来扶持民间养畜。当时有个著名的养羊能手叫卜式，他通过养羊发家致富，在国家抗击匈奴战争中慷慨捐助钱物；后来又为汉室放羊，汉武帝封他为司农卿（相当于农业部长）。与其同时代的司马迁在《史记·平准书》中，给卜式很高评论，将其与桑弘羊等名臣并列为汉武帝时的重要人物。他著有《卜式养羊法》，但至今并未见其原著。后人都根据贾思勰《齐民要术·卷六》中记载，学习其中的理论、技术和文化内涵。其中，羊的饲养管理、选种选育、生物学特性等对于现代养羊仍有重要参考和借鉴价值。这说明，羊在当时的畜牧业中已占有一定的地位。

六、三国、两晋和南北朝时期

魏晋南北朝时期，据《史记·货殖列传》，当时不少人家养牛、羊、猪达一千头，比作千户侯。当时黄土高原畜牧地带已进行大规模养羊，北方草原、河西地区，华北的某些地区均为羊的主要产地。关中、陇西由于"水草丰美、土宜产牧"，养羊业更为发达，达到"群羊塞道"的程度，也为其他地区提供了大量的羊肉原料。至于食羊，魏晋文献记载尚较少，自十六国之后则迅速增多。北朝社会胡人居统治地位，牛羊当然是主要肉食。《隋书》记载北朝聘礼所用的肉主要是羊，其次是牛犊，还有雁，但是没有猪。此外，据《北史·邢邵传》反映北齐规定，"生两男者，赏羊五口，不然则绢十匹"（李涛，2012）。

根据相关史书记载，北魏时期，有四大官营牧场先后被设立，分别是公元399年建立的代郡牧场，公元429年建立的漠南牧场，公元439年建立的河西牧场和公元494年建立的河阳牧场。这些牧场不仅饲养羊群，还是饲养马匹、骆驼、牛等，进一步体现了魏晋南北朝时期，黄河流域的畜牧业得到迅速发展。一个地区的畜牧业发达，其实在一定程度上就能够说明这个地区养羊业的发达。这个时期，羊群被统治者作为奖励赏赐给有功之臣，以示对有功之人的恩宠。如《北史·卷五十五》中就记载："文宣特原其罪，赐犊百头、羊二百、酒百石，令作乐。"

魏晋南北朝时期是我国历史上南北民族融合的重要时期。北方的游牧民族先后六次大规模向南迁移到广大农区，他们迁徙时，将大量绵羊带进长城以南和黄河流域，当时的绵羊以蒙古羊为主，中原地区的人们由此开始有饲养蒙古羊的历史。南北朝时的北魏，政局稳定，地域广大，畜牧业发达，至今仍广为流传的《敕勒歌》就是当时鲜卑族的民歌，赞美北国辽阔地域草地畜牧业的风光美景。

北魏农学家贾思勰通过查阅文献资料、访问老农及亲自观察实践，撰写了流传至今的古代农牧业科学技术专著《齐民要术》。该书第六卷第五十七篇，专门论述养羊及其产品加工。据说后世所传的《卜式养羊法》，其内容与《齐民要术》中养羊部分论述大体相同，而《齐民要术》并未指明引自卜式遗著，而是提到"卜式云"等语从中可以看出我国古代养羊的实践方法和经验，以《齐民要术》中的记载最有价值。一千多年来，我国的古农书，凡是谈及养羊，几乎都要引用《齐民要术》的经验。

七、隋唐、五代时期

隋代谢讽《食经》中，提到修羊宝卷、鱼羊仙料、露浆山子羊蒸、高细浮动羊等，惜无制法。唐代韦巨源《烧尾宴食单》中，提到了羊皮花丝、红羊枝杖、升平炙等。《清异录》记有"五生盘"，用羊等五种原料制成；又有"双晕羹"，用羊眼制作，可治眼疾；又有"灵消炙""红虬脯"，为同昌公主家之名食。可见唐朝是羊肉在肉食品中占据主要地位的高峰。

唐代的养羊业，延续了魏晋南北朝时期官营养殖的做法。据《唐六典·卷十七·太仆寺》记载，为了发展畜牧养殖业，唐朝的统治者还专门设立了畜牧业管理机构，而中央管理畜牧业的主要机构就是太仆寺。除了中央的管理机制，地方上对应也建立了相当完备的生产管理机构——监牧。根据《新唐书·兵志》记载，监牧的人员设置主要有太仆、牧监、副监、丞、主簿、直司、团官、牧群等，甚至职位都有正副之分。尤其是同州的沙苑监，设有羊牧，前已叙及。

当时，西域向唐朝廷进献的主要是羊群。西北方的少数民族敌不过军事力量强大的唐王朝，为了表示臣服之心，就会选择每年上缴一定数量的物品以示诚意；由于这些少数民族所在地水土和温度条件的限制，在进献的物品当中，牛、羊、马等牲畜占据了绝对高的比例。《旧唐书》就记载了，历史上有名的颉利可汗在贞观九年（公元 635 年）进献了三千匹马和数以万计的羊。《新唐书》中记载了，在神龙年间，西突厥朝贡为"马五千，驼二百，牛羊十余万"。可见自古以来，羊就是历史上中西政治、文化交流的纽带。

羊肉在唐朝地位崇高，皇家贵族不仅喜欢大碗喝酒，更喜欢大口吃肉。据《资治通鉴》记载，唐太宗的长子李承乾热衷于突厥文化。他常身着突厥服饰，在穹庐状的帐篷里用佩刀割下烹熟的羊肉大嚼大吃。《清异录》中记载，女皇武则天最喜爱吃"冷修羊肠"。冷修羊肉类似今天的白切羊肉，是将羊肉加香料煮熟，趁热时去骨，将肉块压平，吃时再切薄片。当时冷修羊称为"珍郎"，"珍郎"指的是羊羔。

唐朝时期，羊的数量和质量都有发展和提高。开始选育出一些好的羊品种，如河东羊、河西羊、沙苑羊（今同羊）、康居大尾羊、蛮羊（今藏羊）等。这个时期，地毯业相当发达，人们用毛毯做挂壁、坐垫、地毯等，尤其在宫廷和寺院内都使用毛织物装饰。汉唐时期养羊业的发展较迅速，主要依赖于战争掠夺、内附民族带进的羊群、归附将领与民族的纳贡、河套地区的开发等，一时期的羊群主要饲养在官办监牧和官僚、贵族与地主的私人牧场。《太平广记》中记录了当时从吃羊、贩羊、屠羊、养羊、礼事等事件，体现出羊肉消费在当时已渗透入社会生活的方方面面。

八、宋代时期

宋代时期所形成的饮食文化可谓是我国古代饮食文化发展的巅峰之一，人们对于羊肉的消费成为当时的一种风尚。羊肉味美，深得北宋官员的喜爱，王安石在《字说》中对"美"字的解说"从羊、从大，谓羊之大者方为美"；苏东坡同样酷爱羊肉，曾感叹"十年京国厌肥羜"。根据《老学庵笔记》中的相关记载："建炎以来，尚苏氏文章，学者翕然从之，蜀士尤盛。亦有语曰：'苏文熟，吃羊肉；苏文生，吃菜羹。'"《清波杂志》记载："饮食不贵异味，御厨止用羊肉。"《宋会要辑稿》一书详细记载了御膳房每年对羊肉的消耗："羊肉四十三万四千四百六十三斤四两，常支羊羔儿一十九口，猪肉四千一百三十一斤。"

宋代时期，中原的绵羊被带到江南太湖周围。宋朝时曾设有牛、羊司，主管牛、羊事宜。宋朝南渡，黄河流域居民大批南迁，把原来中原一带的绵羊带到江南太湖周围各地，选育成现在的湖羊（赵有璋，2002）。

九、元明清时期

12世纪中叶，蒙古族首领成吉思汗统一各部后，日渐强大，先灭金后灭宋，建国称元，畜牧业有很大发展。当时蒙古人把牛、羊带到西北各地如青海、新疆、甘肃等地，有诗云，"朔方戎马最，刍牧万群肥"，描述当时畜牧业盛况。

元王朝统治中国疆土之大是史无前例的。元代是蒙古族人统治时期，蒙古族人以游牧为生，牛羊肉、奶制品是主食。忽思慧撰写了宫廷食谱《饮膳正要》，其"聚珍异馔"收录菜点96道，而以羊肉为主料或配料的菜点就近80道。在60种出头的"食疗菜点"中，以羊肉为主料或配料的亦达12种。

明清时期，清真全羊菜点已成为中国菜点中的重要流派，明代宋诩《宋氏养生部》记有烹羊、生爨羊、油炒羊、酱炙羊、炕羊、火羊肉、玲珑面（加羊脂、羊乳饼制）、馒头（羊肉、羊油馅）等。

清袁枚《随园食单》中记有羊蹄、羊羹、羊肚羹、红煨羊肉、炒羊肉丝、烧羊肉、全羊等，清无名氏《调鼎集》中记有用羊的各种部位制作的菜肴如风整羊、白煮羊肉、老汁煮羊肉、炖羊肉、红煨羊肉、栗丁煨羊肉羹、炸羊肉圆、京球、黄芪煨羊肉、小炒羊肉、金丝、炒羊肉丝等。咸丰时汪曰桢著的《湖雅》中亦有湖州地区著名的水晶羊肉、酱羊肉、板羊肉、羊膏等，明末清初屈大均《广东新语》中记有英德出产的"食仙茅"的"乳羊"，"肥甘补人"，另记有"花羊""石羊"等。

炉烤全羊在明代《宋代养生部》中有了记载。其"炕羊"条对烤炉的记述较详细，对用铁钩钩羊，倒悬灶中烤的过程记述也详细。

生爨羊、涮羊肉已出现，在清代成为北京市肆名食。酱羊肉在北京、江南均出现名品，如北京月盛斋的酱羊肉，江南湖州的酱羊肉均佳。

羊杂汤各地名品甚多。华北、西北、东北乃至华东扬州、苏州均有有名的羊杂汤，山西太原的清和元"羊杂割"，苏州木渎的羊杂汤都闻名遐迩。

此期，全羊席已形成。宁夏、新疆、北京、山西、开封、清江等地均有"全羊席"。《随园食单》中记道："全羊有七十二种，可吃者，不过十八九种而已。此屠龙之技，家厨难学。一盘一碗虽全是羊肉，而味各不同才好。"

可见，养羊业在北方、中原以及西南地区兴盛，《滇海虞衡志》载："羊于滇中为盛，省城每日必到数百，四季无间，时亦有大尾羊，皆来自迤西者。"明代畜牧业中官府管理了大量的牲畜，其中羊是重要的物资储备，不仅可以食用，还可以做成衣服。太仆寺是明代专门牧羊机构，《明会典》记载：弘治年间，南京光禄寺每年的养殖与征收标准为绵母牸羊 120 只，并孳生羔，每年编取 70 只。光禄寺牧羊主要是保障皇家日常肉食的消耗，但是畜牧的规模无法满足当时需求，只能开始采办。

明清时期，我国羊的品种数量增加，养羊技术也日新月异。清代杨屾著《豳风广义》中有较多阐述，如"羊五方所产不同，而种类甚多。哈密一种大尾羊，尾重一二十斤；临洮一种洮羊，重六七十斤，以产紫羔皮著名，又名紫羊"。该书还写道："羊须骟过最美，饲时不拘多少，初饲时将干草细切，少用糟水拌过，饲五六日后，渐次加磨破黑豆或诸豆，并杂谷烧酒糟子，稠糟水拌，每羊少饲，不可多与，与多则不食，浪弃草料，又不得肥。勿与水，与水则溺多退膘。当一日上草六七次，勿令太饱，亦不可使饥。栏圈常要洁净，勿喂青草，否则减膘破腹，不肯食枯草矣。亦间饲食盐少许，不过一两月即肥"（赵有璋，2002）。

古代养羊业的发展属于经验经济发展，人们饲养羊并获取其各类产品主要用于衣食、祭祀，尤其是在宫廷和战争提供食品方面发挥重要作用。古代养羊业发展的历史，是一部战争的历史，也是羊文化发展的历史。在我国漫长的历史中，劳动人民积累了很多宝贵的养羊经验，这既是古代养羊科学技术遗产，也成为后人继承和弘扬羊文化的基石。

第三节　中国近代养羊业及羊文化

一、硝烟弥漫中砥砺前行的养羊种业

中国近代养羊业的发展是在硝烟弥漫的战争中曲折艰难地发展起来的。赵有璋教授主编的《羊生产学》详细地叙述了中国近代养羊业的发展历史。

1840 年鸦片战争开始以后，帝国主义列强大肆入侵中国，他们不仅肆无忌惮地掠夺农牧土特产品资源，而且还把中国作为推销其剩余商品的市场。外国资本家长期垄断中国羊毛、裘皮和羔皮等畜产品的贸易，并相继在天津、上海等地设立洋行，导致清朝的民族产业和民族经济举步维艰，但中国的养羊业从没停止过发展、改革和创新的探索。

1904 年，萨能奶山羊由国外传教士引入青岛；同年，高祖宪和郑尚真等集资从国外引进几百只美利奴羊养在安塞县北路周家洞附近建立的牧场里，以后还有一些外国传教士在我国其他一些地区的教堂也引进萨能奶山羊和吐根堡羊。这是中国从国外引进优良种羊的开端。

1906 年，由清政府主办，在奉天（今辽宁省）建立农事实验场，引进32 只美利奴公羊用于改良当地的粗毛羊。1909 年留美学生陈振先从美国引入美利奴羊数百只向各地推广。

1914 年，由北洋政府农商部主办，从美国引入几百只美利奴羊，分别养在张家口、北平门头沟、安徽凤阳的羊场里。

1917 年，山西督军阎锡山大力倡导当地的绵羊改良工作，并从美国引进1 000 多只美利奴公羊和母羊，放在朔县、安泽及太原等地饲养。利用引进的公羊免费为民间饲养的地方母羊配种，生产出三代以上的杂种羊 3 000 多只。当时生产出的细毛经纺织加工制成毛织品，卖到北平、天津和上海等地，但由于当时社会动荡等因素，进一步的杂交改良工作没有取得明显成效。

1927 年，晏阳初从加拿大引入萨能奶山羊饲养，直到抗日战争前，这批奶山羊迁至陕西省武功西北农学院牧场。

1931 年，日本侵占东北三省时期，在吉林省公主岭的农业试验场，用从国外引入的兰布列羊和考力代羊等绵羊品种与当地粗毛羊杂交，多达 5 000 余只，但也由于战争，这项工作没有很好地开展下去，并造成大量纯种的损失，后来仅在民间发现散存有少量杂种。

1932 年，美国人穆尔等引进兰布列羊在山西铭贤学校对当地绵羊进行过改良试验。

1934 年，在苏联专家丛洛托夫、特罗伊茨基等的帮助下，新疆地方政府引入苏联的高加索细毛羊、泊列考斯羊，在乌鲁木齐附近南山牧场与当地哈萨克羊、蒙古羊杂交，产生一、二代杂种。到 1939 年时，南山牧场搬迁到新源县的巩乃斯种羊场，在那里繁殖了大量的三、四代细毛羊杂种，到 1943 年巩乃斯羊场及附近牧民饲养的细毛杂种羊曾达 3 万余只。

1939 年，四川成都从国外引入努比亚山羊 90 只，与地方山羊杂交，杂交后代与地方山羊品种相比，肉用性能和繁殖性能方面都有明显改善，取得显著效果。

1935—1945 年，北平的华北绵羊改进会引入考力代羊等品种，在北平西山、河北石家庄和山西省太原等地与地方绵羊进行杂交，没有取得显著效果。

1937 年，由四川省农业改进所和四川大学农学院主办，从美国引进 50 只兰布列羊，饲养在狮子山牧场、三台畜牧场等开展杂交改良工作；同期国民政府农林部在贵州省建立威宁种羊场，也开展类似的杂交改良工作。

1940 年，国民政府农林部在兰州建立西北绵羊改进处，并在岷县设场饲养绵羊，把新疆的兰哈羊引到当地，在永昌羊场通过人工授精技术改良当地的蒙古羊，但成效不大。

1946 年，联合国善后救济总署送给我国 925 只考力代羊，分别饲养在北平、绥远、南京、甘肃等地。其中，运往绥远的羊群由于感染疥癣而全部损失，西北等地的羊群由于气候和饲养管理条件等的原因，损失很大，不得不将余下的羊群转移到贵州等省饲养。

以上可以看出，中国近代养羊业一次又一次地从国外引进优良品对地方土种羊开展杂交改良工作，希望提高中国本土羊的品质。但是，由于当时的中国是在半封建半殖民地社会条件下，经济、贸易、社会生产资源等都受到帝国主义侵略和掠夺，国内军阀混战、政治腐败再加上当时传统的小农经济生产方式及靠天养畜的束缚等多种因素，致使当时的养羊业无法正常发展。到 1949 年，据不完全统计，全国绵羊数为 2 622 万只，山羊数全国只有 1 400 余万只，其中绵羊的存栏总数比抗日战争前的最高年份少 1/3，当时的毛纺工业用毛几乎全部依靠进口。

二、羊毛推动了地区经济发展和文明进步

在长达一百多年的岁月中，许多西方先进的畜牧科学技术陆续传入我国，促使我国传统畜牧业向近代畜牧业发展。

1880 年，左宗棠创办甘肃织呢总局，这是中国最早的纺织厂，织呢局是洋务运动中清政府最早的官办机器毛纺织厂，是中国第一个毛纺织企业，也是我国历史上第一家中外合作工厂，是当时整个亚洲的两个织呢厂之一，是西北

近代工业的摇篮，在近代中国乃至亚洲工业史上具有重要意义。西北的特产羊毛促进了毛纺织工业的发展，企业创办的初衷也是抵制俄国毛织品进口，以国产原料从事生产，是自产自销的第一次尝试。织呢局开工以后，每天生产10～14匹呢布。织出的羊毛绒质薄而细，美观耐穿。纺织厂的繁荣生产和产品品质在当时社会引起轰动效应，并得到国外关注，英国专门派人到甘肃考察，上海的《字林西报》上刊登了考察报告。可见，织呢局为一向身处内陆的兰州地区打开了一扇经济发展和文明进步的大门，让古老的兰州开始登上了近代工业的舞台。

从20世纪20年代开始，一些畜牧科技工作者为振兴中国养羊业积极努力，做出了一定的工作，但因政治经济条件的限制，虽有满腔的爱国热情，最终却收效甚微。而羊文化也仅仅体现在畜牧科技工作者对羊业发展的著书立说中，并且以研究羊毛为主。这些较早期的著作主要有《满蒙之牧羊业》（王邦巩，1920）、《内蒙古以东、东北三省以南之牧羊业》（彭望恕，1921）、《中国羊毛之研究》（唐文起，1921）、《我国羊毛之改良策》（钱仲南，1923）、《养羊法》（许心芸，1927）、《中国羊毛品质之研究》（李秉权，1929）、《西北羊毛业调查报告》（顾谦吉，1942）、《澳洲之羊业》（汤逸人，1942）、《绵羊与羊毛学》（张松荫，1943）。

第三章

羊文化的历史印迹

第一节　羊及"羊"字文化

一、文化、中国传统文化与羊文化

关于"文化"的定义有很多种,《辞海》从文化范畴角度认为有广义和狭义之分,"人类社会历史实践过程中所创造的物质财富和精神财富的总和"称为广义文化;"社会的意识形态以及与之相适应的文化"称为狭义文化。邱晔(2018)指出,广义的"羊文化"就是指以羊为载体、以社会学为视角所集成的物质意识和精神意识的文化现象;而狭义的"羊文化"是指以羊的生物特征为载体,以文化学为视觉的文化影射现象。可见,对羊文化的认知和对其内涵的理解,会随着社会和历史的发展而加深。羊文化同样具有社会性、多元性、继承性和发展性等特点。

中国传统文化是指居住在中国地域内的中华民族及其祖先所创造的、为中华民族世世代代所继承发展的、具有鲜明民族特色的、历史悠久、内涵博大精深、传统优良的文化。从内容和形式上具有特质性、行为性、制度性和精神性。因此,它不仅包括古文、诗、词、曲、赋,还包括国画、书法、对联、歇后语和民族音乐、民族戏剧、曲艺、灯谜、射覆、酒令、成语等,同时还包括传统节日及各种民俗等(李春兴等,2018)。

郑州大学王保国博士认为,中国传统文化可以用羊性文化类型作概括,自由竞争时代的资本主义文化用狼性文化表达,用以虫性文化说明的则是现代资本主义文化。王保国博士指出,把中国传统文化视为羊文化也并不完全来自对于企业文化分类的借鉴,中国传统文化从诞生时起就与羊有着密不可分的关系。赵有璋(2015)认为,有关"羊"的大量考古与文献资料表明,"羊"已经远远不仅是一种作为生物的存在,而是作为一种观念或者说精神渗透进中国人的性格中,因此体现在中国传统文化的许多方面。

伏羲的样貌是头上顶着一只大羊，在中国远古时期被认作太阳神。他头之所顶，便心之所敬，因此，把"羊"作为自己的图腾来崇拜。伏羲是三皇五帝之首，在古籍的记载中，是中国社会最早的王，他与女娲兄妹结婚，繁衍了人类，因此成为古代传说里中华民族的人文始祖。"羊"的生物个体特质在很多方面能够准确表达一部分中国人的思想理念、行为和价值取向，因此把中国传统文化视为"羊文化"。从古至今，我们都把自己看成是"龙的传人"，这种说法实际上是来源于伏羲为大龙、女娲为小龙的传说。中外的人类学学者也一致认为，图腾虽然是一个符号，但它体现的是人与自然之间的关系，因此图腾应该是自然界中存在的实体。远古时期，把"羊"作为图腾就是因为羊是一种自然生物个体，并且与人的关系十分密切，其个体得到人类爱戴，其品格受人类敬仰。因此，羊是最具代表性的中华民族的吉祥灵物，象征着仁义道德、性情温驯的"羊"是"龙的传人"（余梦飞，2017）。因为从各种"羊文化"的记载和传承中，我们可能看出，羊的品格和特质深深地融入中国文化的基因之中，温柔敦厚是儒家思想所强调的，上善若水的道家所注重的，伦理亲情是中国人所讲究的，这些文化精髓都从不同角度折射出"羊性"与"人性"的契合。因此，羊是所有华夏儿女灵魂深处的精神图腾。2010年，杨冠丰、杨洪潮和黄淼章的《羊图腾：中国人也是羊的传人》中提出"中国人是龙的传人，中国人也是羊的传人"的观点，深刻而富有创新性。

汉字以其丰富的承意载物功能，记载和传承了中华民族的优良传统和人文财富，折射出中华民族先哲们的创造精神和智慧，是研究中华文明和民族文化精神的活化石（刘波，2004）。本节介绍与"羊"字有关的汉字羊文化。

二、"羊"字与汉字文化

中国的羊文化是中华文化的重要组成部分，是我们民族宝贵的精神财富。羊除了对中华传统文化观念的形成和民俗民风产生深远影响外，从中国汉字的字源、语源等文字学的研究中，我们同样能捕捉到大量关于羊与早期文化生成关系的信息，如"羊"字的甲骨文。

"羊"字的甲骨文

最早可见的文字资料表明，殷商时期已经"六畜"俱全。而在《甲骨文字典》里，以马、牛、羊、鸡、犬、豕这"六畜"为字根的汉字中，以羊部字数最多，有 45 字，说明了羊字部在古代造字方面的贡献及其在六畜中的重要地位，同时也解释了为什么古代先人对羊有如此高的敬仰和崇拜之情。

我国传统文化在殷商时期的发展是整个中华文明发展的重要时期。羊文化源于商人对羊的饲养、利用和崇拜，这种现象一直持续到西周与春秋战国乃至于到西汉时期。历经朝代变更，但羊对传统文化观念的塑成和影响都是十分深刻和深远的，以至于最终经过积累和沉淀形成羊文化观念。

最早出现在甲骨上的"羊"字（摄于青岛市博物馆）

象形字是最早产生的汉字，它来源于图画。以"羊"字为例，"羊"的象形字就是一整只羊的图案。甲骨文是在商朝后期王室占卜吉凶时在龟甲或兽骨上镌刻的文字，由象形字发展而来，是我国最古老的成熟文字，既有象形字大部分象征意义，也不拘泥于象形字的形体。早期甲骨文"羊"字的上端像弯曲的两角，下面的 V 形表示羊脸，到晚期甲骨文"羊"字在弯角与脸之间多了一短横。青岛市博物馆馆藏的这枚甲骨上的文字属于早期"羊"字甲骨文，从左上至右下依次刻有"东、羊、帝、三、月"等字。

（一）汉字"羊"文化精髓

1. "羊"之源：读懂养羊业孕育的厚重的羊文化精髓

从"羊"字的写法分析，有一点、一撇、三横、一竖。"羊"字头的第一笔为圆点，其形似太阳。第二笔一撇，其形似弯月；中国书法的圆点中空，露白为日即阳。一撇中空见白为月即阴，因此"羊"字头有日有月，形为明。"羊"字身为三横、一竖，即有王者之身。汉高祖梦羊解梦，最终验证了他的天子之气，开创了一个伟大的时代。《说文》中载："王，天下所归往也。董仲舒曰：'古之造文者，三画而连其中谓之王。三者，天、地、人也。而参通之者，王也。'孔子曰：'一贯三为王。'"以上解释意为"三"字上面一横为天，下面一横为地，中间一横为人。在上古能通天通地通鬼神的人为"王"。因此，"羊"头上日月生辉是文明的产物；"羊"身有王者风范，天人合一，天地人和。"羊"尾是"十"全实尾，扎实于地，是厚德载物的生命产物。文化文明之"羊"的代表人物是华夏民族文明的符号——伏羲。人文始祖伏羲取名由人、犬、羊、禾、勹、戈六字组成（杨冠丰等，2007），蕴含了与上古先民生活关系最为密切的食物、器具，也进一步印证了先民感念犬、羊、禾、勹、戈的意识。另外，羊是古人祭祀时用的珍贵祭品，古人祭祀时所用的"太牢""少牢"中均有羊。

| 甲骨文 | 金文 | 小篆 | 楷书 |

汉语中"羊"与"阳""洋"同音同调，阳、洋、羊是生育、养育、成就中华民族及其文化的天地之物，羊是"生命之羊"，是天造地合的生命之物，母体羊水首先养育了人。由此，中国人一切美好的事物总与羊有关，如"羊膜"是胎儿成长摇篮的重要结构、"羊水"是滋养胎儿生命的重要源泉。羊同阳，阳光温暖大地，有太阳才有生命，太阳给万物生命带来光明、温暖和能量。羊也是"生命之阳"，太阳之光，孕育万物；"生命之洋"，海洋之水，滋养人类。因此，不难理解，三阳开泰、三生万物、天地人和，因为中华民族传统文化源于生命和养生，"阳、洋、羊"孕育了生命，阳是万物之父，洋是万物之母，人是万物之灵。阳、洋、羊，三位一体。从"羊"字的起源、组字及发声中体现出羊文化的博大精深。

2. "羊"之义：阐释中华传统文化的一脉相承的礼仪法则

"義"同"义"。关于"义"的含义，《说文》中指"己之威仪也"之意，因此，義实际上是仪则、法度的含义。由字形上看是由"羊"字和"我"字组成，属于会意字，理解为一个人把羊举在头顶上，从而形成"人羊合一"，羊的品质内化成人的品质，人与羊共有羊所具有仪则、法度的品格。

"法"同"灋"，会意字。《说文解字中》记载，灋，刑也。平之如水，从水、廌，所以触不直者去之，从去。而"灋"字旁的"廌"指"獬豸"，在神话中是指一种神羊，能明辨是非。据《尔雅翼》记载这种神羊在人们发生争斗的时候，总是用一角去抵触理亏的一方，所以在古代法治文化中，羊（廌）是法度的象征，是公平、公正执法和避邪除恶的象征。獬豸（神羊）公正执法，因此羊是有"义"之物。羊文化是多元的，是世界性的，"羊"字在基督教中，是顺服、圣洁、公义、慈爱的象征，是基督信仰在社会文化领域的体现，同时，羊也是神圣、荣耀、有权柄的象征。另外，"羊""我"一体为"義"，中华文化人羊一体，也进一步佐证"中国人也是羊的传人"的文字演绎（杨保国等，2006）。

3. "羊"之品：引领文明人类追求至善至美的道德品质

羊之品要从"善""美""羔"和"孝"等字说起。

"羊""大"为美，羊是美好的象征，祥瑞、祥和之物。东汉许慎提出，"美，甘也。从羊，从大"。"美"的本意为美丽，可由美丽引申为味道鲜美，又引申为才德或品质好，还引申指好事、善事。羊在六畜主给膳也。董仲舒说，"盖人以羊为美味，故善有吉美之义"。

| 甲骨文 | 金文 | 小篆 | 楷书 |

《说文》有"美与善同义"之说。"善"（古与膳相通）是口中有羊，"用膳"就是吃羊能饱肚子，"月"字表示以肉食为主食。在人类的现实生活中，羊被认为是善的象征，这种善源自古以来它就是人类生存的伙伴和重要的膳食之源，因此人类认同并敬仰它的品格，并融入人类向善向美的价值观中。

羊之品中，还深入引申出"羊之德"。养羊业主要产品有羊肉、羊奶、羊皮及其副产品等，人们常常会问："为什么羔羊肉好吃？"因为羔羊肉嫩、味美。古有记载，"羔，羊子也。"徐灏《说文解字注笺》："疑羔之本义为羊炙，故从火，小羊味美，为炙尤宜，因之羊子谓之羔。"在现实生活中，人们吃烤全羊的食材大多来源于羔羊，其味嫩而美，是符合其文化内涵的。《诗经·召南·羔羊》有记载：召南之国化文王之政，在位皆节俭正直，德如羔羊也。在古代，人们就用羔羊比喻品德高尚的卿大夫；直到今天，人类敬仰羊的温驯、仁义、知礼有仪的美德，并把羊自身所具备的一些特性内化为人的道德，作为榜样进而崇拜。现代人要领悟羊文化中孕育的至善至美的元素，用羔羊之美、羔羊之德感染世人的向善向美的道德品质。

从生物学行为中，我们知道，羔羊吃奶时是跪着的，羔羊似乎懂得母亲的艰辛与不易，因此用这种行为感恩母亲。前文提到的《春秋繁露》云："羔食于其母，必跪而受之，类知礼者。"用以感召世人学习羔羊"至孝"和"知礼"的品格。

4. "羊"之合群性：象征"和平、和睦、和谐"

"羊性格温和，有合群性"，其中的"和"字，是指羊秉性温和；此处的和是"天地之和"。像羊一样善良随和，用羊给人送去"吉祥如意"祝福。而"群"字，见于《诗经》有"谁谓尔无羊，三百维群。"《说文》徐铉注："羊性好群。"普通人类中有"群众"，"羊群"和"人群"是羊文化体现人文精神和价值的桥梁。羊性温和，羊是"群""和"的象征，羊的合群性是羊的一个重要生物学特性。羊群而不党，引申的教育意义为集体中不要一盘散沙，不要"结党营私"，要人众合群，群体才合，群合就是群和，群体和才有力量（杨冠丰，2010）。每个人胸中都应从小家升华到国家，领会"家和家兴，国和国旺，中华民族才会富强"这深刻的内涵，同时不论是对家庭、对社会还是对国家应处处发挥集体的力量和合众效应，体现"识大体、顾大局"风格，以集体的荣誉和利益为上。

阿力玛（2018）在《蒙汉涉"羊"熟语文化特性对比研究》中由羊的熟语提到蒙古族、汉族涉"羊"的团结精神。由于不同民族赖以生存的自然环境、社会文化背景有很大的不同，各民族的精神、思维方式呈现各自的特点。思维的这种差异性，必将对语言中的熟语产生深刻的影响。蒙古族表示绵羊团结精神的熟语生动又丰富。绵羊的群居习性是其团结的重要原因，而且绵羊比山羊的团结性更明显。蒙古族构建熟语时习惯用人和绵羊、其他动物和绵羊的对比来表达自己隐藏的深刻寓意，用绵羊的团结来期望人也能像绵羊一样团结，这是民族精神在民族语言中真实的表现。汉民族视羊为首领。羊的一些特点如不爱记路、跟在头羊后面走的特性决定了其领头羊的重要作用。"领头羊"是羊群在行进时走在最前面的羊，其他的羊都会自觉跟在后面，牧羊人只需要引领头羊便可，后泛指有领导作用的人，往往比喻人群中的首领。羊的这种带领性也是其团结精神的表现，也是不同民族对于羊的团结精神理解的相同之处。

小篆体　　　　　楷书（繁体）　　　　　楷书

5. 羊之味："鲜""馐"是中国人舌尖之宠

鲜：明末清初屈大均在《广东新语》中说："东南少羊而多鱼，边海之民有不知羊味者，西北多羊而少鱼，其民亦然。二者少而得兼，故字以'鱼''羊'为'鲜'。"这是较早的食"鲜"的渊源。

金文　　　　　小篆　　　　　楷书（繁体）　　　　　楷书

羞（馐）：会意兼形声字，与"養"字密切相关，其原始意思与養相似。《说文·丑部》云：羞，进献也。从羊，羊所进也。唐代诗人李白《行路难》

中有诗："金樽清酒斗十千，玉盘珍羞直万钱"，足见"羞"字之珍。

甲骨文　　　金文　　　小篆　　　楷书

養：羊是中华民族进入文明社会的物质基础，"養"字源于羊，说明羊是华夏先民的"主膳"，羊与人为膳。《说文·食部》："養，供养也。从食羊声，古文養"。古代，羊在六畜中，主要以膳食为主，因此把羊字作为字根，既是形声字，也是会意字。"養"字也有宜养之意，羊自古就是人类的宜养家畜。

羨：是一个会意字，表现的是由于羊肉很美味，人想要吃而流口水的神态。《淮南子·说林》："临河而羡鱼，不如归家织网。"其中"羡"是字的本义，后来又引申为"贪羡、有余、羡慕"等常见的词义。

6. 羊之"祥"：中华民族之吉运

许慎《说文解字·羊部》云：羊，祥也。《说文解字·示部》"祥"之解释：福也。从示，羊声，一曰善。羊自古以来就被视为吉祥的象征。《墨子·明鬼下》云：有恐后世子孙不能敬以取羊。其中的"羊"字即为祥之意。从西汉出土的纹面铜洗上的"吉祥"即常写作"吉羊"。王国维《观堂集林》指出："祥，古文作羊"。在古代，羊宜养又主膳食，因此"羊""祥"通用，有羊就有吉祥，人们对羊感情深厚，甚至把它视为神化的图腾和宗教信仰的圣物。在崇尚甚至迷信自然的时代，羊的这种品格极易被神化，或被寄予种种美好的想象，或视为神物、精灵。古代的祭祀活动将羊作为三大用牲之一，用以作为人、天沟通的使者，其原因也在这里。

7. "羊"之音：传统音乐中跳动的美丽音符

乐：我国早期的音乐系统理论中有"五音十二律"，据说五音就是以牛、羊、鸡、猪和马"五畜"的叫声作为五声音阶上的五个级，其中"商"就是根据羊命名的。另外，用羊皮为材料做成的羯鼓被称为"八音之首"，古代原始人休闲娱乐时，头上戴着羊角，边歌边舞。

羌："羌"字是会意兼形声字，本来是远古时期西北一个牧羊族群的名称。甲骨文上是一对羊角，下部是个人，羊兼表声。金字文中多了一横，表示人的头部。小篆中下部的人有点变化，以后变为现在常用的楷书。《说文·羊部》中指出，"羌，西戎牧羊人也。从人，从羊，羊亦声"。"羌笛"是羌族的管乐器，双管并在一起，每管各有 6 个音孔，上端装有口哨，竖吹。如王之涣的《凉州词》："羌笛何须怨杨柳，春风不度玉门关。"

| 甲骨文 | 金文 | 小篆 | 楷书 |

8. "羊"字旁的其他字

"羼""矮""羷""羣"指的都是群羊杂居，也就是羊相互挤在一起的意思，反映了羊的生活习性（余梦飞，2017）。

"羯""羠"指被阉割过的羊，"羝""羒""羖"指公羊，"羭"指黑色的公羊。

"羭"指母羊，"夏羊，牡曰羭。"《急就篇·卷三》"羭"颜师古注："羭，夏羊之牝也。"段玉裁根据此注释改作"夏羊，牝曰羭。"《本草纲目·兽部·羊》："白曰羒，黑曰羭。"这里的"羭"指黑色的母羊。

"羸"最初是用来形容瘦弱的羊。"芈"象声词，同"咩"，指羊的叫声。现读"mǐ"，是周朝时楚国贵族姓氏。"羴"意思是羊膻味。

| 甲骨文 | 金文 | 小篆 | 楷书 |

另外，羊象征纯洁珍贵，在其他汉字中也寓意深刻，如羣、羧、羚、羱、羥、羋、羙、羮、羹、羖、羳、羍、羷、羍、羜、瀀、羷、羥、羜、羟、羉、羖、羍、羜、羙、羘、羒、羶、羉、羧等。

西安市石羊农庄里的羊字元素（2023年4月11日于西安）

三、羊骨遗迹与羊文化

中国目前最早的绵羊是在距今 5 000 年左右的甘肃、青海一带发现的，最早的山羊是在距今约 3 700 年的中原地区发现的。经过考古学研究，我国境内有 145 个考古遗址中都有羊骨出土，这些羊的种属除了家养绵羊和家养山羊以外，还包括羊亚科和羚羊亚科的许多野生羊（左瑞豪，2017）。这些遗存主要包括羊头骨、躯干骨、牙床、下颌骨、臼齿、陶羊及陶羊圈等，羊的遗址遍及全国 22 个省、自治区、直辖市的 130 余处，证明我国黄河、长江、珠江、黑龙江各流域，以至沿海各省份和西北、西南等地区，在新石器时代就已开始养羊。碳测定把我国养羊历史推进到八千年前（赵有璋，2015）。

羊骨的发现不仅在考古学方面具有重要意义，在研究羊文化的起源和发展中也具重大价值，包括仰韶文化、大汶口文化、龙山文化和其他文化等。如新郑裴李岗遗址中发现的少量牙齿及头骨、武安磁山遗址中发现的羊骨及余姚河姆渡遗址中发现的陶羊等都划分为新石器时期文化；西安半坡村遗址中发现的 3 块残骨、1 枚牙齿、出土陶器上还刻有羊的符号等则属于仰韶文化；邳州市遗址中发现的 8 件牙床则属于大汶口文化；历城龙山镇遗址中发现的羊骨及在夏县东下冯遗址中发现的 3 具羊骨架等属于龙山文化；而在元谋大墩子遗址中发现的羊臼齿、羊骨等则属于其他文化。

蔡大伟等（2021）研究整理了中国羊骨出土的情况，按羊骨发现时期可分新石器时代早期、新石器时代中期、新石器时代晚期、新石器时代末期、二里头至商周时期和秦汉时期及以后等六个部分，现摘录部分如下表。

中国出土山羊的记录

时代	地区	遗址	骨骼类型
新石器时代晚期	陕西	石峁	下颌骨等
		木柱柱梁	肩胛骨等肢骨、下颌骨
		康家	趾骨
	青海	长宁	肱骨、桡骨、尺骨、跟骨
	河南	汤阴白营	头骨、角鞘
夏代	河南	二里头	角心、掌骨、跖骨
	内蒙古	朱开沟	掌骨、跖骨
商-西周	河南	王城岗（二里岗文化层）	下颌骨
	甘肃	寺洼山	角
		徐家碾墓地	头骨、角
	山西	曲村	角、下颌骨等

（续）

时代	地区	遗址	骨骼类型
商-西周	新疆	五堡墓地	皮革制品
		洋海墓地	皮革制品
东周及其后	甘肃	蛤蟆墩墓地	头骨
		西岗墓地	头骨
		柴湾岗墓地	头骨、角
	宁夏	大华中庄墓地	肢骨等
		龙山墓地	头骨
		硝河墓地（2017PXM2）	头骨等
		王大户墓地	头骨
		小双古城墓地	头骨、指骨、趾骨、寰椎
		忻州窑子墓地（板城墓地）	头骨、冠骨、蹄骨、下颌骨、寰椎、肩胛骨
		崞县窑子墓地	头骨等
		新店子墓地	头骨、寰椎
	内蒙古	毛庆沟墓地	头骨、肩胛骨
	北京	玉皇庙墓地	头骨
	吉林	后套木嘎（战国-辽金）	肱骨、桡骨、距骨、跖骨、髋骨、胫骨
	新疆	圆沙古城	掌骨、距骨
	河南	王城岗（唐代、宋元明）	跟骨（宋元明）
	重庆	蓝家寨	下颌骨

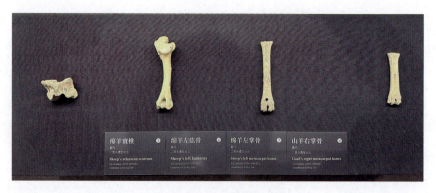

二里头遗址出土的夏代羊骨

四、羊图腾与羊崇拜

"图腾"是印第安语"totem",意思为"它的亲属""它的标记"。"图腾崇拜"是一种宗教信仰,约发生于氏族公社时期,原始人相信每个氏族都与某种动物、植物或其他自然物有亲属或其他特殊关系,一般以动物居多(赵有璋,2015)。

中国人一向称自己是"龙的传人",几千年来,龙威武、神圣的形象,一直鲜活地存中华民族的心中,是我们从古至今永恒的精神载体。《管子·水地篇》说龙"欲小则化如蚕蠋,欲大则藏于天下;欲上则凌于云气,欲下则入于深渊"。古代的帝王将相幻想能像龙一样呼风唤雨,老百姓希望龙能为人间降福消灾,从上到下对龙的崇拜,使龙基因渗透到中国社会生活的很多方面,甚至渗进每一个华夏子孙的骨和血中,并逐渐凝聚、积淀成一种文化。因此,"龙"成了中国的象征、中华民族的象征、中国文化的象征。当我们自称是"龙的传人"的时候,就从心中骤然升腾起的一种无形的力量,源于龙的伟大和强盛,使中华民族的自信心和自豪感一脉相承。

其实,在"龙"传说之前,古代有很多部落以"羊"为图腾。如前面已提及的伏羲的"八卦"、皋陶的神羊断案等。伏羲和神农的部落早期都是以羊为图腾。

《帝王世纪》记载,"炎帝神农氏,姜姓,母女登游华阳,感神而生炎帝于姜水,是其地也"。司马迁的《史记·五帝本纪》记载,炎帝母亲女登的受孕地点在姜水的常羊(羊头山),姜水属羌地,这里的羌人部落的图腾是羊。

其实,古人图腾崇拜也是与时俱进的,如《山海经》上的炎帝是"人身牛首"的形象,因为当时在农业生产中牛的地位重要,因此牛成为当时部落的图腾。炎帝与黄帝部落合并后,"牛"又被更为强大的"龙"所取代,因此,龙又成为民族统一的图腾。但在这两个图腾发展时期,羊图腾一直存在,甚至被炎帝、黄帝联手打败的蚩尤,其所在部落早期的图腾也是羊。据《路史·后纪四·蚩尤传》记载,蚩尤姓姜,其出生地在羊水,所在区域也是羊图腾流行的地域。后来炎帝部落沿黄河东迁到河南、山东等地时,又把羊崇拜风俗带到这些地方,所以在这些地方出土的汉画像石上,有羊头、羊角为图案的画像。

今天在一些地区再看到这些古老的羊图腾时,难免会引起人们对古代羊及羊文化表现形式的无限追忆。而今,人们同样以图腾的形式传承和发展羊文化,只是更多的时候不叫"图腾",而是融现代技术与文化信息于一体的"Logo"。

国家现代肉羊产业技术体系

五、各民族的崇羊情怀

1. 羌族的羊图腾

羌族，源于古羌，是过去曾活跃在中国西北部的一个古老民族，"羌"字和族姓"姜"字都与羊图腾有关。姜从造字本意来看，是指像羊一般温顺的女性。"姓"起源于母系社会，代表氏族的血统；"氏"是古代贵族标志与宗族系统的称号，从夏朝中期开始"氏"表示功勋和地位，成为"姓"的支系。最早的姓，如妘、姚、姬、姒等皆从女。因此，姜是炎帝母亲的姓，《说文》记载，"姜，神农居姜水，以为姓。从女，羊声"。仰韶文化末期（约公元前 3000 年），黄河中游出现了炎、黄两大部落。炎帝姓姜，姜、羌本是由一个字分化而成，分别代表当时母系社会与父系社会，甲骨文中也常互用。

"羌"，原是古代人们对居住在中国西部游牧部落的一个泛称，后来由于部落迁徙到现在的甘肃、青海的黄河、湟水、洮河、大通河和四川岷江上游及西南一带，至今仍有羌族和姜姓家族（刘全波等，2019）。羌族自称"尔玛"或"尔咩"，被称为"云朵上的民族"。古羌对中国历史发展和中华民族的形成都有着广泛而深远的影响，民族语言为羌语，属于汉藏语系藏缅语族羌语支，分北部和南部方言。春秋战国时期，羌人在现今的甘肃东部、陕西北部、宁夏及河套以南地区建立义渠国，是中原各国合纵连横的重要力量，持续与秦国交战170 多年。到了汉代，羌人就已经有很广的分布，羌族的部落也越来越多。汉王朝当时为了断绝羌人与匈奴的联系，在河西走廊地区建张掖、武威、敦煌、酒泉四郡，设置护羌校尉等重要官职来管理羌人事务。

古文字研究证明，羌和姜的汉字构形反映了一种头戴羊角的图腾风俗，用这种行为方式表达对羊图腾祖先的信仰，相信图腾祖先能感知并将神力传播到自己身上。后来羌人与羊图腾文化向东迁移，与华夏文化融为一体，共同形成中华民族文化的源头。2008 年 5·12 汶川特大地震，三羌人聚居地受到严重损害，羌族和羌文化再次受到关注。当时地震中心汶川与重灾区北川羌族自治县保存的"羊图腾"至今仍然存在。在北川新县城新建的所有楼房门前都会看到羊图腾标志。

2. 藏族人的羱羊崇拜

羱羊也叫盘羊，是中国现有绵羊品种血缘关系最近的野绵羊。羱羊威猛雄壮，羊角粗大、坚实并向后上方伸出，是御敌的有力武器。藏族人也称大头羊，藏语为"聂"。羱羊视觉发达，身体十分敏捷，喜欢生活在高海拔山势峻峭之处，并且至死不离所居之地。藏族先民把羱羊当做神灵来崇拜（桑吉扎西，2015）。《旧唐书·吐蕃传》形容藏族"多信羱羊之神"，而《新唐书·吐蕃传》则说"事羱羊为大神"。说明古代藏族先民崇信羱羊并将其视为自己部落图腾进行崇拜。《西藏王统记》里记载了松赞干布祖父、吐蕃第三十代赞普达日宁斯名字的来历：赤聂（赤聂松赞）之子仲宁得乌，自达布地区取得秦萨鲁杰为妃，产一生盲小王，名曰木龙衮巴扎。后王病，留其遗嘱于子云："宁布桑瓦为尔先祖父辈护佑之神，当供祀之。从阿柴地延请医生，开汝盲目，执掌邦政。"木龙衮巴扎于"宁布桑瓦"深致敬信，常供祀之，并延请阿柴医生为其开目，能见吉雪达日山上之羱羊奔走，因之又称为"达日宁斯"。"达日宁斯"，藏语意为"虎山见羊"，换句话说，也就是"看见虎山上之羊的王"。在藏族远古的"五大氏族"部落中，属火的"廓氏"部落和属木的"噶氏"部落的灵魂守护神分别为山羊或羱羊和绵羊。《格萨尔王传》是流传在西藏的英雄史诗，其中记述了不少藏族古代部落与羊崇拜有关的情节（桑吉扎西，2015）。藏族的祖先一直以游牧为生，雪山、森林、草原、峡谷都是他们赖以生存之地，而在雪域藏地的崇山峻岭中，羱羊勇武威猛为他们带来了自信和力量，进而对其信仰崇拜深入内心精神世界。

3. 蒙古人的崇羊情怀

研究表明，蒙古族先民对羊的依赖是形成羊崇拜的主要原因，蒙古族风俗中的羊崇拜现象主要体现在占卜、驱邪、作为祭祀的牺牲、婚礼中作为圣物、作为一般礼物等。随着人类社会的进步和发展，意识形态和精神文明也在进步，最初羊作为"神化"了的动物被蒙古族先民所尊崇，逐渐改头换面成为具有现实意义的畜牧业的保护神。当今，蒙古族在尊贵的客人到来时，就会以全羊席招待客人，他们的服饰和居家装饰中的民间刺绣也有犄纹形（似盘羊角），对羊的崇拜依然是浓烈而虔诚，并潜移默化形成一种巨大的精神力量，在蒙古族的血液中奔流。

4. 其他民族对羊的崇拜

东乡族和塔塔尔族也将羊作图腾。侗族、苗族都认为自己是姜姓的后代，侗族是姜郎姜妹的后代，苗族是姜央的后代，他们还延续祖先的习俗，保持着合族养一头白羊，合养的这头羊又称做"萨"，在古代意即祖母。如今湘西南的瑶、侗、苗等民族的古歌中有"十二羊皇十二姓"，其中的十二姓是指羊图腾的十二个姓氏部落，侗族古歌中的"姜郎姜妹是山羊变"的词，都表明他们对羊图腾的信仰。

5. "羊图腾"承载"羊文化"的内涵和发展

杨冠丰、杨洪潮和杨森章所著《羊图腾：中国人也是羊的传人》（2015）中指出，一个民族的崇拜可以是多元的、变化的，从原生态的羊图腾到再生态的龙图腾是民族融合的再生过程。太阳是全人类都崇拜的自然之神，前面提及羊通阳，羊崇拜也同样具有世界性，并具有中华民族文化特色。中华羊图腾把人们对自然崇拜、祖先崇拜、食物崇拜、生殖崇拜、道德崇拜融为一体，同时涵盖了阳图腾、鸟图腾、凤图腾。中华民族的主图腾是龙图腾；龙羊一体、龙中有羊，羊图腾与龙图腾一起形成了完整的中华和谐文化形象，恰似"龙凤呈祥"。因此，这些又从另外一个角度诠释了，中国人是龙的传人也是羊的传人。中华羊图腾的历史文化，从不同角度展现了中华民族"自强不息，厚德载物，与人为善"的民族精神；展现了中华民族"与人为善""和而不同""中和""祥和"的民族文化精髓。羊图腾与汉字一道传承了中华民族向善至善的道德观与价值观。"羊图腾"承载的"羊文化"，具有人文与教化的功能。羊文化具有世界性，一窗透世界，2010 年 11 月 12 日，第十六届亚运会在羊城举办，城市的图腾是"羊"，向世界传达了中华民族的人文、友善、和谐。

六、岩画中的羊

岩画是一种石刻文化，其创作手法稚拙而传神，在人类社会早期发展进程中，人类祖先以石器作为工具，用粗犷、古朴、自然的方法——石刻，来描绘、记录原始氏族、部落，乃至各历史时期人们生活中的感受，揭示了人类在不同的历史发展阶段的劳动方式、经济活动、心理状态、信仰活动、思维方式、社会生活实践以及人类与大自然间的各种关系，是人类历史活动信息的重要"典籍"，是人类先民们给后人的珍贵文化遗产。岩画中的羊千姿百态，岩石峭壁上的羊虽历经千万年的风雨沧桑，但今天看来仍历久弥新，以这种独特的方式记录着悠久而深厚的羊文化历史。

岩画以动物图像为主，其中羊的图像又最多，有猎羊图、牧羊图、人羊共嬉图、母子同乐图、双羊角力图等。我国岩画分布几乎遍及全国，岩画点近千处，画面近百万幅，居世界前列。如在内蒙古大兴安岭岩画、阴山岩画，宁夏贺兰山岩画，甘肃黑山岩画中，刻画的动物多数都是羊。

在新疆也有不少地区有羊的岩石画，如新疆阿勒泰岩画、新疆特克斯岩画。位于特克斯县城西北方向的阿克塔斯山，半山腰的一个岩洞中有一处保存完好的洞窟彩绘岩画，是伊犁河谷发现的第一处原始人类的彩绘岩画。据专家考证，它是原始社会（旧石器时代晚期或新石器时代早期）的产物，距今至少已有 5 000 年，被认为是史前原始绘画的代表和最早的艺术品。在这些古老岩画中，就多次出现羊的形象。

内蒙古阴山岩画

内蒙古呼仁敖包岩画
（赵有璋 2013 年 6 月摄影）

新疆阿勒泰岩画

洞窟面积 48 米^2，洞高 2.5～3 米，洞口宽约 5 米。整个画面呈褚红色，是用褚红色矿物作颜料绘成，颜色深浅不一。在洞口右侧岩壁上绘有马 2 匹，羱羊 2 只，太阳 3 个，月亮 1 个（呈月牙形），印记 1 个（呈"工"字形）。洞内右面岩壁上绘有 3 个太阳，其中 1 个颇大，分成内外两个圆形，中间的小圆形直径 6 厘米，外面的大圆形直径 28 厘米，并且外圆 22 厘米全绘成红色，远看像一个光芒四射的太阳，正好位于原始人卧铺之上。洞内还绘有大头羊 3 只，马 1 匹，印记 1 个（呈＞形）。

阿克塔斯洞窟彩绘北山羊

麦提格尔的羊岩画　　　　　　　加汗萨依西的黑色岩画

据史籍记载，母系氏族社会中已经产生氏族印记，在洞窟内外岩壁上都有赭红色氏族印记。从岩壁大量绘有羱羊、马等图画来看，这个氏族的生活主要依靠羱羊和马的肉食为生。从而，羱羊和马也就成了他们平日祀拜的对象，萌发了他们对这些动物的原始图腾崇拜意识。

祁连山岩画群羊图（春秋-汉岩石凿刻）　　　科克达萨依阳刻羊岩画

早在石器时代，北方草原地区的原始居民就已开始选择水草丰茂的特克斯河流域狩猎野羊。2015 年，新疆考古研究所阮秋荣研究馆员等就在库克苏西山口墓葬里发现了羊骨，距今 3 700 多年。在喀拉托海乡也什克力克山中部的加汗萨依西山沟内，发现了罕见的黑色岩画。岩面上，猎人牵着马，手里拿着弓箭，前方有奔跑的"山羊"等图案。图案似乎由炭黑和着动物油脂调和而成的黑色颜料绘制，画面大多线条细腻，如用削尖的铅笔所作，部分线条较粗，犹如签字笔作画。如科克达萨依岩画"群羊图"，用减地浮雕法制作，一群奔跑的北山羊，向我们诉说着远古荒野上的繁荣。

七、青铜文化与羊

我国的青铜器历史源远流长，殷商时期是我国青铜器大发展的时代，其中羊的青铜器制品，大多可称为稀世珍品。在各种礼器上大多刻有各种各样的动物纹饰，其中包括大量的羊形青铜器、玉器。如"羊灯"是一种吉祥器物，亦称"金羊灯"。《艺文类聚》中"金羊载耀，作明以续"，指用羊灯照明，万象吉祥。殷墟出土大量玉器、骨器中发现有许多写实性羊头或羊头形器。四羊方尊、四羊首垒、三羊垒、双羊尊、羊尊等就是铸有突起羊头的青铜礼器，这些精美的纹饰使青铜器显得非常华贵，同时充满了神秘的色彩。对人们了解并研究我国羊文化有十分重要的意义。

1. 四羊方尊

四羊方尊是商朝晚期青铜礼器，祭祀用品，1938 年出土于湖南宁乡县黄材镇转耳仑山的山腰上，现属炭河里遗址，收藏于中国国家博物馆，其铸造工艺水平是中国古文物的精华和古代青铜工艺的杰出代表，被史学界称为"臻于极致的青铜典范"，在中国十大传世国宝中，位列第三。该国宝曾历经磨难，在史称"文夕大火"的战乱期间流失，1952 年重新找回，经过国内文物修复大家张欣的精心修复，使得四羊方尊终于再次展现出 3 000 年前的瑰丽身影，1956 年收藏在湖南省博物馆，1959 年起收藏于中国历史博物馆。

四羊方尊的造型是四羊、四龙相对，展示了酒礼器中的至尊气象，同时又把羊所蕴含的"吉祥"祝福之意、"知礼善良"和"内刚外柔"之美展现得淋漓尽致。2000 年 5 月，中国历史博物馆首次遴选馆藏青铜十大顶级国宝，四羊方尊位列其中。2013 年 8 月 19 日，四羊方尊被确定为第三批禁止出境展览的文物。

四羊方尊

2. 三羊尊

三羊尊，尊为大口广肩型，厚唇外折，细颈上有三道凸弦纹。肩部等距离装饰三只高浮雕形式的卷角羊头，间以回形纹为地的目形纹饰。腹部较肥硕，纹饰更为华丽，在回纹地上有三组兽面纹，用夸张的手法突出了兽面上最能传神的眼睛，增加了肃穆庄重的气氛。圈足较高，上边有两条凸弦纹，中间有三个等距离的较大圆形孔，这是商代铜器的典型特征之一，圈足的下部在回纹地上饰有六组兽面纹。全器图案布局错综复杂，繁而不乱，是目前我国发现的同类器物中之最大者。

3. 双羊尊

双羊尊是商代晚期的容酒器，其上口呈筒形，尊身由两头背部相连的羊组成。铜绿色纹饰，显示了先秦时期高超的铸造工艺、文化水平和深厚的历史源流。

三羊尊（商后期）

商代双羊尊
（现藏于大英博物馆）

西汉刘胜墓出土铜羊尊灯
（河北博物馆藏）

西汉双烟管羊形青铜灯
（定州博物馆藏）

除上述铜器之外，还有许多其他与羊有关的各式青铜器物，花样繁多，用途各异，也有不少精品。

战国回望羊形铜带钩
（摄于西安市羊文化博物馆）

战国鎏金四叶形奔羊纹铜饰
（摄于西安市羊文化博物馆）

战国浮雕羊首云纹铜饰
（摄于西安市羊文化博物馆）

东汉羊形铜灯
（徐州博物馆藏）

汉代跪卧羊铜灯
（摄于西安市羊文化博物馆）

宋代跪卧羊形铁烛台
（摄于西安市羊文化博物馆）

战国双羊首盘兽环形铜饰
（摄于西安市羊文化博物馆）

汉代山羊形铜带钩（摄于西安市羊文化博物馆）

汉代透雕鄂尔多斯胡人戏羊纹铜带饰（摄于西安市羊文化博物馆）

宋代羊首球体铜饰
（摄于西安市羊文化博物馆）

元代羊形铁权（秤砣）
（摄于西安市羊文化博物馆）

八、玉中的羊

玉卧羊形砚滴

　　"砚滴"又称"水滴",用于磨墨。羊为立体圆雕,呈跪卧式,昂首挺胸,二圆目平视前方。玉羊背部有一圆形凹洞,洞上置双兽形圆柱纽盖。

汉代回首跪卧羊形和田玉摆件（摄于西安市羊文化博物馆）

宋代羊首形墨玉饰品（摄于西安市羊文化博物馆）

宋代玉卧羊

清代黄玉三羊尊

清代回首躺卧山羊开玉镇纸（摄于西安市羊文化博物馆）

清代回首跪卧山羊开玉镇纸（摄于西安市羊文化博物馆）

九、陶器、瓷器与羊

彩陶是人类早期的艺术，属于新石器时代的产物。在原始社会中，彩陶中有关羊的形象经常出现，特别是河姆渡陶羊，用夸张手法塑造羊的臀部，以显示其肥壮的体态，给人以朴实、健美的感觉。

唐代跪卧翘臀陶羊和跪卧灰陶羊（摄于西安市羊文化博物馆）

唐代侧首跪卧陶山羊（摄于西安市羊文化博物馆）

唐代跪卧陶山羊（摄于西安市羊文化博物馆）

东汉陶羊（广东省博物馆藏）

新疆石头城陶羊

宋代彩釉跪卧陶羊　　　　　　　　　　元代陶羊
（摄于西安市羊文化博物馆）

东晋青釉羊

　　东晋青釉羊，高 13.6 厘米，长 15 厘米，宽 8.4 厘米。羊呈跪姿，昂首直颈，双角卷曲，颌下有胡须如钉状，头顶有一圆形小孔，腹侧刻画一对羽翼纹。釉色青灰，均匀莹润，施满釉，且眼睛点染褐彩，显得炯炯有神。现收藏于宣城市博物馆，被鉴定为国家一级文物。

西汉灰陶羊尊（新乡市北站区出土）　　　西汉卧羊陶尊（平原博物院藏）

西晋青釉褐彩羊（上海博物馆藏）　　东晋瓯窑青釉褐彩瓷羊（温州博物馆藏）

东晋越窑青釉褐彩羊形瓷烛台
（镇江博物馆藏）

东晋越窑青釉羊首盘口瓷壶
（镇江博物馆藏）

晋代釉陶羊尊
（辽宁省文物考古研究所藏）

三国吴青瓷羊形烛台
（南京博物院藏）

东晋青瓷羊形烛台（镇江博物馆藏）

唐代跪卧陶羊（摄于西安市羊文化博物馆）

明代青花三羊纹碗

宋代羊俑
（琉璃厂窑，2024年摄于成都隋唐窑址博物馆）

十、石羊

东汉石羊（故宫博物院藏）

东汉石羊（1981年淮北市高岳皇后窑出土）

唐代残青石羊首（摄于西安市羊文化博物馆）

东汉羊首青石条（摄于西安市羊文化博物馆）

石羊组图（摄于西安市羊文化博物馆）

十一、其他羊形雅玩

清代晚期掐丝珐琅双羊尊（故宫博物院藏）

  掐丝珐琅双羊尊的造型为双羊联体，两只羊头方向相背，背上驮着一个方形尊，尊上饰兽面纹，双羊的前腿作为器物的支撑，羊角和羊耳为铜镀金质。羊身饰条带形锦纹，肩饰火焰纹。

清代中期象牙雕童子牧羊（故宫博物院藏）

现代金钱立羊紫砂摆件
（摄于西安市羊文化博物馆）

现代子母立羊木雕摆件
（摄于西安市羊文化博物馆）

第二节　艺术、器物与羊

一、羊画与羊文化

（一）《开泰图》

"三羊开泰"，最早出自《易经》。《易经》以十一月为复卦，一阳生于下；十二月为临卦，二阳生于下；正月为泰卦，三阳生于下。指冬去春来，阴消阳长，是吉利之象征。《易·泰》载："泰，小往大来，吉亨。"《宋史·乐志》载："三阳交泰，日新惟良。""三阳开泰"的另一种解释为：11月冬至日的白昼最短，其后则白昼渐长。古人以为此乃阴气渐去而阳气始生，所以称冬至一阳生，腊月二阳生，正月三阳开泰，表示阴气渐去阳气始生，冬去春来，万物复苏。因此，旧时常用作新年起始的祝愿之辞。而"羊"与"阳"同音，古语即有"三阳开泰"之说。在中国的羊文化中，"三阳开泰"工艺美术作品大多为阳光下有 3 只羊的形象，寓意辞旧迎新，吉祥、安泰。

清代郎世宁，绢本设色
（台北故宫博物院藏）

（二）《四羊图》

《四羊图》是由南宋画家陈居中创作。画中主要展示的是羊在嬉戏的场景，其中两只羊激烈相斗，另一只灰羊，措手不及，茫然失措。旁边有老树倾斜，树上有鸟儿跳跃。山丘凸起不平，一只黑头羊臁情健壮，回顾俯视着其他两只正在争斗的羊，画面生趣盎然。

（三）《二羊图卷》

《二羊图卷》是由元代画家赵孟頫所作。为墨笔纸本，二羊一肥硕，一毛长，相映成趣。画中有自识云："余尝画马，未尝画羊，因仲信求画，余故戏为写生，虽不能逼近古人，颇于气韵有得。"赵孟頫（1254—1322 年）为元代著名画家，字子昂，号松雪道人，浙江吴兴（今浙江湖州）人。

南宋陈居中（中国国家博物馆藏）　　　元代赵孟頫，纸本水墨（美国弗利尔美术馆藏）

（四）仿南宋李迪春郊牧羊图

元末明初（纽约大都会博物馆藏）

画面中有两棵柳树、18 只羊。柳随风动，羊千姿百态。左侧有小牧童爬在树上取鸟窝。

（五）苏武牧羊图

画中的苏武身着汉装，须发尽白，双手紧握汉节，目视远方，沉静而又刚毅。虽无背景，但天寒地冻之意充盈画幅。

清代黄慎（上海博物馆藏）

二、民间剪纸羊

剪纸，也称为刻纸，是一种镂空艺术，其在视觉上给人以透空的感觉和艺术享受。剪纸的主要材料是纸，用剪刀（或刻刀）进行创作。剪纸艺术历史悠久，尤其是在民间广泛流传。

羊是民间剪纸艺人喜欢表现的一种重要动物。如甘肃省庆阳地区的民间剪纸有《双猴献羊》《羊头》，画面充满了吉祥、喜庆。陕西定边流行的《母羊与羔羊》的剪纸中，母羊的嘴衔着苜蓿，羔羊在母羊腹下吃奶，充分表现了母子的亲情（王磊，2013）。

三、羊皮筏子

中国以皮筏为渡由来已久。《后汉书》载，护羌校尉在青海贵德领兵士渡黄河时，"缝革囊为船"；《水经注·叶榆水篇》载，"汉建武二十三年，王遣兵乘革船南下"；《旧唐书·东女国传》载，"用皮牛为船以渡"；白居易在《长庆集·蛮于朝》中云："泛皮船兮渡绳桥，来自鄂州道路遥"；《宋史·王延德传》载，"以羊皮为囊，吹气实之浮于水"。看得出来，自汉唐以来，由青海到山东及黄河沿岸，都使用皮筏。尤其是兰州羊皮筏最为著名，羊皮筏子，旧称"革船"，九曲黄河十八弯，筏子起身闯河关。兰州羊皮筏子从清代光绪年间就已经兴起，在古代主要用于青海、兰州至包头之间的长途水上贩运。

关于羊皮筏子制作还有一段顺口溜"宰死一只羊，剥下一张皮，捋掉一身毛，刷上一层油，曝晒一个月，吹上一口气，绑成一排排，可赛洋军舰，漂它

2023 年 4 月本书作者与同行人员于兰州市白塔山码头

几十年，逍遥似神仙"。抗日战争时期，兰州一"筏子客"用羊皮筏子从四川广元运输汽油到重庆，轰动山城，成为兰州百姓的美谈，并以"羊皮筏子赛军舰"美誉而载入史册。

从古至今，羊皮筏子在滔滔黄河上漂流，承载着几十代人的生活、劳动、交通运输的历史使命，传承着黄河文化独特的风采和历史价值，向世人展示着古代劳动人民的智慧。

"千年筏子百年桥，万里黄河第一漂"。20 世纪 50 年代中期，随着交通运输事业的不断发展，羊皮筏子完成了其历史使命；而随着旅游业的兴起，羊皮筏子作为一种特色旅游项目又被开发。乘羊皮筏子漂流，具有节约能源、保护环境、视野宽阔等优点。2006 年 10 月，甘肃省人民政府正式批准将兰州羊皮筏子列入甘肃省第一批非物质文化遗产名录。另外，羊皮筏子制作技艺于2009 年被列入第二批宁夏回族自治区级非物质文化遗产名录。

如今，在多彩的兰州黄河滨河路岸边，有一道独特靓丽的风景，即羊皮筏漂流。在这里，羊文化与远古母亲河的相行相伴，承载并见证了华夏的沧桑巨变。2023 年 4 月，作者亲自乘着羊皮筏子漂流在母亲河上，如此亲近地看着身边起伏的波涛，感受着母亲河波澜不惊的千年流淌，聆听她生生不息的脉搏律动；轻弹几下鼓鼓的羊皮筏，发出的咚咚声响，表达对远古母亲河的无限追忆和深情呼唤。

四、羊皮鼓

羊皮鼓最早属我国古代的巫舞之一。因起源早、流传广泛，后来演绎成为庆典、娱乐时的乐舞。全国许多地区都有，如东北的《单鼓》、河北的《扇鼓》、北京的《太平鼓》、汉中的《羊皮鼓》、秦安非物质文化遗产的《羊皮扇鼓舞》等。徐富平（2019）著有《天水羊皮鼓乐舞文化研究》，谭欣宜（2014）撰写《汶川县阿尔村羌族羊皮鼓舞的民俗符号与文化认同研究》，足见羊皮鼓的历史文化价值的广博和深远。2024 年 2 月 12 日，在中央电视台综合频道《非遗里的中国·年度盛典》代表性项目的表演中，就有羌族羊皮鼓舞。羊皮鼓的特点是奔放、潇洒、热烈、昂扬。舞蹈动作刚健有力，鼓点节奏紧凑明快。据明代刘侗编著的《帝京景物略》记载："童子摇鼓，傍夕向晓，曰太平鼓。"《清稗类钞》中也载有："年鼓者，铁为圈，木为柄，柄系铁环，圈冒以皮，击之咚咚，名曰太平鼓。"清代何耳的《燕台竹枝词》中说："铁环震响鼓蓬蓬，跳舞成群岁渐终，见说太平都有象，衢歌声与壤歌同"。这说明《太平鼓》远在明、清时代的北京地区就很盛行了。1990 年，第十一届亚运会开幕式上，也有《太平鼓》大型团体舞的表演，场面宏伟多变，舞者姿态阿娜优美。各地羊皮鼓舞都从不同层面体现土色土香、浓郁的民族和地域色彩和风韵。

五、带"羊"字的药物

淫羊藿：又名仙灵脾，性温味甘，能补肾阳，强筋骨，祛风湿。现代药理学研究表明淫羊藿还具有抗衰老的作用，在治疗心血管疾病、白细胞减少症、小儿麻痹症、性欲低下、不孕不育症、妇女更年期综合征等方面有疗效。

羊踯躅：又名闹羊花，全草入药，性温味辛，有毒，能祛风、除湿、消肿、止痛。《纲目拾遗》中的熏痔瘘方就是把羊踯躅捣碎、煎汤后放在盆里进行熏蒸而发挥作用的。名医华佗所创造的"麻沸散"中也有羊踯躅，起到麻醉作用。

羊屎条根：也叫羊奶根，因为其种子呈羊屎状而得名。性平味酸涩，治痢疾、风湿痹痛。

羊耳蒜：也叫珍珠七，兰科植物，带根全草，性平味涩，有强心镇痛、活血调经、止血止痛等功效，主治妇女崩漏、产后腹痛、白带过多及扁桃体炎、跌打损伤。

羊角拗：也叫断肠草，属夹竹桃科植物。性寒味苦，有毒，有祛风湿、通经络功效。其种子有活血消肿、止痒杀虫的作用。用羊角拗叶煎汤对四肢关节进行温洗，可治疗风湿肿痛。另外，羊角拗还具有强心镇静的作用。

羊角藤：又名山八角，蔓状或攀缘灌木，性温味辛酸甘，能祛风湿，止痛止血。用于胃痛，风湿关节痛。《福建中草药》载：取羊角藤干根 50～100 克，酒水炖服，治关节风湿痛。

羊蹄：也叫羊蹄大黄，性寒味苦，稍有毒。有清热、通便、止血、利水、杀虫功效。把羊蹄加水煎汤服用，可治疗大便干燥。

羊蹄草：又名叶下红，是菊科植物一点红的带根全草，其特点是性凉味苦，能清热、凉血、利水。取羊蹄草煎汤内服可治红白痢疾。现代医学研究表明，羊蹄草注射液可在临床上治疗小儿上呼吸道感染并有退热的效果。

羊山刺：也叫散血飞，是芸香科植物异叶花椒的枝叶或种子，性温味辛，稍有毒，外用，能燥湿杀虫。羊山刺煎水可治疗脚气。

羊乳：又名山海螺、四叶参、白蟒肉，为桔梗科党参属多年生草本植物羊乳的根。性味甘平。有滋补强壮、祛痰润肺、排脓解毒作用。多用于病后体虚，产后缺乳；肺脓肿（肺痈）、乳腺炎、痈疮肿痛。

羊明：又叫草决明、马蹄决明、还瞳子、狗屎豆、假绿豆、马蹄子、羊角豆、野青豆、大号山土豆、猪骨明、猪屎蓝豆、夜拉子、羊尾豆，是豆科植物决明和小决明的成熟种子。性味咸苦，平凉，无毒。主治风热赤眼，青盲，雀目，高血压，肝炎，肝硬化腹水，习惯性便秘。

羊负来：苍耳的别名。《齐民要术》载："洛中有人驱羊入蜀，胡枲子着羊毛，蜀人种之，曰羊负来。"后用以指相随而来的事物。苍耳生于山坡、草地、路旁。中国各地有广布，能通鼻窍、祛风湿、止痛。

羊胡髭草：为莎草科植物披针薹草的全草。具有清热燥湿，解毒之功效。

常用于湿疹，黄水疮，小儿羊须疮。《全国中草药汇编》："收敛止痒。主治湿疹、黄水疮。"

羊起石：中药名。又称阳起石，是硅酸盐类矿物质，属闪石族系列。具有温肾壮阳之功效。常用于肾阳虚衰，腰膝冷痹，男子阳痿遗精，女子宫冷不孕，崩漏，症瘕。

羊角参：为双子叶植物药百合科植物甘肃黄精或玫瑰红黄精的根茎。平肝明目，清热凉血，润肺生津。性味归经、味甘微苦，性凉，主治头痛目疾，高血压，痫症等。

除此之外，还有山楂（羊球），能消食健胃、活血化瘀；蒲公英（羊奶奶草），能清热、解毒、利湿；夏枯草（羊肠菜），能清肝火、散郁结、降血压；海藻（羊栖菜），能消痰软坚、利水；南沙参（羊婆奶），能养阴润肺、益胃生津；紫花地丁（羊角子），能清热解毒；白及（羊角七），能收敛止血、消肿生肌；白鲜皮（羊癣草），能清热解毒、除湿祛风；白扁豆（羊眼豆），能健脾化湿；旋覆花（羊耳朵花），能消痰行水、降气止呕；白花蛇舌草（羊须草），能清热解毒、利湿等。

第三节　文学与羊文化

一、与"羊"字有关的成语与俗语

叱石成羊——一声呼喊，居然使石头变成了羊。比喻神奇的事情。出自明代程登吉《幼学琼林·卷四》："指鹿为马，秦赵高之欺主；叱石成羊，黄初平之得仙。"

羝羊触藩——公羊的角缠在篱笆上，进退不得。比喻进退两难。出自《周易·大壮》："羝羊触藩，羸其角。不能退，不能遂。"

多歧亡羊——与歧路亡羊同意。因岔路太多无法追寻而丢失了羊。比喻事物复杂多变，没有正确的方向就会误入歧途；也比喻学习的内容庞杂不容易学精、学深。出自《列子·说符》："大道以多歧亡羊，学者以多方丧生。"

买王得羊——指想买王献之的字，却得到了羊欣的字。出自唐代张怀瑾《书断》："时人云：'买王得羊，不失所望。'"

肉袒牵羊——牵羊：牵着羊，表示犒劳军队，也是古代战败投降的仪式。出自《左传·宣公十二年》："郑伯肉袒牵羊以逆，曰：'孤不天，不能事君，使君怀怒以及敝邑，孤之罪也。'"

如狼牧羊——如同狼放养羊一般。比喻官吏残酷地欺压人民。出自《史记·酷吏列传》："宁成为济南都尉，其治如狼牧羊。"

舍策追羊——放下手中书本去寻找丢失的羊。比喻发生错误以后，设法补救。出自《庄子·骈拇》："臧与谷二人相与牧羊，而俱亡其羊。问臧奚事？则挟筴读书；问谷奚事？则博塞以游。"陆德明释文："筴，字又作策，初革反。李云：竹简也。古以写书，长二尺四寸。"

十羊九牧——十头羊用九个人放牧。比喻官多民少，赋税剥削很重；也比喻使令不一，让人不知所从。出自《隋书·杨尚希传》："所谓民少官多，十羊九牧。"

使羊将狼——派羊去指挥狼。比喻不足以统率指挥，也比喻使仁厚的人去驾驭强横而有野心的人，后果不堪设想。出自《史记·留侯世家》："太子所与俱诸将，皆尝与上定天下枭将也，今使太子将之，此无异使羊将狼也。"

驼背羊髯——脊背像骆驼，胡须像山羊。形容老人的形象。

鼠穴寻羊——比喻没有功效的做法。出自清·袁枚《随园诗话补遗·卷四》："有某公课士，以赋得蜻蜓立钓丝，限'蜻'字，七排四十韵。人以为难。余笑曰：'此之谓鼠穴寻羊，蜂窠唱戏，非以诗学教人之道也。'"

顺手牵羊——顺手把别人的羊牵走。比喻趁势拿走别人的东西或乘机利用别人。出自《礼记·曲礼上》："效马效羊者右牵之。"

屠所牛羊——佛教用语。比喻临近死亡的人。出自《大涅槃经·迦叶品》："如囚趋市，步步近死，如牵牛羊诣于屠所。"

问羊知马——比喻从旁推究，弄清楚事情真相。出自《汉书·赵广汉传》："钩距者，设欲知马贾（价），则先问狗，已问羊，又问牛，然后及马。"

羊狠狼贪——原指为人凶狠，争夺权势。后比喻贪官污吏的残酷剥削。出自《史记·项羽本纪》："因下令军中曰：'猛如虎，狠如羊，贪如狼，强不可使者，皆斩之。'"

羊落虎口——比喻处于险境，有死无生。出自元代朱凯《昊天塔孟良盗骨》："俺家姓杨，被番兵陷在虎口交牙峪里。这个叫做羊落虎口，正犯了兵家所忌。"也作"羊入虎口"。

争鸡失羊——比喻贪小失大。出自汉代焦延寿《易林·卷八》："争鸡失羊，亡其金囊。"

羊肠小道——形容曲折狭隘的小路。出自唐玄宗《早登太行山中言志》："火龙明鸟道，铁骑绕羊肠。"

爱礼存羊——由于尊重古礼而保留古礼所需要的祭羊。比喻为维护根本而保留有关仪节。出自《论语·八佾》。

昌歜羊枣——出自《答李端叔书》："不肖为人所憎，而二子独喜见誉，如人嗜昌歜羊枣，未易诘其所以然者。"据传周文王嗜昌歜，春秋鲁曾点嗜羊枣。

指人所偏好之物。

担酒牵羊——同时挑着酒、牵着羊。表示向人慰劳或庆贺。出自清代无名氏《刘公案》第七十八回："担酒牵羊无其数，慌忙齐跪地流平。"

饿虎攒羊——像饥饿的虎群向羊扑过去一样。指众人向一个目标簇拥，也形容动作猛烈。出自清代无名氏《照世杯》第四回："可怜欧滁山被那大汉捉住，又有许多汉子来帮打，像饿虎攒羊一般，直打得个落花流水。"

告朔饩羊——原指鲁国自文公时起，不亲自到祖庙告祭，只杀一只羊表示一下。后比喻照例应付，敷衍了事。出自《论语·八佾》。"子贡欲去告朔之饩羊。子曰：'赐也！尔爱其羊，我爱其礼。'"

羔羊素丝——指小羊羔的皮；用小羊羔的皮毛缝制衣服，用素丝作为装饰。旧时称赞士大夫正直节俭，品德与仪表一样美。出自《诗经·召南·羔羊》："羔羊之皮，素丝五陀，退食自公，委蛇委蛇。"

羔羊之义——旧时指为人或为官清白，有节操。出自《后汉书·王涣传》："故洛阳令王涣，秉清修之节，蹈羔羊之义。"

虎荡羊群——指老虎跑进羊群。用来比喻强大者冲入柔弱者中间以强凌弱、任意横行。出自明代罗贯中《三国演义》第十一回："孔融望见太史慈与关、张赶杀贼众，如虎入羊群，纵横莫当。"

红羊劫年——红羊：古时迷信地认为丁未年是容易发生灾祸的年份，因为丁属火，未属羊，所以称红羊。这一年容易遭受灾难。出自唐代殷尧藩《李节度平虏诗》："太平从此销兵甲，记取红羊换劫年。"

黄羊任人——比喻大公无私、任人唯贤。出自战国时期吕不韦《吕氏春秋》："晋平公问于祁黄羊曰：'南阳无令，其谁可而为之？'祁黄羊对曰：'解狐可。'"

卖狗悬羊——犹言挂羊头卖狗肉。意指名不副实。出自《晏子春秋·内篇杂下》："君使服之于内，而禁之于外，犹悬牛首于门而卖马脯于内也。"宋代释普济《五灯会元·卷十六》："悬羊头，卖狗肉；坏后进，初几灭。"

狼羊同饲——比喻把坏人同好人一样对待。出自陆佃的《埤雅·释兽》。

羚羊挂角——羚羊在夜间休息时，常把角挂在树上，脚悬于地面，以避祸患。旧时多比喻诗的意境超脱。

情同羊左——亦称羊左之交，指交情深厚，为对方不顾生死，多指生死之交。南朝萧统《文选·刘孝标·千绝交论》，李善注引《烈士传》。

驱羊攻虎——驱赶羊群去进攻老虎。形容以弱敌强，力量悬殊，必遭覆灭。出自《史记·张仪列传》："且夫为从者，无以异于驱群羊而攻猛虎，虎之与羊不格明矣。今王不与猛虎而与群羊，臣窃以为大王之计过也。"

如熟羊胛——像煮熟羊胛一样。羊胛：羊的肩骨，这个部位容易煮熟。形容时间短促。出自《新唐书·回鹘传》："又北度海，则昼长夜短。日入烹羊胛，熟，东方已明，盖近日出处也。"

亡羊补牢——意思是丢失了羊，赶快修补羊圈，可以防止继续受损失。引自《战国策·楚策四》："见兔而顾犬，未为晚也；亡羊而补牢，未为迟也。"比喻事情出了差错以后及时设法补救，还不算晚。

系颈牵羊——用绳系住脖子，用手牵着羊。形容投降请罪的样子。

悬羊打鼓——把羊吊起来，羊蹄乱动时击在鼓上。古时作战，在军营中作这样的布置以诱惑敌人。出自元代无名氏《千里独行》楔子："俺今夜倒下了空营，着悬羊击鼓，饿马提铃。"

羊碑犹泣——晋朝羊祜都督荆州诸军事长达十年，死后，州人为之罢市巷泣，其部属为其建碑立庙，每年祭祀，见碑者莫不流泪。比喻对死者的怀念。见《晋书·列传第四·羊祜》。

羊肠九曲——形容崎岖曲折的小径和弯弯曲曲的河道，也指道路的艰难。出自《武昌九曲亭记》："然将适西山，行于松柏之间，羊肠九曲而获少平；游者至此必息。"

羊羔美酒——因酿制材料中有羊肉，故名。味道醇厚的好酒。出自元代无名氏《渔樵记》第一折："看这等凛冽寒天，低簌毡帘，羊羔美酒，正饮中间，还有甚么人扶侍他。"

羊公之鹤——原指羊公不舞之鹤，现比喻名不副实。羊公：指晋朝征南大将军羊祜。南朝刘义庆《世说新语·排调》："庾失小望，遂名之为羊公鹤。昔羊叔子有鹤善舞，尝向客称之。客试使驱来，氄氄而不肯舞，故称比之。"

羊毛尘量——羊毛尖上尘土的重量。比喻微不足道的东西。出自《俱舍论·分别世品》："积七兔毛尘，为一羊毛尘量。"

羊破菜园——平时常吃蔬菜，偶然猛食羊肉，好像被羊踏破肚皮一样。比喻偶贪荤食导致胃肠疾病。出自隋代侯白《启颜录》："有人常食菜蔬，忽食羊，梦五藏神曰：'羊踏破菜园。'"

羊裘垂钓——比喻隐居生活。汉代严光和与刘秀一起游学，刘秀即位时，严光改名并披着羊裘隐钓济中。出自《汉书·严光传》。宋人诗："一着羊裘便有心，虚名留得到如今。当时若着衮衣去，烟水茫茫何处寻。"

羊歧忘返——在歧途上忘记了返回原处。比喻因辨不清正确方向而误入歧途。出自唐代陆龟蒙《幽居赋》："豹管闲窥，羊歧忘返。"

羊体嵇心——指精于琴艺，深得琴师心法和技巧。这里的羊指南朝羊盖，嵇指南朝嵇元荣。出自《南史·柳恽传》："卿巧越嵇心，妙臻羊体。"

饮羊登垄——形容商人偷工减料，欺诈谋利的行为。出自清代蒲松龄《聊斋志异·金和尚》："后本师死，稍有贵金，卷怀离寺，作负贩去，饮羊登垄，计最工。"

与羊谋羞——跟羊商量要它的肉。比喻跟恶人商量要他放弃自己的利益。出自晋代苻郎《苻子》："周人有爱裘而好珍馐，欲为千金之裘而与狐谋其皮，欲具少牢之珍而与羊谋其馐，言未卒，狐相率逃于重丘之下，羊相呼藏于深林之中。"

羊质虎皮——羊的本性见到草就喜欢吃，虽然披上虎皮，碰到豺狼就怕得发抖。比喻外强内弱，虚有其表。出自汉代杨雄《法言·吾子》："羊质而虎皮，见草而悦，见豺而战，忘其皮之虎矣。"

羊真孔草——指两个有名气的书法家。南朝羊欣擅长隶书，孔琳擅长草书，当时很有名气，并称为"羊真孔草"。出自唐代张彦远《书法要录·卷二》："羊真孔草，萧行范篆，各一时绝妙。"

臧谷亡羊——比喻事不同而实则一。出自《庄子·骈拇》："臧、谷二人牧羊，臧挟策读书，谷博塞以游，皆亡其羊。"宋代苏轼《和刘道原〈咏史〉》："仲尼忧世接舆狂，臧谷虽殊竟两亡。"

不吃羊肉空惹一身膻——没吃上羊肉，反倒沾了一身羊膻气。比喻干了某事没捞到好处，反而来了麻烦、坏了名声。

蠹啄剖梁柱，蚊虻走牛羊——虫蛀鸟啄能毁坏梁柱，蚊虻的叮咬可驱使牛羊奔跑。比喻微小的有害因素的积累可以酿成大祸。

当为秋霜，无为槛羊——指应当成为秋霜而不是栅栏中的羔羊。比喻做事要有自己的主见，不能受制于人，任人摆布。槛：关家畜的栅栏。

烂羊头——比喻滥授官爵，商人厨师皆得为官。

千羊之皮，不如一狐之腋——比喻众愚不如一贤。

替罪羊——古代犹太教祭礼，指替人承担罪过的羊。比喻代人受过。

羊群里跑出骆驼——比喻在普通的地方里出了有名的人或事物。

哑羊僧——佛教用语，比喻不知悟解的人。

二、与"羊"字有关的春联

羊毫书特色，燕翼绣春光。

马去雄风在，羊来福气生。

未时骄阳艳，羊岁淑景新。

骏马奔千里，吉羊进万家。

马去羊来三春美，月圆花好五谷丰。

春满神州舒画卷，羊临华夏入诗篇。

老马奋蹄知路远，羔羊跪乳感恩深。

五羊献瑞人增寿，百鸟鸣春喜盈门。

誓做改革排头兵，争当创新领头羊。

骏马四蹄击鼓，羚羊双角开春。

马岁家家如意，羊年事事吉祥。

马啸英雄浩气，羊鸣世纪春光。

立志当怀虎胆，求知莫畏羊肠。

喜鹊登枝祝福，灵羊及地呈祥。

马去抬头见喜，羊来举步生风。

乌金黄土故地，白羊绿野新郊。

开泰三羊纳吉，赐祥五福回春。

八骏嘶风传捷报，五羊跳跃展新图。

人怀远志驰良马，世易新春唤白羊。

万象更新新世纪，五羊献瑞瑞门庭。

万象已随新律转，五羊争跃好春来。

一片白云羊变幻，千条翠柳燕翻飞。

马步生风辞旧岁，羊毫挥墨写佳联。

马甲雄骑迎胜利，羊羹美酒庆丰收。

马年事事如人意，羊岁时时报福音。

马岁荣光辉日月，羊毫遒劲续春秋。

马岁事事合民意，羊年处处沐春风。

马驮硕果归山去，羊踏青坪报喜来。

小道羊肠无阻碍，雄心捷足好登攀。

马驰碧野凯歌壮，羊跃青山景色新。

马驰大道征途远，羊上奇峰景色娇。

马首关情吟妙句，羊毫随意绘新图。

马首是瞻新世纪，羊毫尽绘好春光。

马蹄踊跃驰千里，羊角扶摇上九霄。

马尾松劲承雨露，羊毫妙笔点春光。

马尾松青凝瑞雪，羊毫笔墨舞春风。

五羊城中春光好，九州域内人面新。

不舍风驰追马迹，行看岁稔话羊年。

长空载誉夸天马，大地回春颂吉羊。

世上尘埃随马尽，人间春色逐羊来。
五羊结彩迎新纪，六畜兴旺报好年。
五羊献瑞增春色，百鸟争鸣唱福音。
惜别垂杨难系马，喜瞻叱石尽成羊。
喜得马年成骏业，笑看羊岁展宏图。
驯马腾飞千里路，牧羊更上一重峰。
羊归陇上春来早，马识归途业告成。
羊角扶摇九万里，马蹄奔向二千年。
羊年喜千家祝福，国运昌万物生春。
羊群簇拥千堆雪，燕子翻飞一世春。
羊群拥起千堆玉，稻浪浮来万亩金。
英雄跨马扬长去，龙女牧羊载福来。
犹思骏马奔腾急，更赞矫羊奋发先。
玉树葱茏皆出色，金瓯稳固不亡羊。
玉羊启泰迎春至，金马奋蹄载誉归。
玉宇澄清观燕舞，草原茂盛喜羊欢。
家和人和万事和，天泰地泰三羊泰。
得意春风催快马，解人新岁献灵羊。
处处春风春处处，（回文）洋洋喜气喜洋洋。
金凤呈祥人得意，玉羊衔瑞事称心。
宝马腾飞迎福至，灵羊起舞报春来。
灵羊衔穗稻花香，群鸭报春江水暖。
五羊衔穗年丰稔，双燕迎春岁吉祥。
五羊献瑞报佳音，万树争荣添翠色。
驰骋春风追丽日，扶摇羊角步青云。
马年已绘丰收年，羊岁续吟致富诗。
奔马辞岁寒风尽，玉羊迎春喜气来。
金马奔驰改革路，银羊欢跃太平年。
骏马腾飞成壮举，灵羊起步赴新程。
神马行空普天瑞，仙羊下界遍地春。
景色无边随草展，春光浩荡任羊奔。
北斗光明春台起凤，南滇壮阔羊角搏鹏。
碧草白羊三春图画，金戈铁马万里征途。
福鹿吉羊三元开泰，尧天舜日万象更新。

绿草如茵羊盈瑞气，红桃似火猴沐春风。

时雨春风五羊献穗，尧天舜日百凤朝阳。

送马年春花融白雪，迎羊岁喜鹊闹红梅。

万象更新山清水秀，五羊献瑞日丽春华。

快马加鞭不坠腾飞志，吉羊昂首更添奋发心。

留胜迹水秀山明草茂，谱新歌羊肥马壮春荣。

岁序更新马年留胜绩，春风初度羊志展鸿猷。

万马扬蹄踏凯歌而去，群羊翘首唤春信即来。

喜鹊迎春红梅香瑞雪，吉羊贺岁金穗报丰年。

张灯结彩欢庆丰收岁，跑马耍羊喜迎改革春。

张灯结彩欢庆丰收岁，跑马耍羊喜迎艳阳春。

红杏丛中朝见牛羊出圈，绿柳郊外夕闻鸟雀归林。

羊笔如花写就辉煌岁月，春风似剪裁成锦绣江山。

迎新春处处呈文明气象，入羊岁人人当改革先锋。

春暖人心世界三千同雀跃，风搏羊角云程九万共鹏飞。

国富民殷羊毫挥颂千秋业，年丰人寿燕剪裁成万点春。

浩气常存频加马力奔新路，雄风不减再握羊毫绘壮图。

骏马奔驰满载乌金辞岁去，吉羊起舞豪吟白雪报春来。

骏马辞年不懈奔腾千里志，吉羊献岁同迎欢乐万家春。

骏马荣归一路梅花频送笑，吉羊欢驾九州绿草快铺春。

老马识途破雾导航奔胜境，吉羊接力承先启后展宏图。

马去蹄香北国又添千里马，羊来春暖南疆再现五仙羊。

马去羊来华夏腾飞添马力，龙吟虎啸天公抖擞降龙才。

马首是瞻美酒千盅迎曙色，羊毫初试豪情万斛写春光。

门对青山羊兔群群嬉碧毯，窗含绿水鸭鹅队队戏清波。

前路辉煌笑看骏马追风去，雄雷霹雳喜见商羊带雨来。

瑞雪绽红梅君正啸天傲地，劳春织绿草我来放马牧羊。

三阳开泰来处处三春美景，五福骈臻至家家五谷丰登。

岁届吉羊燕舞莺歌齐祝福，年逢盛世桃红柳绿尽芳菲。

天马班师捷报频传惊宇宙，仙羊降世宏图再展耀神州。

万马消尘蹄声响彻三千界，五羊衔瑞春意浓于二月花。

先富后富你富我富大家富，羊多猪多钱多粮多喜事多。

羊笔如椽描山绘水书春意，马蹄腾雪步韵留香报福音。

羊酒微醺酡颜人共桃符艳，春风乍拂捷报声随爆竹传。

月异日新不少羊肠成大道，春和景泰好多蜗舍变高楼。

自改革来千古羊肠成大道，由开放始全新人面满春风。

酣墨沾羊毫记载中华创业史，丹青赋春色绘描改革鼎新图。

凯歌阵阵千里马早过玉门关，春风习习带头羊又登泰山顶。

马步牵长风长随远景江山好，牵羊迎盛世依然十里杏花红。

万马闯雄关春回大地繁花俏，五羊开玉局旗展东风旭日辉。

三、与"羊"字有关谚语

丢下黄羊撵兔子——不分主次。比喻不分辨主要的次要的。与"丢了黄羊撵蚊子——因小失大"意义相同。因贪图小利而失掉大的利益。形容得不偿失。

羊羹虽美，众口难调——羊汤虽然好吃，但要适合众人口味却很难。

羊毛出在羊身上——比喻给人好处，代价都是出在其自己身上。

披着羊皮的狼——伪装慈善，用心险恶。

挂羊头，卖狗肉——比喻用好东西作招牌来推销劣质产品，以假乱真。

又想要公羊，又盼有奶喝——贪得无厌，难两全。

有骆驼不讲牛羊——光拣大的说。

一枪打两只黄羊——一举两得。

羊头插到篱笆内——伸手（首）容易缩手（首）难。

羊群遇恶狼——各散四方，四处逃散。

羊群里钻进一只狼——一团混乱，遭殃。

羊头安在猪身上——颠倒黑白。

羊身上取驼毛——办不到，天下奇闻，白日做梦。

羊群里跑骆驼——高人一头，心高气傲，抖威风。

羊圈里的骆驼——数它大。

羊圈里的驴粪蛋——数你大。

羊群里的骆驼，鸡群里的仙鹤——与众不向。

羊群里的大象——突出。

羊圈里跳出个驴来——显大个儿。

羊圈里关狼——自招灾祸。

羊毛里找跳蚤——没着落。

羊拉屎——零零散散。

羊看菜园——靠不住，不可靠。

羊羔踩到稀泥凼（意为水坑）——不能自拔。

羊儿不吃草——壮不了。

羊儿不长角——狗头狗脑。

羊抵角——顶顶撞撞，又顶又撞。

羊吃青草猫吃鼠——各人有各人的福。

羊闯狼窝——白送死。

羊闯虎口——送来的口食，有进无出。

羊肠小道——绕来绕去。

许不下羊羔许骆驼——巧言哄人。

绣娘爱针线，牧人爱牛羊——干一行爱一行。

胸口塞羊毛——乱糟糟。

小偷进牧场——顺手牵羊。

喂兔养羊——本小利长。

亡羊补牢——为期不晚。

屠夫杀羊——内行。

铁匠牧羊——干的不是那一行。

四个兽医抬只羊——没法治，没治了。

绳子牵羊羔——让它往哪里走，它就往哪里走。

山羊野马在一起——不合群。

山羊拴在竹园里——缠住了。

山羊见了老虎皮——望而生畏。

山羊额头的肉——没多大油水，油水不大。

山羊打架——钩心斗角。

山羊吃薄荷——食而不知其味。

山羊爱石山，绵羊恋草滩——各有所好。

牵着羊进照相馆——出洋（羊）相。

牵只羊全家动手——人浮于事。

牛驮子搁在羊背上——担当不起。

牛毛羊毛和驴毛——全是痞（皮）子出身。

跑了羊修圈——防备后来（比喻在事情失败之后，想办法去补救）。

牛羊的肚腹——草包。

牛羊入圈鸟落窝——各得其所。

绵羊结伙——三三两两。

绵羊的尾巴——油水多，翘不起来。

绵羊摆在案板上——任人摆弄。

骆驼进羊圈——不入门。

迷途的羔羊——无家可归。

马粪球，羊屎蛋——外光里不光，表面光。

猛虎闯羊群——一团糟，一片混乱。

买只羊羔不吃草——毛病不少。

六月里冻死羊——说来话长。

两个羊羔打架——对头。

狼哭羊羔——假仁假义，虚情假意，假慈悲。

黎明的觉，半道的妻，羊肉饺子清炖鸡——难得的好处。

狼窝里的羊——九死一生。

离群的羊羔——孤孤单单。

狼头上插竹笋——装样（羊）。

老虎吃羊羔——不吐骨头。

狼装羊笑——没安好心，居心不良。

狼也跑了，羊也保了——两全其美。

狼夸羊肥——不怀好意。

狼给羊献礼——没安好心。

拉骆驼放羊——高的高，低的低。

看羊的狗——一个比一个凶。

烤熟了的羊头——龇牙咧嘴。

虎窝里跑出个羊羔——虎口余生。

猢狲骑山羊——抖威风。

狐狸找羊交朋友——不存好心，居心不良。

猴子骑绵羊——神气活现，神气十足。

耕牛吃羊草——怎能吃得饱。

赶着绵羊过火焰山——往死里逼。

赶着绵羊上树——难往上巴（扒）结。

风中的羊毛——不知下落，下落不明。

黄狗头上出角——尽出洋（羊）相。

黄羊的尾巴——长不了。

放羊娃拾粪——两不耽误，两得其便。

放羊娃喊救命——狼来了。

放羊娃盖楼房——发了洋（羊）财。

放羊娃打酸枣——捎带活。

放羊的捡柴火——一举两得。

放羊的去圈马——乱套了。

耳朵里塞棉花——装样（羊）。

饿狼吃羊羔——生吞活剥。

恶狼装羊——不存好心，居心不良。

丢了一只羊，捡到一头牛——吃小亏占大便宜。

丢了羊群捡羊毛——大处不算小处算。

叼羊游戏中的小羊羔——任人撕扯。

打兔子捉到黄羊——捞外快。

打猎的不说渔网，卖驴的不说牛羊——三句话不离本行。

打猎放羊——各干一行。

豺狼披羊皮——充好人。

玻璃耗子琉璃猫，铁铸公鸡铜羊羔——一毛不拔。

四、《诗经》中的羊

《诗经》是我国第一部诗歌总集，共305篇，分为《风》《雅》《颂》三部分。诗经中咏及"羊"的有十余首。

1. 谁谓尔无羊？三百维群

出自《诗经·小雅·无羊》。

谁谓尔无羊？三百维群。谁谓尔无牛？九十其犉。尔羊来思，其角濈濈，尔牛来思，其耳湿湿。或降于阿，或饮于池，或寝或讹。尔牧来思，何蓑何笠，或负其餱。三十维物，尔牲则具。尔牧来思，以薪以蒸，以雌以雄。尔羊来思，矜矜兢兢，不骞不崩，麾之以肱，毕来既升。牧人乃梦，众维鱼矣，旐维旟矣。大人占之，众维鱼矣，实难丰年，旐维旟矣，室家溱溱。

译文：谁说你们没有羊？一群就有三百只。谁说你们没有牛？七尺高的有九十。你的羊群到来时，只见羊角齐簇集。你的牛群到来时，只见牛耳摆动急。有的奔跑下高丘，有的池边把水喝，有的睡着有的醒。你到这里来放牧，披戴蓑衣与斗笠，有时背着干粮饼。牛羊毛色三十种，牺牲足够祀神灵。你到这里来放牧，边伐细柴与粗薪，边猎雌雄天上禽。你的羊群到来时，羊儿小心紧随行，不走失也不散群。只要轻轻一挥手，全都跃登满坡顶。牧人悠悠做个梦，梦里蝗虫化作鱼，旗画龟蛇变为鹰。请来太卜占此梦：蝗虫化鱼是吉兆，预示来年丰收庆；龟蛇变鹰是佳征，预示家庭添人丁。

赏析：《无羊》表达了对牛羊繁盛、人丁兴旺、生活美好的向往和祝愿。为我们展现了一幅古代人民有关牛和羊的放牧图，生动细致地描述了牛羊放牧的情态。

宋代朱熹在《诗集传》点评："赋也。羊以三百为群，其群不可数也。牛之犉者九十，非犉者尚多也。聚其角而息，濈濈然；呞而动其耳，湿湿然。王氏曰：濈濈，和也，羊以善触为患，故言其和，谓聚而不相触也。湿湿，润泽也，牛病则耳燥，安则润泽也。此诗言牧事有成，而牛羊众多也。"

清代王士禛《渔洋诗话》点评："字字写生，恐史道硕、戴嵩画手擅场，未能如此尽妍极态。"

2. 羔羊之皮，素丝五紽

《诗经》中的《羔羊》：羔羊之皮，素丝五紽。退食自公，委蛇委蛇。羔羊之革，素丝五緎。委蛇委蛇，自公退食。羔羊之缝，素丝五总。委蛇委蛇，退食自公。

译文：身穿一件羔皮裘，素丝合缝真考究。退朝公餐享佳肴，逍遥踱步慢悠悠。身穿一件羔皮袄，素丝密缝做工巧。逍遥踱步慢悠悠，公餐饱腹已退朝。身穿一件羔皮袍，素丝纳缝质量高。逍遥踱步慢悠悠，退朝公餐享佳肴。

赏析：这首诗清代以前学者都以为是赞美在位者的，所赞美的是纯正之德，如薛汉《韩诗薛君章句》："诗人贤仕为大夫者，言其德能称，有洁白之性，屈柔之行，进退有度数也。"也赞美节俭正直，如朱熹《诗集传》："南国化文王之政，在位皆节俭正直，故诗人美衣服有常，而从容自得如此也。"

3. 伐木许许，酾酒有藇。既有肥牡，以速诸舅

《小雅·伐木》选自《诗经·小雅·鹿鸣之什》。

伐木丁丁，鸟鸣嘤嘤。出自幽谷，迁于乔木。嘤其鸣矣，求其友声。相彼鸟矣，犹求友声。矧伊人矣，不求友生？神之听之，终和且平！伐木许许，酾酒有藇。既有肥羜，以速诸父。宁适不来？微我弗顾！於粲洒扫！陈馈八簋。既有肥牡，以速诸舅。宁适不来？微我有咎！伐木于阪，酾酒有衍。笾豆有践，兄弟无远！民之失德，乾餱以愆。有酒湑我，无酒酤我。坎坎鼓我，蹲蹲舞我。迨我暇矣，饮此湑矣！

译文：咚咚作响伐木声，嘤嘤群鸟相和鸣。鸟儿出自深谷里，飞往高高大树顶。小鸟为何要鸣叫？只是为了求知音。仔细端详那小鸟，尚且求友欲相亲。何况我们这些人，岂能不知重友情。天上神灵请聆听，赐我和乐与宁静。伐木呼呼斧声急，滤酒清纯无杂质。既有肥美羊羔，请来叔伯叙情谊。即使他们没能来，不能说我缺诚意。打扫房屋示隆重，佳肴八盘桌上齐。既有肥美公羊肉，请来舅亲聚一聚。即使他们没能来，不能说我有过失。伐木就在山坡上，滤酒清清快斟满。行行笾豆盛珍馐，兄弟叙谈莫疏远。有人早已失美德，一口干粮致埋怨。有酒滤清让我饮，没酒快买我兴酣。咚咚鼓声为我响，翩翩舞姿令我欢。等到我有闲暇时，一定再把酒喝完。

赏析：由伐木兴起，说到友情可贵。无论亲朋故旧还是新的相识，都要相互关心，相互帮助，并且常来常往。

《毛诗序》云："《伐木》，燕朋友故旧也。至天子至于庶人，未有不须友以成者。亲亲以睦，友贤不弃，不遗故旧，则民德归厚矣。"《毛诗正义》卷九曰："二章酾酒文连伐木，是酒为伐木而设，即伐木之人是朋友矣。"

4. 由醉之言，俾出童羖

出自卫武公《小雅·宾之初筵》。

凡此饮酒，或醉或否。既立之监，或佐之史。彼醉不臧，不醉反耻。式勿从谓，无俾大怠。匪言勿言，匪由勿语。由醉之言，俾出童羖。三爵不识，矧敢多又。

译文：饮酒时，有人保持清醒有人喝醉糊涂。一般都要现场设立监酒官，有的还辅设个史官来监督。有人喝酒喝醉了当然不好，也有人以喝不醉为耻。好事者不要再殷勤劝酒了，别让好酒之辈太放纵轻忽。不该说的话不能张口就来，无根无据的话不要瞎说。喝醉酒之后乱说，罚他拿没角的小公羊赔罪。三杯酒喝下去就认不清方向，哪里还敢让他再多喝几杯？

赏析：这首诗描述宴会上种种胡言乱语、癫狂无礼之态，讽刺统治集团纵酒狂放的荒唐行为，暴露了剥削阶级的精神腐败的现状，有深刻的认识价值。

宋代朱熹《诗集传》："卫武公饮酒悔过而作此诗。此章言因射而饮者，初筵礼仪之盛：酒既调美，而饮者齐一；至于设钟鼓，举酬爵，抗大侯，张弓矢，而众偶拾发，各心竞云，我以此求爵汝也。"

中国灿烂的饮食文化中，酒文化历史悠久、内涵丰富。在今天对人们倡导"适量饮酒，快乐生活"的理念也具有重要意义。

5. 牂羊坟首，三星在罶

出自《小雅·鱼藻之什·苕之华》。

苕之华，芸其黄矣。心之忧矣，维其伤矣！苕之华，其叶青青。知我如此，不如无生！牂羊坟首，三星在罶。人可以食，鲜可以饱！

译文：凌霄开了花，花儿黄又黄。内心真忧愁，痛苦又悲伤！凌霄开了花，叶子青又青。知道我这样，不如不降生！母羊头特大，鱼篓映星光。人有食可吃，岂望饱肚肠！

赏析：诗人痛心身处荒年，人们在饥饿中挣扎，九死一生，难有活路，反不如苕一类植物，活得自在，生命旺盛。

6. 日之夕矣，羊牛下括

出自先秦诗经《国风·王风·君子于役》。

君子于役，不知其期。曷其至哉？鸡栖于埘。日之夕矣，羊牛下括。君子于役，如之何勿思！君子于役，不日不月。曷其有佸？鸡栖于桀。日之夕矣，羊牛下括。君子于役，苟无饥渴？

译文： 君子远出服役，不知期限。不知何日是归期？鸡儿回窠栖止，日头垂挂天西，牛羊下山歇息。君子外出服役，怎能不相思？君子远出服役，不知日月程期。何时才能重聚？鸡儿回栏栖止，日头垂挂天西，牛羊缓缓归至。君子远出服役，岂能没有捱渴饥？

赏析： 在安谧和恬美黄昏来临之际，牛羊归牧、万家灯火，但丈夫在他乡服役，不知归期，难免心生期待，同时还有淡淡的怅惘和无尽的牵挂。

7. 朋酒斯飨，曰杀羔羊，跻彼公堂，称彼兕觥，万寿无疆

出自先秦诗经《国风·豳风·七月》。

译文： 两槽美酒敬宾客，宰杀羊羔大家尝。登上主人的庙堂，举杯共同敬主人，齐声高呼寿无疆。

赏析： 一年辛苦之后，还要大办酒宴，为统治者庆贺祝寿。十二月去凿冰，正月里藏入冰窖，以供来年夏天统治者消暑之用。等到农事已毕，打谷场已清扫干净，就大杀羔羊，大办酒宴，还得举着酒杯，登上公堂，高呼统治者万寿无疆。本诗中第五章："五月斯螽动股，六月莎鸡振羽。七月在野，八月在宇，九月在户，十月蟋蟀入我床下"，通过昆虫的鸣叫和蟋蟀的避寒迁徙，表现了季节变迁，形象而生动。

8. 济济跄跄，絜尔牛羊，以往烝尝。或剥或亨，或肆或将

自出《小雅·楚茨》。

译文： 步趋有节十分端庄，把牛羊清洗干净，用于冬烝和秋尝。有人宰割又有人烹煮，有人分盛有人捧献上。

赏析： 描述了华夏先民在祭祀祖先时的那种庄严的气氛，祭后家族欢聚宴饮的欢乐的场面。

9. 羔裘如濡，洵直且侯

出自《国风·郑风·羔裘》。

羔裘如濡，洵直且侯。彼其之子，舍命不渝。羔裘豹饰，孔武有力。彼其之子，邦之司直。羔裘晏兮，三英粲兮。彼其之子，邦之彦兮。

译文： 穿着润泽羔皮袄，为人正直又美好。就是这样一个人，不怕牺牲为君劳。穿着豹饰羔皮袄，高大有力为人豪。就是这样一个人，国家司直当得好。羊羔皮袄真光鲜，素丝装饰更灿烂。就是这样一个人，国家杰出的人选。

赏析：赞美古代君子德行高尚。

10. 敦彼行苇，牛羊勿践履

出自先秦佚名的《大雅·行苇》。

敦彼行苇，牛羊勿践履。方苞方体，维叶泥泥。戚戚兄弟，莫远具尔。或肆之筵，或授之几……

译文：芦苇丛生长一块，别让牛羊把它踩。芦苇初茂长成形，叶儿润泽有光彩。同胞兄弟最亲密，不要疏远要友爱。铺设竹席来请客，端上茶几面前摆……

赏析：全诗体现周朝人忠厚，仁及草木。体现儒家文化精神。

11. 以我齐明，与我牺羊，以社以方

出自先秦诗经《小雅·甫田之什·甫田》。

倬彼甫田，岁取十千。我取其陈，食我农人。自古有年。今适南亩，或耘或耔。黍稷薿薿，攸介攸止，烝我髦士。以我齐明，与我牺羊，以社以方。我田既臧，农夫之庆。琴瑟击鼓，以御田祖。以祈甘雨，以介我稷黍，以穀我士女。曾孙来止，以其妇子。馌彼南亩，田畯至喜。攘其左右，尝其旨否。禾易长亩，终善且有。曾孙不怒，农夫克敏。曾孙之稼，如茨如梁。曾孙之庾，如坻如京。乃求千斯仓，乃求万斯箱。黍稷稻粱，农夫之庆。报以介福，万寿无疆。

译文：那片田地多么宽广，每年能收千万担粮。我拿出其中的陈谷，供养农夫。遇上古来少有的好年成，走一趟去南亩。看见农人有的锄草有的培土，密密麻麻的小米和高粱。等到长大成熟后，田官为我献上。为我备好祭祀用的谷物，还有那毛色纯一的羔羊，请土地和四方神灵来分享。我的庄稼既获丰收，就是农夫的喜庆和报偿。大家弹起琴瑟敲起鼓，迎来神农表述愿望，祈求上苍普降甘霖，使我的作物丰茂苗壮，让老爷小姐们温饱永昌。曾孙兴致勃勃地来到田间，带着妻子和儿女，把饭菜亲自送到南亩旁。田官见了格外高兴，特意叫来左右农人，一起把滋味细细品尝。壮实的禾谷覆盖着长陇，长得又好又多丰收在望。曾孙见了非常满意，不时将农夫的勤勉夸奖。曾孙的庄稼堆得高高，就像屋顶和桥梁。曾孙的粮仓装得满满，就像小丘和山冈。快快筑起谷囤千座，快快造好车马万辆。把收下的谷物全都装上，农夫们相互庆贺喜气洋洋。这是神灵回报曾孙的大福，祝愿他长命百岁万寿无疆。

赏析：全诗体现上古时代先民对于农业的重视，对与农业相关神灵的无限崇拜；同时反映了农业古国的原始风貌。

12. 羔裘逍遥，狐裘以朝

出自《诗经·国风·桧风》。

羔裘逍遥，狐裘以朝。岂不尔思？劳心忉忉。羔裘翱翔，狐裘在堂。岂不尔思？我心忧伤。羔裘如膏，日出有曜。岂不尔思？中心是悼。

译文：穿着羊羔皮袄去逍遥，穿着狐皮袍子去坐朝。怎不叫人为你费思虑，忧心忡忡整日把心操。穿着羊羔皮袄去游逛，穿着狐皮袍子去朝堂。怎不叫人为你费思虑，想起国家时时心忧伤。羊羔皮袄色泽如脂膏，太阳一照闪闪金光耀。怎不叫人为你费思虑，心事沉沉无法全忘掉。

赏析：羔裘不仅提供衣物，还反映了周人的社会地位。全诗体现诗人的忧患意识。

13. 羔裘豹祛，自我人居居。羔裘豹袖，自我人究究

出自先秦诗经《国风·唐风·羔裘》。

羔裘豹祛，自我人居居。岂无他人？维子之故。羔裘豹袖，自我人究究。岂无他人？维子之好。

译文：穿着镶豹皮的袖子，对我们却一脸傲气。难道没有别人可交？只是为你顾念情义。豹皮袖口的确荣耀，对我们却傲慢腔调。难道没有别人可交？只是为你顾念旧交。

赏析：诗文表现出卿大夫的服饰之威和对故旧的侮慢之态引发了原友人的怨愤不平的情绪，但诗句的语气显得"怨而不怒"，很能体现"温柔敦厚"的诗教。

五、其他古诗词中的羊

继《诗经》之后，中国诗歌史一直在传承、创新和发展，是中国文学史上一颗璀璨的明珠，也是中华文化史上亮丽的篇章。羊自古以来就是人类赖以生存的重要物质来源和精神伙伴，以诗咏羊，以羊寓情，羊出现在诗中，用以赞美畜牧业发达、辽阔地域草原的风光美景、农村人民的劳动喜悦和安逸恬淡的田园生活以及寄予羊身上的崇高美德等。

（1）该秉季德，厥父是臧。胡终弊于有扈，牧夫牛羊？战国屈原，《天问》。

（2）置酒高殿上，亲交从我游。中厨办丰膳，烹羊宰肥牛。秦筝何慷慨，齐瑟和且柔。阳阿奏奇舞，京洛出名讴。乐饮过三爵，缓带倾庶羞。主称千金寿，宾奉万年酬。三国曹植，《空篌引》。

（3）朝游牛羊下，暮坐括揭鸣。终岁非一日，传庖弄新声。南北朝谢灵运，《郡东山望溟海诗》。

（4）敕勒川，阴山下，天似穹庐，笼盖四野，天苍苍，野茫茫，风吹草低见牛羊。北朝，《敕勒歌》。

（5）牧羊忌太早，太早羊辄伤，一羊病尚可，举群无完羊。日高露晞原草绿，羊散如云满山谷。牧童但揸竹一枝，岂必习诗知考牧。宋代陆游，《牧羊歌》。

（6）白羊成队难收拾，吃尽溪头巨胜花。共爱初平住九霞，焚香不出闭金华。唐代曹唐，《小游仙》。

（7）左魂右魄啼肌瘦，酪瓶倒尽将羊炙。虫栖雁病芦笋红，回风送客吹阴火。唐代李贺，《长平箭头歌》。

（8）杉鸡竹兔不自惜，溪虎野羊俱辟易。韝上锋棱十二翮，将军勇锐与之敌。唐代杜甫，《王兵马使二角鹰》。

（9）芳晨临上月，幽赏狎中园。有蝶堪成梦，无羊可触藩。唐代骆宾王，《同辛簿简仰酬思玄上人林泉四首》。

（10）后岭翠扑扑，前溪碧泱泱。雾晓起凫雁，日晚下牛羊。唐代杜牧，《郡斋独酌黄州作》。

（11）兰叶骚人佩，莼丝内史羹。鹖冠难适越，羊酪未饶伧。唐代陆龟蒙，《江南秋怀寄华阳山人》。

（12）元载相公曾借箸，宪宗皇帝亦留神。旋见衣冠就东市，忽遗弓剑不西巡。牧羊驱马虽戎服，白发丹心尽汉臣。唯有凉州歌舞曲，流传天下乐闲人。唐代杜牧，《河湟》。

（13）麋入神羊队，鸟惊海鹭眠。仍教百馀日，迎送直厅前。唐代元稹，《直台》。

（14）细肋柔毛饱卧沙，烦公遣骑来寒家。忍令无罪充庖宰，留与儿童驾小车。宋代黄庭坚，《戏答张秘监馈羊诗》。

（15）斜阳照墟落，穷巷牛羊归。野老念牧童，倚杖候荆扉。雉雊麦苗秀，蚕眠桑叶稀。田夫荷锄至，相见语依依。即此羡闲逸，怅然吟式微。唐代王维，《渭川田家》。

（16）源水终无路，山阿若有人。驱羊先动石，走兔欲投巾。唐代王勃，《出境游山二首》。

（17）神羊既不触，夕鸟欲依人。唐代褚亮，《句（赠杜侍御）》。

（18）党家风味足肥羊，绮阁留人漫较量。万羊亦是男儿事，莫学狂夫取次尝。唐代史凤，《八分羊》。

（19）萋萋春草秋绿，落落长松夏寒。牛羊自归村巷，童稚不识衣冠。唐代王维，《田园乐七首》。

（20）残月出林明剑戟，平沙隔水见牛羊。横行俱是封侯者，谁斩楼兰献未央。唐代翁绶，《陇头吟》。

（21）登岳眺百川，杳然万恨长。知恋峨眉去，弄景偶骑羊。唐代李白，《留别曹南群官之江南》。

（22）我家寄在沙丘傍，三年不归空断肠。君行既识伯禽子，应驾小车骑白羊。唐代李白,《送萧三十一之鲁中,兼问稚子伯禽》。

（23）塞阔牛羊散,兵休帐幕移。空馀陇头水,呜咽向人悲。唐代李白,《胡无人行》。

（24）家家桑麻满地黑,念君一身空努力。愿教牛蹄团团羊角直,君身常在应不得。唐代张籍,《促促词》。

（25）漠漠野田草,草中牛羊道。古墓无子孙,白杨不得老。唐代张籍,《野田》。

（26）槐柳野桥边,行尘暗马前。秋风来汉地,客路入胡天。雁聚河流浊,羊群碛草膻。那堪陇头宿,乡梦逐潺湲。唐代齐己,《送人游塞》。

（27）兔不迟,乌更急,但恐穆王八骏,著鞭不及。牛羊塞窣,时见牧童儿,弄枯骨。唐代贯休,《蒿里》。

（28）绝涧饮羊春水腻,傍林烧石野烟腥。深沈谷响含疏磬,片段岚光落画屏。唐代陆龟蒙,《寄怀华阳道士》。

（29）苏武魂销汉使前,古祠高树两茫然。云边雁断胡天月,陇上羊归塞草烟。回日楼台非甲帐,去时冠剑是丁年。茂陵不见封侯印,空向秋波哭逝川。唐代温庭筠,《苏武庙》。

（30）天生我才必有用,千金散尽还复来。烹羊宰牛且为乐,会须一饮三百杯。唐代李白,《将进酒》。

（31）村东买牛犊,舍北作牛屋。饭牛三更起,夜寐不敢熟。茫茫陂水白,纤纤稻秧绿。二月鸣搏黍,三月号布谷。为农但力作,瘠卤变衍沃。腰镰卷黄云,踏碓舂白玉。八月租税毕,社瓮酿如粥。老稚相扶携,闾里迭追逐,坐令百世后,复睹可封俗。君不见朱门玉食烹万羊,不如农家小瓻吴粳香。宋代陆游,《农家歌》。

（32）云母滤宫月,夜夜白于水。赚得羊车来,低扇遮黄子。晚唐李商隐,《宫中曲》。

（33）褥毛吹朔雪,细肋卧晴沙。晓牧尾摇扇,春游项引车。潼流便逐草,酪腻正需茶。日夕归栖处,因风想塞笳。宋代岳珂,《绵羊》。

（34）远村烟暝牛羊下,近岸波澄鸥鹭闲。一抹斜阳江似镜,天移小景向人间。宋代岳珂,《后江行十绝》。

（35）断肠声里无形影,画出无声亦断肠。想得阳关更西路,北风低草见牛羊。宋代黄庭坚,《题阳光图二首》。

（36）汉食麦如食玉,湖南驱人如驱羊,营平请谷三百万,祁连引兵九千里。宋代黄庭坚,《和谢公定征南谣》。

（37）白羊酒熟初看雪,黄杏花开欲探春。总是济南为郡乐,更将诗兴属何人。宋代曾巩，《郡斋即事二首》。

（38）有客秋郊旷望中，更凭佳句发才雄。牛羊饱食眠平野，鹇鹗乘时击迅风。宋代强至，《再和》。

（39）山石巉巉磴道微，拂松穿竹露沾衣，烟开远水双鸥落，日照高林一雉飞。大麦未收治圃晚，小蚕犹卧斫桑稀。暮烟已合牛羊下，信马林间步月归。宋代文同，《早晴至报恩山寺》。

（40）汉庭来见一羊裘，默默俄归旧钓舟。迹似磻溪应有待，世无西伯可能留。宋代王安石，《严陵祠堂》。

（41）独伴羝羊海上游，相逢血泪向天流。忠贞已向生前定，老节须从死后休。宋代文天祥，《题苏武忠节图·独伴羝羊海上游》。

（42）朱樱羊酪喜新尝，碧井桐阴转午凉。书几得晴宜试墨，衣篝因润称熏香。宋代陆游，《初夏幽居偶题》。

（43）何人聚众称道人，遮道卖符色怒嗔。宜蚕使汝茧如瓮，宜畜使汝羊如麇。宋代苏轼，《和子由踏青》。

（44）鸿雁秋先到，牛羊夕未还。旌旗遥背水，亭堠远依山。北宋司马光，《塞上》。

（45）十年卧江海，了不见愠喜。磨刀向猪羊，酾酒会邻里。归来如一梦，丰颊愈茂美。宋代苏轼，《送顾子敦奉使河朔》。

（46）湘湖蓴（莼）菜胜羊酪，项里杨梅敌荔枝。领先岭开来今过半，一杯引满若为辞。宋代陆游，《致仕後即事》。

（47）人言贫在家，殊胜富作客。鸡栖牛羊下，君子亦安息。北宋黄庭坚，《次韵晁元忠西归十首》。

（48）晨霞冠山椒，夕虹饮涧曲。熊蹯未入唇，羊胛早已熟。宋代舒岳祥，《芗岩山居孟夏二十绝》。

（49）桑竹成阴不见门，牛羊分路各归村。前山雨过云无迹，别浦潮回岸有痕。宋代陆游，《田园》。

（50）庙堂无策可平戎，坐使甘泉照夕烽。初怪上都闻战马，岂知穷海看飞龙。孤臣霜发三千丈，每岁烟花一万重。稍喜长沙向延阁，疲兵敢犯犬羊锋。宋代陈与义，《伤春》。

（51）长髯主簿有佳名，羷首柔毛似雪明。牵引驾车如卫阶，叱教起石羡初平。出都不失君臣义，跪乳能知报母情。千载匈奴多收养，坚持苦节汉苏卿。宋代文天祥，《咏羊》。

（52）近水欲迷歌扇绿，隔花偏衬舞裙红。平川十里人归晚，无数牛羊一笛风。元末明初杨基，《春草·嫩绿柔香远更浓》。

（53）前锋已陷敌，大将堕马亡。健卒三万人，一朝化犬羊。明末李流芳，《南归诗十八首》。

（54）羣羊朝牧遍山坡，松下常吟乐道歌。土鼓枹时山鬼听，石泉濯处涧鸣和。金华谁识仙机密，兰渚何知道术多。岁久市中终得信，叱羊洞口白云过。明代朱元璋，《牧羊儿土鼓》。

（55）寄书元有雁，食雪不离羊。未入麒麟阁，时时望帝乡。书元有雁，食雪不离羊。旄尽风霜节，心悬日月光。李陵何以别，涕泪满河梁。明代杨维桢，《题苏武牧羊图》。

（56）千金买笑轻一掷，缠头锦是寒女织。会称盒子斗新奇，薜鸭袁羊钉珍食。清代乾隆，《秦淮歌》。

（57）东戍榆关西渡河，今人不及古人多。风吹草低牛羊见，更有谁能敕勒歌。清代方文，《都下竹枝词》。

第四节　羊文化历史故事与传说

一、苏武牧羊

《史记》记载，苏武是代郡太守，苏建之子。早年以父荫为郎。天汉元年拜中郎将。公元前100年，匈奴政权新单于即位，尊大汉为丈人，汉武帝为了向匈奴表示友好，派遣苏武持旄节率领一百多人和丰厚的礼物出使匈奴。当苏武完成任务准备返回自己的国家时，匈奴上层发生了内乱，导致苏武一行受到牵连，被扣留。匈奴人用高官厚禄要求苏武背叛汉朝，苏武严词拒绝了，因此遭到酷刑，当时正值严冬，天上下着鹅毛大雪，单于命人把苏武关进一个露天的大地穴，不提供食品和水，以期改变苏武的信念。苏武在地窖里用雪解渴、嚼身上穿的羊皮袄充饥，受尽了折磨，濒临死亡而不屈不挠。单于敬重苏武的气节，把他从地穴里放出，也不忍心杀害，但又不想让他回国，于是把他流放到人迹罕至北海一带去牧羊。临行前，单于对苏武说："既然你不投降，那我就让你去放羊，什么时候这些羊生了羊羔，我就让你回到你的大汉去。"苏武到达流放地之后，发现单于让他放的羊全是公羊。苏武每天拿着旄节放羊，过着饥寒交迫的生活。"胡沙不隔汉家天，一节坚持十九年"。19年过去了，青丝变白发，胡须花白，旄节上挂着的牛尾装饰物已掉光。那时，汉武帝和下禁令的单于均已去世。公元前85年，单于限于战争力量不足要求与汉朝修好。汉昭帝派使者到匈奴要求放回苏武、常惠等人，但匈奴人编谎言说苏武已死。第二次，汉朝又派使者到匈奴去，设法见到常惠，并以"汉皇大雁传书"设计戳穿单于上次谎言，单于认为"苏武的忠义感动飞鸟了！"才放回苏武。当初苏武出使时，随从的人有一百多，这次跟着他回来的只剩了常惠等几个人；苏武出使时刚四十岁，在匈奴受难十九年，在昭帝始元六年，即公元前 81 年，苏武终于回到了长安，回长安后百姓都出门迎接，称赞他是个有气节的大丈夫。千百年来，人们学习和传颂苏武面对威逼利诱忠心耿耿、不畏强权、忠贞不渝的爱国情怀和不向挫折屈服的民族气节。文天祥曾在《咏羊》中通过歌颂苏武慷慨激昂的爱国热情和视死如归的高风亮节，表达自身舍生取义的人生观。另外，苏武当年牧羊的地方，现今的民勤县，历经千年积淀，形成了独具特色的"苏武文化"。

近现代傅抱石，《苏武牧羊图》

清代，苏武牧羊青石刻板（西安市羊文化博物馆藏）

二、卜式捐金

《史记》记载，汉代有个卜式，以耕种和畜牧为业，他有一个弟弟，待弟弟长大后卜式只取所养的羊一百多头，其余的田宅财物都交给了弟弟。卜式总是自己到山中去牧羊，十多年后，羊繁殖到若干头，并重新购买了田地和房屋，而他的弟弟却破了产。卜式就把相当于原来交给弟弟的田宅和财物，又分给了弟弟。当时汉朝正在抵抗匈奴入侵，卜式上书给朝廷，愿意捐出一半的家财资助边事，皇帝（汉武帝）派人问卜式："想当官吗？"卜式说："从小牧羊，不熟悉怎样当官，不愿意做官。"使者说："家里难道没有冤家仇人，想讲出来吗？"卜式说："臣生来与人无争，家里贫穷的乡人，我就借钱给他；为人不善的，我就教他做好事，去到哪里，人们都顺从我，卜式有何冤事啊！"使者说："如果是这样，想要什么呢？"卜式说："皇上讨伐匈奴，我认为贤能的人应该为大节而死，有钱的人应该捐出来，这样的话匈奴就可以灭掉了。"使者报告了朝廷，丞相公孙弘说："这不是人之常情，希望陛下不要允许。"皇上没有接受卜式的请求。卜式又回家牧羊了。一年多后，恰逢匈奴浑邪王等人投降，朝廷开支很大，国库空虚，贫民大迁徙，所有费用都靠朝廷补给，朝廷没法完全供给。卜式又拿出了大笔财物给河南太守，用来发给迁徙的民众。河南上报富人救济贫民的名单，皇帝认出了卜式的名字，说："这是以前希望捐出一半家产帮助边疆的人！"皇帝于是把卜式尊为长者，召见卜式，任命他为中郎。起初，卜式不愿意做官，皇帝："我有羊在上林苑里，想让先生去牧养它们。"卜式做了郎官后，穿着布衣草鞋去牧羊。一年多后，羊肥壮又繁殖很多。皇帝探访他牧羊的地方，对这很满意。卜式说："不仅仅是羊，治理人民也是这样，按时起居，凶恶的立即除去，不要让他败坏整个群体。"皇帝对他的话感到惊奇，让他管理人民，很有政治声誉。皇帝认为卜式朴实忠厚，任命他为相。当时汉朝正与匈奴进行战争，一般豪富匿财避难，而此时卜式却几次向国家捐赠，并救济流亡失所的边境人民，主张抗击外患，是一位伟大的爱国者。他重义轻财的君子风范和位卑未敢忘忧国的爱国精神值得后人学习。

2021 年 7 月 21 日，河南大暴雨导致洪涝，国家现代肉羊产业技术体系应急指导洛阳综合试验站救助汝阳县一受重灾养羊户，并指导灾后生产，笔者作"天在怒，雨如注，上亿人民骤苦楚。车在飘，路如瀑，战斗英雄浸洪途。天错付，人不怵，九州济豫共祈福。"纵览当今社会，国人依然把家国情怀、胸怀天下作为至高的人格品质去崇尚，当疫情暴发、洪水肆虐、暴雪致灾、地震发生等天灾来临的时候，每一位有爱国之心的中国人都会伸出援助之手，出钱出力，上灾情一线，无数个"卜式"一样的人物众志成城、共克时艰，帮助国家度过了一个个的难关。"卜氏捐金"现象从古至今一直都在发生，卜氏精神也一直在弘扬和发展。

三、歧路亡羊

出自《列子·说符》。"大道以多歧亡羊；学者以多方丧生。"杨朱是战国时期的一位著名学者，人称杨子。杨子的邻居丢失了一只羊，这个邻居的全家人都去找，同时也请杨子的仆人帮着一块儿去找。

杨子说："不过是丢掉一只羊而已，何必要让那么多人去找呢？"丢羊的人说："因为岔路太多了。"

那些找羊的人回来后，杨子问他们是否找到了羊，得知没有找到后又问为什么没有找到，他们回答说："岔路中间又有很多岔路，我们不知道羊往哪一条岔路上去，所以就回来了。"

杨子听了，很有感触，脸上露出了很不愉快的神色，沉默了很长时间，整天都没有笑容。人们觉得特别奇怪，便对杨子说："羊又值不了多少钱，更何况丢的也不是你家的羊，你为什么这么闷闷不乐呢？"杨子没有回答。

有一个名叫心都子的人在一旁边听了说道："道路因岔路多了，容易使羊丢失；学者因为不能专心致志，可能会迷失人生的方向。杨子闷闷不乐的原因难道你们还不明白吗？"

歧路亡羊这一成语由大道以多歧亡羊演变而来，比喻事情复杂多变，没有正确的方向，就会误入歧途。

四、羚羊挂角

羚羊挂角最早见于《埤雅·释兽》："羚羊夜眠以角悬树，足不着地，不留痕迹，以防敌患"。意思是说羚羊晚上睡觉的时候，与普通的野兽不同。它会寻找一棵树，把它的角挂在树杈上，使整个身体悬空。这样，别的野兽够不着它，因此不会受到袭击。

宋代严羽曾用"空中之音、相中之色、水中之月、镜中之像"形容"言有尽而意无穷"的空灵玄远的诗境。因此，《沧浪诗话·诗辨》说："诗者，吟咏情性也。盛唐诸人，惟在兴趣，羚羊挂角，无迹可求。故其妙处，透彻玲珑，不可凑泊。"人们也引申用"羚羊挂角"来比喻意境超脱，不着形迹。

五、屠羊说拒赏

《庄子·让王篇》中记载：春秋的时候吴国的军队第一次攻占了楚国的都城，楚昭王丧失了国家，流亡他国。有一位宰羊人叫说（同悦）也离国出去，跟随昭王逃亡。这个人因为以宰羊为业，别人也教他屠羊说。楚昭王在打败吴军之后，又回到楚国，他要封赏那些跟随他出国流亡的人，包括屠羊说在内。

屠羊说却道:"过去,大王丧失了国家,我丧失了宰羊的职业。现在大王恢复了国家,我也回来从事宰羊的职业,我的爵禄已经恢复了,有什么要奖赏我的呢?"昭王说:"你不要固执了,我一定要奖赏你的。"屠羊说又说:"大王丧失了国家,不是我的罪过,所以我不能接受死刑的处分;大王恢复了国家,不是我的功劳,所以我不敢接受封赏的奖励。"昭王说:"不封赏也罢,我举荐你。"屠羊说回答说:"楚国的法度,是一定要在立大功之后才能举荐的。我的知识和能力不足以保存国家,而我的勇敢和胆略不足以为国捐躯。吴国军攻占都,我害怕大难临头而躲避敌人,不是特意跟随大王的。大王想废掉原先的法度而荐举我做官,那不是要我因此而闻名天下,遭人非议吗?"昭王对大臣司马綦说:"屠羊说的话很深刻,你替我荐举他。"于是屠羊说被授予三旌之位(在车子、衣服和旗章上饰以表彰的记号)。屠羊说又对昭王说,三旌之位比宰羊的职业高贵很多,那么多的俸禄比自己宰羊所赚的钱要多很多,但是,他不想因为贪图爵禄而使国王背负没有原则地施恩的坏名声,坚决不接受表彰,并愿意回去从事自己的宰羊事业。后来人们比喻拒名拒利的人。清代曾国藩诗说:"低头一拜屠羊说,万事浮云过太虚",意指看淡名利。

六、五羖大夫

据《史记·秦本纪》,五羖大夫,姓姜,字子明,名奚,亦称百里奚、百里子或百里,春秋时虞国大夫,秦穆公时贤臣,著名的政治家。百里奚早年曾游历齐、周、虞、虢等国,了解了各国的风土人情、地形地貌。秦穆公五年(公元前 655 年),晋国相继灭虢和虞国,百里奚被俘,后又被当作晋献公女儿的陪嫁到了秦国。他从秦国逃到宛(今河南南阳),被楚国人抓获。秦穆公听说百里奚贤德,用五张羊皮赎回他,十分赏识,授以国政,号称"五羖大夫"。百里奚辅秦穆公期间,内修国政、恩施民众、德施诸侯,为秦穆公伟业奠定了坚实的基础。

百里奚忠君爱国,品质高尚,受到人民的爱戴。唐宋以前,南阳城西有百里奚的墓冢(七星冢),还有石麒麟,麒麟岗由此而得名。诗人李白曾写下了"秦穆五羊皮,买死百里奚"和"陶朱与五羖,名播天壤间"的名句。宋代黄庭坚也写过《过百里奚大夫冢》以作纪念。

七、瘦羊博士

"瘦羊博士"出自《后汉书·甄宇传》。东汉创立不久,光武帝刘秀于建武五年在洛阳城南开阳门外大兴土木,开始创建太学(遗址位于今天偃师市佃庄镇的太学村附近）。随后屡加扩建，规模越来越宏大，到汉质帝时，这里的学生人数多达 3 万余名，连北方的匈奴都派子弟前来留学。太学里的教师称为博士，东汉时期对博士的选用，除了征拜和荐举以外，还要经过考试，因此只有那些学识渊博的鸿师硕儒才能被选拔上。甄宇就是这样一位博士。他于建武年间初任州从事这一官职，后被征拜为太学博士。当时，光武帝刘秀对太学的博士十分重视，每逢腊月三十，就特别下诏赏赐给每位博士一只羊。有一年的腊月三十，光武帝照例赏羊给太学的博士，可太学的长官博士祭酒领着大家来分羊时却很为难，羊有肥有瘦，大小不等，不知如何体现公平合理。博士们七嘴八舌，有人建议把羊杀了，平均分取羊肉，有人建议抓阄。甄宇对当时人们提出的斤斤计较的分羊办法感到羞耻，便走到羊群中，挑出了那只最小最瘦的羊，自己牵走了。别的博士看到他的行为，脸都红了起来，不再争论，你谦我让，很快就把羊分完了。这件事情传播开来，洛阳城里的人无不为甄宇的高风亮节折服，四处赞扬他，最后连光武帝也知道了。一次，光武帝视察太学，想召会甄宇，直接询问"瘦羊博士"在哪里。从此以后，京师洛阳的人们就以"瘦羊博士"来称呼甄宇。清代王士禛《渔洋诗话》有"多少长安苦吟客，瘦羊博士擅风流"的诗句，这种克己让人的高风亮节，值得后人传颂。

八、羊市西施：东汉灵帝何皇后

历史上唯一卖羊肉出身的皇后，是东汉灵帝皇后何姬。何姬的父亲何真是南阳人，以屠羊为业，其妻早卒，留有一子，名叫何进。何真听闻洛阳有羊市，是全国最大的羊产品综合市场，于是来到洛阳羊市，继续以屠羊为业。何真娶一西域来的胡姬为妻，生有一女，名叫何姬。

何姬自幼与兄长、父母在羊市屠羊，卖生熟羊肉、羊肉汤和酒水，由于她生得花容月貌，是羊市有名的美女，人称"羊市西施"。当时，洛阳有三市，一曰金市，二曰马市，三曰羊市。羊市在城南开阳门之外，与太学相距不远，不少太学生们闻何姬之名，常来何氏酒肆相聚，名为煮酒谈经，实则品羊访美。

汉灵帝常听宦官们谈何姬之美，于是微服出宫，也来到何氏酒肆，对何姬一见倾心。不久，何姬便被选入掖庭宫，深得灵帝宠幸，很快被拜为贵人，生下儿子刘辩。何姬口齿伶俐，工于心机，她联合宦官们诬陷宋皇后，宋皇后忧愤而死。光和三年（公元 180 年），何姬被立为皇后，她的父亲被封为舞阳宣德侯，母被封为舞阳君，哥哥何进被封为大将军。这个屠羊世家，一跃而为东汉帝国的新贵。

中平六年（公元 189 年），灵帝病死，何姬 14 岁的儿子刘辩即位，是为少帝，何姬成为皇太后并临朝称制，大将军何进辅政。何进、何姬兄妹二人，屠羊有技，治国乏术。不久，发生宫廷政变和董卓之乱，何氏兄妹和少帝皆死于非命，东汉帝国名存实亡。

九、盐汁洒地引羊车

羊喜食咸味，北魏贾思勰《齐民要术》说："养羊法，当以瓦器盛一升盐，悬羊栏中。"羊的这种习性，早被人所了解，并应用于荒唐的宫闱之争中。

盐汁洒地引羊车也叫竹叶羊车，出自《晋书·列传第一·胡贵嫔》。西晋武帝司马炎于泰始九年（公元273年）选中级以上文武官员家的处女入宫，次年又选下级文武官员和普通士族家处女5 000人入宫。灭东吴后，又选取吴国宫女5 000人，将她们运来洛阳，充入后宫。他的皇宫中有美女万人以上，个个貌若天仙。宫廷处处是美女，司马炎竟然不知道每晚该酒醉何处。《晋书》记载，晋武帝每晚乘坐用羊牵引的小车，羊停在哪个宫门，就在哪个宫中夜宴安寝。这样，宫人为了邀宠，就在宫门上插上竹叶，把盐汁洒地，羊车经过以后，就会受到盐汁的吸引而停下来。后来，人们就用羊车降临表示宫人得宠，不见羊车则表示宫怨。很多诗词中都有过关于羊车的记载，如金朝王若虚《宫女围棋图》有"尽日羊车不见过，春来雨露向谁多"；李白《连理枝词》之二有"望水晶帘外竹枝寒，守羊车未至"；欧阳炯《更漏子词》有"羊车一去长青芜，镜尘鸾綵孤"；花蕊夫人《宫词》有"诸院各分娘子位，羊车到处不教知"；罗虬《比红儿诗》有"若见红儿此中住，不劳盐篆洒宫廊"等。另外，喜欢乘羊车的，不仅有皇帝，还有文士。《晋书·列传第六》说，卫玠风采夺人，乘羊车入洛阳的市井中，因相貌出众而被处处围观，最终因心理压力大而病死，人称"看杀卫玠"。

十、正义的羊

羊自古以来就是正义的化身。云南大理"天龙八部"影视城里有一块石刻，上刻有"未羊""玄化三阳盾"，下面文字为"皋陶，法祖，以神羊治狱，神羊灵，可辨是非曲直，角顶触者，为犯。羊之兵器即为玄化三阳盾"。后世把独角羊称作"獬豸"。到了战国时期，秦国、楚国的御史、狱吏冠服上都有独角神羊图案；此图案一直沿用到清代，以警示官员秉公执法。

十一、石羊补天

在神话里，羊不仅是给人间送来五谷杂粮，是中国的"普罗米修斯"，还是帮助女娲补天的功臣。《淮南子·览冥训》记载，上古时候，因为共工氏怒撞不周山，导致天柱折、九州裂，天倾西北、地陷东南，洪水泛滥、大火蔓延，人民流离失所。女娲看到人类陷入如此巨大的灾难之中，十分痛苦，决心炼石补天。她炼了七七四十九日，红、黄、蓝、黑的补天石都炼好了，就差白色的没法炼出来。正当女娲昼夜思忖、无计可施的时候，来了七只神羊，其中，领头的神羊告诉女娲说只要借北斗七星来，把它们琢成石头的样子，放到炉中与其他的石子一起炼，其他的石子就会变成白色。于是，女娲命神羊把七星琢成石头模样。神羊调来甘露滴在七颗星上，日夜不停地琢、磨，羊的角琢钝了，嘴唇磨起了泡。过了七天七夜，七颗星终于被琢成了宝石，然后又在炼石炉中炼了七天七夜，终于炼出来白色的补天石。女娲终于把天补上了，人们世代安居乐业。

十二、羊方藏鱼

羊方藏鱼属苏菜系，是中国传统古典菜肴中的名菜，至今已有4 300年历史。因其将鱼置于割开的羊肉中，再以文火一起炖而得名。"羊方藏鱼"现代也叫套菜、二套菜，至今在江苏徐州一些饭馆中流传。据《大彭烹事录》记载，彭祖是大彭国国主、中华上古大贤，是现代公认的中国烹饪界和中华养生学鼻祖。相传在尧之时，彭祖因擅烹野鸡汤（今雉羹），得到帝尧的赞赏而受封，在徐州一带建立了大彭国（今称彭城）。彭祖的小儿子夕丁喜欢捕鱼，彭祖恐其溺水，坚决不允。一天，夕丁捕到一条鱼，让母烹制，恰巧家中正炖羊肉，其母趁彭祖不在，把羊肉割开将鱼藏入，与羊肉同炖，至鱼熟取出，与夕丁食之。彭祖回来后吃羊肉时，觉有异香之味，就问是怎么回事，得知原因后如法重制，果然鲜美异常。由此，成为一道名馔——羊方藏鱼。

据说汉高祖刘邦在青壮年时也爱吃"羊方藏鱼"这道菜肴。徐州丰县流传着这样一首打油诗："丰生丰长汉高祖，鱼汁羊肉饱口福。东征西战探故乡，乐吃鱼汁羊肉方。"诗中赞美"羊方藏鱼"这道菜不仅是当时果腹之佳肴，同时更有借物寓意，抒发豪情壮志之美。

清代康熙年间的一段轶事至今仍在烹饪行业中传为美谈。徐州地方官在宴请状元李蟠议事时，席上有两道菜——羊方藏鱼和羊羹，深受宾主赏识，李蟠即席作出一幅有趣的对联："烹饪鱼羊鲜馔解解解老饕之馋，调理大羊美羹试试试厨者之技。"（赵节昌，2012）。

十三、贾思勰养羊法

《齐民要术》中记载，贾思勰当过北魏高阳太守，很注重实践经验。为了了解畜牧业的生产知识，他开始养羊。刚开始的时候，由于缺乏饲养经验，他养的 200 只羊饿死了一大半。贾思勰决定增加粮食，他种了 20 亩大豆，又养了一群羊。他想，这次羊有了足够的食物，应该不会死了！谁知过了不久，羊还是死了许多。贾思勰百思而不得其解，邻居看到他这种状况，怕他急出病来，打听到离他们 100 多里*外有一位养羊高手，立即把这消息告诉了他。贾思勰听后连夜赶到那里向老羊倌求教，拜老人家为师，把自己养羊的情况说给他，诚恳地请老人家指教。老羊倌被他的诚意所感动，让贾思勰在自己家住了好几天，让他仔细观察自己的羊圈，并且将羊的选种、饲料的选择和配备、羊圈的清洁卫生及管理方法一一细细讲给他听。经过老羊倌的指导，贾思勰找出了自己第二次养羊失败的原因——羊圈管理不当。老羊倌对他说："你把饲料乱扔在羊圈里，让羊在上面踩来踩去，尽管你吸取了第一次饲料不足的教训，准备了足够的饲料，但你不懂得羊不吃弄脏了的饲料的道理。你不打扫好羊圈的卫生，就是准备再多的饲料也没用！不过，像你这样的有志之士，一定会把羊养好的。"受到启发后，贾思勰按照老羊倌的指导又养了一群羊，他把这群羊养得膘肥体壮，产奶量多，成活率高。从此，贾思勰的名声远扬，人们信服地称他为"养羊能手"，前来向他求教的人络绎不绝。贾思勰的农学思想是"三才"理论，要求人们尊重和顺应"天时""地利"，特别是"物宜"的自然规律，做到因时制宜、因地制宜和因物制宜（陈静，2020）。

十四、羔羊跪乳

"羊羔跪乳"语出古训《增广贤文》，原文是"羊有跪乳之恩，鸦有反哺之义。"很早以前，一只母羊生了一只小羊羔。羊妈妈非常疼爱小羊，晚上睡觉让它依偎在身边，用身体暖着小羊，让小羊睡得又熟又香。白天吃草，又把小羊带在身边，形影不离。遇到别的动物欺负小羊，羊妈妈用犄角抵抗保护小羊。一次，羊妈妈正在喂小羊吃奶。一只母鸡走过来说："羊妈妈，近来你瘦了很多。吃的东西都让小羊吸收了。你看我，从来不管小鸡们的吃喝，全由它们自己去扑闹哩。"羊妈妈对母鸡的话感到反感，反驳说："你多嘴多舌搬弄是非，到头来犯下拧脖子的死罪，还得挨一刀，对你有啥好处？"气走母鸡后，小羊说："妈妈，您对我这样疼爱，我怎样才能报答您的养育之恩呢？"羊妈妈说："我什么也不要你报答，只要你有这一片孝心就心满意足了。"小羊听后，泪如雨下，跪倒在地，表示难以报答如此深厚的母爱。从此，小羊每次都跪着吃奶，以此来表达对妈妈的哺乳之恩。《春秋繁露》中记载："羔食于其母，必跪而受之，类知礼者。"可见羊性之美在于"至孝""知礼"。

---

* 里为非法定计量单位。1 里＝500 米。

十五、伏羲的八卦与羊角柱

上古时期，现河南省孟津县东部有一条图河与黄河相接，龙马负图出于此河，伏羲氏依龙马之图画出了干、兑、离、震、巽、坎、艮、坤为内容的卦图，后人称为伏羲八卦图。伏羲氏仰观象于天，俯察法于地，用阴阳八卦来解释天地万物的演化规律和人伦秩序。伏羲氏取火种、正婚姻、教渔猎，结束了人们茹毛饮血的历史。龙马负图寺遂成为"河图之源"，伏羲氏则被奉为中华民族的"人根之祖""人文之祖"。《汉书·孔安国传》曰："龙马者，天地之精，其为形也，马身而龙鳞，故谓之龙马，龙马赤纹绿色，高八尺五寸，类骆有翼，蹈水不没，圣人在位，负图出于孟河之中焉。"

伏羲的先天八卦图

考古专家陆思贤在其《神话考古》一书中认为，受到当时普遍存在的"羊角柱"的影响，"伏羲氏于羊角图腾柱上观象画卦"。"羊角柱"是古人祭天时立在地上的长杆，做成羊角状，方便挂祭品。"羊"在甲骨文里的字形就是在羊角柱形状的基础上增改而来。东汉许慎《说文解字》释"羊"："象头角足尾之形。"受到羊角柱在地上投影的启发，伏羲创作了八卦图。

十六、世界上第一件羊绒衫

在国家现代农业产业技术体系管理平台，绒毛综合试验站站长刘月琴转载过这样一个故事。相传在富饶的西亚美索不达米亚平原上，巴比伦国汉谟拉比国王有一位聪明美丽的公主名叫特俐娅。18岁那年秋天，公主不幸得了一种怪病，畏寒无力，骨瘦如柴，奄奄一息。国王焦急万分，遍请国内外名医诊断，难查病因。一日，国王刚刚入睡，恍惚间一神仙翩然而至，托梦给他，说她女儿的病是遭受人间邪气寒气双双侵入肌体所致，只有用世界上最珍贵的丝线做成的衣服穿在身上，才能抵御邪气，百毒不侵，公主之病自然痊愈。国王惊醒，情急之下诏告天下，征集世界上最珍贵的服装，以救公主一命。

一时天下轰动，富豪权贵纷纷用黄金、白银、铂金打造金丝、银线，织成一件件昂贵的衣裳送到皇宫，最后国王挑选了十分精美的用 6 000 根纯铂金丝织成的衣裳。但是公主穿上以后病情根本未见好转。

正当大家感到绝望时，一个牧羊青年送来一件羊毛背心，称希望用它来医治公主的病症。国王一看，这件毛衣尚未染色，织法粗糙，显得灰暗陈旧，顿时大声呵斥："我们要用世界上最珍贵的丝线救公主性命，你竟然用如此粗陋的衣服来诓骗本王。"牧羊青年不慌不忙地说："这就是用世界上最珍贵的丝线做成的衣服。我在美索不达米亚平原西部地区牧羊 15 年，放牧 3 000 头，每年从一只绒山羊腹部拔下 20 根最好的绒毛。这就是用那 6 万根绒毛手工织成的绒衫，信不信由你！"说完，扔下衣服就走。

国王一听，将信将疑地派人取来毛衫，并安排公主穿上。奇怪的是，公主穿上这件粗陋的毛衣背心后，感到温暖柔和，体内阳气渐生，温润舒适，病情也一天天好转了。

特俐娅痊愈后不忘感恩，国王也深感内疚，于是下令寻找牧羊青年，决心把他招进宫里，享受富贵生活。

一日，特俐娅终于在广阔的美索不达米亚西部草原找到了英俊的牧羊人。那天阳光明媚，牧羊人在蓝天白云下策马飞奔的身影久久定格在公主的脑海里，爱慕之情油然而生。公主热情邀请青年进宫，她决心用自己的真爱和财富回报青年救命之恩。

但是青年只是淡淡地说："世界上有很多东西，看似珍贵但不中用；有些东西看似平凡，却可以解决难题。皇宫的生活确实荣华富贵，但是你却得了大病；我天天风餐露宿，却自由自在，甚至还能培育出救你性命的世上最珍贵的羊绒纤维——那比铂金丝还要珍贵的纯天然绝品丝线。你说，我该跟你走呢，还是你留下来？"

此时此刻，特俐娅感到自己的生命、自己的幸福与这片草原休戚相关，尤其是这个英俊的牧羊人，深深吸引着她，于是她留了下来。那件纯羊绒毛衣背心成为二人的爱情信物。

十七、爱国英雄巴什拜

著名的爱国英雄巴什拜（1889—1953 年）出生于美丽的新疆塔城裕民县，曾是塔城地区行政公署专员。1919 年，他开始独立经营牧业，成功用现有的羊种培育出生长速度快的地方优良品种，该品种具有体格大、成熟期早、繁殖率高、被毛红棕色、白鼻梁、尾大等特征，当地就把这种羊称为"巴什拜羊"。他致富后，济困救贫，于 1935 年投资兴办了裕民县第一座九年制学校，1936 年捐资修建塔城新光电灯股份公司，1937 年修建塔城人民俱乐部。尤其是抗战期间，他为前线捐献了一架飞机。1940 年为支援世界反法西斯战争，他又捐赠了 400 匹鞍具齐全的战马。他关注地方经济与民生，1941 年，出资为当地乡亲在也木勒河上建造了桥梁，当地人把这座大桥称为"巴什拜大桥"。1949 年 11 月，他为驻塔城解放军赠送了 2 吨小麦和 40 头牛。1951 年，为支援抗美援朝战争，他从家产中拨出 400 匹马、100 头牛、4 000 只羊和黄金 5 千克，为志愿军捐献了一架战斗机。后来，巴什拜亲自将捐献的战斗机交给了国家。另外，在世界反法西斯战争时期，巴什拜还为苏联捐赠了 500 匹鞍具齐全的战马。

巴什拜一生勤劳朴素、为人慷慨、廉洁正直，热爱祖国、热爱家乡、热爱人民。他一生扶贫济困，把毕生精力奉献给了世界的和平统一和祖国的社会公益事业，受到各民族人民的爱戴和敬仰，他的先进事迹得到世代传颂。

2023 年 7 月草原上的巴什拜羊群

巴什拜当年捐献的飞机

巴什拜羊纪念馆

第五节 羊文化地理

一、羊城广州

广州，简称穗，别称"羊城""五羊城""花城"。传说广州最早的地名为"楚庭"（或"楚亭"）。现在越秀山上的中山纪念碑下，尚有清人所建一座石牌坊，上面刻着"古之楚亭"四字。不少史籍将"楚庭"视为广州的雏形，是广州最早的称谓。《广州记》记载，"战国时，楚相高固辅佐楚王，广州遭遇了大灾荒，为了挽救楚国的无辜百姓，高固想了很多办法都没有解决。这时，有五个仙人骑着口衔谷穗的五只羊来到了广州，将这些粮食赠给了人们，解决了当时的灾荒。玉帝知道这件事之后，就把神羊杀死了，谁知道，神羊的鲜血所及之处都变成了草地和一群群羊羔，从此神羊便到了凡间，将草、奶和自己的肉都献给了人们"。当地人民为纪念五位仙人，修建了一座五仙观，传说五仙观即为"楚庭"所在。由此，广州又有"羊城""穗城"的别名。

1959年，广州市越秀山公园建造了一座花岗石的5羊雕塑。作为广州市的标志，这座5羊石雕已成为海内外著名的城徽雕塑。2009年5月18日，中央电视台《走遍中国》首播《走进越秀》，第一集《羊图腾》。2010年11月12日，世界瞩目的第十六届亚运会在羊城举行。举办城市的图腾是"羊"；广州亚运的会徽"五羊圣火"是"羊"；运动会的吉祥物——"阿祥""阿和""阿如""阿意""乐羊羊"，也是寓意"祥和如意乐洋洋"的五只小羊。会徽与吉祥物的创意元素"羊"，都源于广州神话"五羊衔谷"。秦朝时期《报文帝书》"赵佗求羊"、南赵王墓门"饕餮"羊之纹饰器等是岭南以羊图腾为代表的历史发展的重要渊源。亚运会是岭南文化特有的文化元素，是以羊图腾为代表的羊文化从这里走向世界的里程碑。

南越王赵佗之像　　　广州标志：五羊雕塑　　　广州亚运会标志

广州亚运的会徽设计，以柔美上升的线条，构成了一个造型酷似火炬的五羊外形轮廓，构图以抽象和具象相合，在灵动、飘逸中不失稳重，象征着亚运会的圣火熊熊燃烧、永不熄灭，既体现了广州的城市形象，也表达了广州人民的美好愿望，还表现了运动会应有的动感。

二、公羊城：江西抚州

羊城，抚州的别称。抚州因其地理形态似羊，而称"羊城"。在抚州，与"羊城"相关的建筑和地名包括羊城路、羊城广场、羊城商厦、羊城旅社、羊城平价等。羊城路是 1982 年由梅庵路更名而来，羊城广场更是建于 21 世纪初，从此开始有了"羊城"元素。《点解羊姓：祥和广州与华夏羊文化》记载，相传文曲星君的坐骑是只公羊，公羊趁文曲星和老寿星下棋的时候来到人间。公羊为抚州的茂林修竹、花香鸟语的美景吸引而忘返，四肢和生殖器化成五座青山长缀其间，这就是市内的天庆峰、青云峰、桐林峰、逍遥峰和香楠峰。根据这个传说，人们便把抚州叫做公羊城、羊城。

另外，关于抚州这座羊城的出处还有几种说法。其中，羊角洞天、羊脚石在抚州地方志书中第一次提到，也提到羊城。在明崇祯七年刊《抚州府志》卷四《地理志·山川考》："……羊角山，府治位焉，左有石笋出土中如羊角。昔传有童子称蜀青城山使者，扣角致书而石开。后人神之曰'羊角洞天'……东北低处为莲花废寺，有石横出如羊脚曰羊脚石，故谚谓羊城。"也就是说从郡治门口到郡城东北的莲花寺，人们依稀看到了一只羊的轮廓，于是民间慢慢称抚州为羊城。

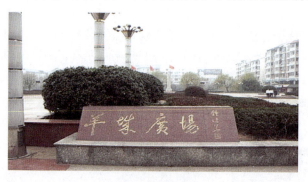

抚州羊城广场

三、羊苴咩城：云南大理

云南大理的古城，故址在今云南省大理白族自治州大理市。唐朝以前，羊苴咩城位于大理苍山中和峰下，城池遗址在今大理古城及其以西地区；北至桃溪南岸，南至绿玉溪北岸一带。该城原为"河蛮"所筑。南诏统"六诏"，征服大理各部，同时也统治了该城。唐大历十四年（公元779年），南诏王阁罗凤卒，异牟寻立，从太和城迁都于羊苴咩城，并重新加以修筑。史有记载羊苴咩城，又称"羊苴咩城""阳苴咩城""苴咩城"。羊苴咩城的"羊"又作"阳"，"苴咩"的读音，《蛮书·卷一》原来有注，"上音斜，下符差切"。"苴"读"斜（xié）"，《集韵》有"徐嗟切，平麻斜"。羊苴咩城就是"羔羊城""小羊城"的意思。《嘉庆一统志·云南·大理府》："羊苴咩城，即今府志；《唐书·南蛮传》：异牟寻入寇，德宗发禁卫及幽州军援东川，与山南兵合，大败异牟寻，异牟寻惧，更徙羊苴咩城。"

羊苴咩城遗址

天龙八部影视城三羊盾
（摄于云南）

天龙八部影视城
（摄于云南）

四、逻娑城：西藏拉萨

逻娑城藏语意为山羊城，山羊城是拉萨市古称，是中国西藏自治区的首府，是我国佛教的主要源流之一，也是我国的历史文化名城之一。最早拉萨不叫拉萨，古文书上都是"惹萨"，意思是"山羊运土"的地方。后来因为修建了神圣的纳佛殿，里面供奉了佛祖的像，有佛经、佛塔，四面八方的信徒都前来朝圣，所以大家都认为这个地方是"佛地"，又改称"拉萨"——"拉"在藏语里是"佛"的意思，"萨"是地。

史籍上第一次出现"拉萨"二字，见于公元 806 年藏王赤德松赞所立《噶琼寺碑》，其中有言："神圣赞普先祖松赞之世，始行圆觉正法，建拉萨大昭寺。"这些记载表明，拉萨的城名，已经出现了 1 200 余年。1 300 年前，拉萨地名可追溯为"逻娑"。在藏语里是"白山羊"的意思。据史书记载，公元641 年文成公主入藏时，拉萨原名卧马塘，为一片荒芜之地，唐朝随嫁带来的佛像只得用白布幔围着供奉。松赞干布动员臣民兴建大昭寺、小昭寺和八角街等以供佛事。大昭寺的基地原是一个湖，按照文成公主的佛学主张，湖是用白山羊背土填平的，因为藏语"山羊"叫"惹"，"土"为"萨"，所以寺庙被称为"惹萨"。之后人们又把"惹萨"名称赐给这座城市，后来"惹萨"改称为"拉萨"，即"佛地"之意。后人又把原来的卧马塘改称"逻娑"。以后佛教兴盛，"逻娑"成了神圣的地方，大约在 9 世纪初，"逻娑"改称"拉萨"，藏语意为神池、神仙居住的地方。这就是拉萨地名的由来。

拉萨

五、灵羊岛

灵羊岛位于浙江中西部的兰溪市（黄湓大桥引桥下），古属越地，自古商贸繁华，山灵水秀，素有"三江（衢江、金华江、兰江）之汇，七省通衢"和"小上海"之美称，是中国优秀旅游城市、浙江省历史文化名城。唐代著名诗人戴叔伦的《兰溪棹歌》描写的就是兰江及灵羊岛一带的山水之美。"凉月如眉挂柳湾，越中山色镜中看。兰溪三日桃花雨，半夜鲤鱼上滩来。"

从空中俯瞰，灵羊岛像一叶扁舟，又好似绿叶一片，所以被喻为"钱塘之舟、江南绿叶"。地图《金华府志》中记载，昔日岛与黄湓陆地相连，可以浅涉，为黄初平（黄大仙）儿时牧羊之处，传说中黄大仙的灵羊曾为救治岛上被蛇咬伤的农夫衔来仙草，加之岛上有关黄大仙的种种传说，因而得名"灵羊岛"，遂成历史遗迹。岛上沙洲内"平沙落雁"自古即为兰溪八景之一。当地文人写有《题灵羊岛》："望羊平台飘笛声，平沙落雁双追寻。高亢胡笳伴仙侣，人间仙境冬复春。"

六、羊楼洞：砖茶之乡

羊楼洞位于湖北省赤壁市赵李桥镇，相传昔有牧者建楼饲羊于此而得名。19世纪中叶，太平天国战争爆发之后，由武夷山起始的茶叶之路被拦腰截断。为了镇压太平天国，清政府又开始设关卡收税。因此，晋商开始寻找新的运茶道路。湖北羊楼洞就是茶叶之路的新起点。

在《大清皇舆全图》上，羊楼洞的标记与汉口是一样的规格。羊楼洞位于湘、鄂、赣三省交界处，当时从陆路集中的茶叶原料和三省的劳动力和技术人才，可由水路可达汉口，再转运出口。这里地理位置独特，曾成为国内外著名的茶叶贸易集散地。明清时期羊楼洞达到鼎盛，商业贸易十分繁盛。羊楼洞东面松峰山北麓有蒲圻四十八名泉之一——观音泉。泉水顺山麓而下，蜿蜒注入羊楼洞镇。因泉水有多种矿物质，当年最好的砖茶都是要用泉水制成，观音泉便是羊楼洞历代精致砖茶的水源。在所有的砖茶种类中，"川字号"砖茶是羊楼洞的"专利"。羊楼洞人为了彰显泉水之功，在茶砖上凸印"川"字。

羊楼洞

七、青羊宫

青羊宫为道教观名。位于四川省成都市。唐代始建，清初重建。有铜制青羊、铁铸瓶等古物和八角亭、青羊桥等古迹。每年农历二月间有花会，为成都游览胜地。

青羊宫主要建筑有山门、三清殿、唐王殿等。宫内混元殿高大雄伟，八卦亭是其中保存最完整、造型最华贵的建筑，供奉着老子骑青牛的塑像。现存建筑为清代康熙六至十年陆续重建恢复，占地面积约 12 万米^2，该宫位于成都市一环路西二段，被誉为"川西第一道观""西南第一丛林"，侧依锦江，南面武侯祠，西望杜甫草堂，建筑规模宏大。青羊宫内的《道藏辑要》是世界上保存最完整的版本之一，是研究道教的珍贵资料。

相传，"青羊"乃上古青帝之童，被太清仙伯敕放于蜀，化为青羊。青羊宫始建于周昭王二十五年，初名青羊肆。周昭王二十三年，老君西过函谷关，授关令尹喜《道德经》五千言，并语尹喜："子行道千日后，于成都青羊肆寻吾。"后尹喜于成都，一日得青羊引路，复见太上老君显露尊容。为补老君圣迹，铸羊于此，即为青羊宫由来。初唐名玄中观，中和元年僖宗皇帝因黄巢兵乱入蜀，驻跸宫内。僖宗返回长安后，为感"太上平中和灾"之恩典，特下诏令，赐钱二百万，大建殿宇，并将"玄中观"改名为"青羊宫"。

宋代郭忠恕作诗《青羊宫》："久知玄牝是根原，谁道长生别有门。一自描龙兴叹后，至今师事五千言。"另有宋代何耕作诗《青羊宫》："一再官锦城，咫尺望琳宫。未始得得来，正望役役中。今朝弄晴雨，策蹇随春风。颇受意象古，停骖小从容。缥缈百尺台，突起凌半空。凭栏俯修竹，决眦明孤鸿。信哉神仙宅，不受尘垢蒙。稽首五千言，众妙一以通。静观万物复，岂假九转功。区区立训诂，亦哂河上公。痴人慕羽化，心外求鸿蒙。要附白鹤背，往访青羊踪。"这些都说明了当时青羊宫在人们心中的地位。

1966 年"文化大革命"期间，青羊宫受到冲击，宫内的道士被撵出，勒令还俗。改革开放后，青羊宫又多次修葺。

1983 年 4 月 9 日，青羊宫被国务院确定为汉族地区道教全国重点宫观。

1984 年，青羊宫张元和道长与四川巴蜀书社达成协议，联合重印《道藏辑要》。使中国唯一幸存下来的清代《道藏辑要》重新印刷行世。

2002 年 12 月 27 日，青羊宫被公布为四川省重点文物保护单位。

2004 年 6 月 10 日，为保护清代宰相张鹏翮所赠铜质青羊（雍正元年，大学士张鹏翮自京将独角羊带回青羊宫，并题诗"京师市上得铜羊，移往成都古道场。出关尹喜似相识，寻到华阳乐未央"），将其作为文物收藏在青羊宫。该羊系南宋左丞相贾似道"半闲堂"的家藏宝物，造型奇特，即鼠耳、牛鼻、虎爪、兔背、龙角、蛇尾、马嘴、羊须、猴颈、鸡眼、狗腹、猪臀，集十二属相于羊一身，塑造了"天下之大，唯羊独尊"的一种体貌。另一只羊为双角铜羊，是清代道光年间由成都张柯氏邀请云南匠师陈文炳、顾体仁炼铸而成。目前，青羊宫内仿制铜羊于 2004 年进行了开光揭幕仪式，供众人膜拜。作者于2024 年 1 月 12 日赴成都目睹宫殿庄严，近距离感受"道法自然"，走进园内，钟声时鸣，殿前香雾缭绕，廊苑秀雅，当时虽值寒冬，但院内有串红花浓艳。园内三清殿东侧还有一颗百年樟树，当时由杨洁导演的《西游记》"偷吃人参果""五庄观人参果树"场景就在这里拍摄。

　　青羊宫岁岁年年，浸透人间香火、众人顶礼朝拜，透着灵气。据说，摸羊可以去疾，身体哪个部位不适就摸铜羊的哪个部位，疾病即除。因此，每天来青羊宫的人，除了烧香之外，都要来摸一摸两只"神羊"以求吉、求福、求安康。

2009 年 8 月赵有璋现场考察青羊宫

作者 2024 年 1 月 12 日摄于成都

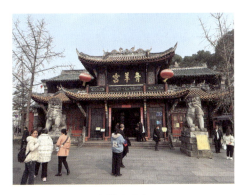

青羊宫大门

第一殿

双角青羊   单角青羊

八、西安市羊文化博物馆

　　西安市羊文化博物馆位于西安市雁塔区雁翔路 93 号，是以抢救保护、收藏、研究、展示羊文化历史遗存和开发传承为主体，以弘扬中华优秀传统文化尤其是孝忠文化教育为宗旨，以坚持落实立德树人根本任务为己任，集参观体验、教育传播、休闲娱乐、膳食服务为一体，是目前国内有关羊的馆藏类别和数量最多、免费对外开放的生态园林式专题博物馆。西安市羊文化博物馆 2019 年正式对社会开放，博物馆总展览面积达 16 000 米^2，有"室内精品陈列"。走进陈列馆，首先映入眼帘的是"羊头"上跃动的 8 个大字，让人怀着向往、敬仰和庄重之情迫不及待地去寻找"华夏之光，礼仪之根"。户外设专题展览一区"阳光广场"、二区"三羊开泰"和"主题陈列包间"，还有自己的文创膳食品牌——石羊农庄。石羊农庄将户外展览与室内展陈相结合、传统展示与智慧导览相结合、羊文化与膳食文化相结合，形象直观地展示出"羊者为祥"的祈福祭祀，"羊大为美"的审美观念，"群、义、善"的处世之道，"三羊开泰"的祝愿之辞，"食羊为养"的膳食养生和"羊羔跪乳"的孝道美德等中华优秀传统文化丰富深刻的内涵；展示出丝绸之路发展中多民族融合、多元文化交融等历史演变和风貌和对当代民族精神的价值意义。

　　宋代石羊造型上追求简洁饱满，神韵相似。此件石羊首部蜷曲的胡须刻画细致，与颈部构成一个三角形，嘴部张开轮廓清晰，神态和蔼安详，羊身部为丰满夸张、类似汉代羊尊造型的圆柱形，腿部肌肉也怒张有力，表现了抽象与写实结合、各有侧重的雕刻手法。

华夏之光·礼仪之根——羊文化主题展

西安市羊文化博物馆户外石羊农庄羊元素组图（摄于 2023 年 4 月 11 日）

东汉羊首青石条　　　　　　　　宋代跪卧青石羊
（摄于西安市羊文化博物馆）　　　（摄于西安市羊文化博物馆）

宋代跪卧青石羊（摄于西安市羊文化博物馆）

清代剔底雕三阳开泰青石刻板（摄于西安市羊文化博物馆）

战国鎏银跪卧羊形铜配饰（摄于西安市羊文化博物馆）

园内石羊（摄于西安市羊文化博物馆）

九、苏羊寨：苏羊竹马

苏羊寨位于洛阳市宜阳县城西张坞镇苏羊村，是豫西地区知名的古村寨，村内有古寨门、旧民居、老戏楼等建筑。苏羊古寨以苏羊遗址和苏羊竹马而闻名。苏羊是河洛文化的故乡，伏羲八卦的诞生地。1986 年 12 月，"苏羊遗址"被河南省列入首批较有代表性重点文物保护单位，是仰韶-龙山时期的文化遗存。

北魏地理学家郦道元《水经注·卷十五·洛水》篇记载："洛水所经有檀山坞、金门坞、一合坞、云中坞、合水坞"，其中的"云中坞"在《宜阳县志·古迹》中记载："云中坞，即今之苏羊寨。""坞"指的是一种小城堡，具备易守难攻险要的地势和群聚生活的基本条件。所以，苏羊寨别名也叫"云中坞"，是因为它是一块高台地，有群居生活的条件同时，又有防御外患的有利地形，是先民们农耕栖居安居乐业的理想之地。如今走进它，除了水泥路展示着古寨的现代化气息，村民的质朴、纯真和土墙老房依然古韵犹存，无声地向人们展示着那悠远而绵长的岁月。

这里著名的民间社火表演——苏羊竹马，源于春秋战国时期伟大的军事家孙武与吴起操练军队的阵法，他们用竹子编成假马，布防列队，演习阵法，如"五盏灯""七盏灯""九盏灯"，分别为兵法中的"五星阵""七星阵""九星阵"；而"单十字梅"和"双十字梅"则是兵书上讲的"四门坚守阵"和"八门金锁阵"等。后人为了纪念这两位具有卓越才能的军事家，就将其用于作战的阵法演变成民间传统的舞蹈，成为传统民间社火的一种表演形式。苏羊竹马已成为中原大地重要乡土文化，兼有美学、史学和教育价值（杨小莉，2016）。

2023 年 4 月 1 日苏羊遗址探寻

2023 年 4 月 1 日作者与古村的村民合影

第四章

羊文化民俗与养羊生产

第一节　民间竞技活动、养羊生产与羊文化

一、叼羊

叼羊是哈萨克族、塔吉克族、维吾尔族和柯尔克孜族等传统的民间体育游戏和群众性娱乐活动。2008年6月7日，叼羊经国务院批准列入"第二批国家级非物质文化遗产名录"。

清代王树楠在《新疆礼俗志》中记载："叼羊者，刲羊摘于地，群年少子弟飞骑拾之。擐诸马上，彼此驰逐相攘夺，肢解血肉，赫然霍落，众人随之以攫一脔，致亲友为吉祥喜事，受者亦必厚报之。"

叼羊的胜利者披红袍戴红花，受到奖励，被誉为"草原上的雄鹰"。胜利者把叼来的羊从别人家的毡房顶上去扔进去，扔到谁家，谁家就认为吉祥喜庆，便宰羊煮肉招待来宾，伴之以歌舞，通宵达旦。哈萨克族人的叼羊游戏，每年都定在金秋时节举行。一方面为了庆贺当年牧业丰收，预祝来年牧业增产，另一方面鼓励牧民们精心饲养马匹，培育良种，发展畜牧事业，同时锻炼骑手，提高马上战术。

二、斗羊

"斗性"是绵羊、山羊的生物学特性。山羊喜角斗，角斗形式有正向互相顶撞和跳起斜向相撞两种；绵羊则只有正向顶撞一种。因此，有"精山羊，疲绵羊"之说。绵羊斗羊一般先由主人牵引，鼓励安慰一番后，彼此向对手"撞一下"打个招呼，然后，后退数十米，攒足力气，直面冲向对方，正面相撞。山羊在休闲时，常正面相撞，在比赛时，则要调整最佳方向和寻找最佳时机而呈现"斗"式。因此，斗羊的方式有两种：一种自由斗，放开两只羊自行争斗；另一种拉开斗，由羊主人牵着拉开一定距离，猛回头斗一个回合，拉开再斗，直到决出胜负。后者主要发生在斗羊比赛中。

相传，鲁西南地区的抵羊活动源于三国时期。一次曹操被袁绍打败，退兵曹州（今菏泽）。一日曹操忽见两羊相抵，非常威风，他精神为之一振，马上计上心来：何不借观抵羊以振军威！于是便召集部下观赏抵羊，果然鼓舞了士气，军威大振，曹操趁机反戈一击，打败了袁绍。从此，鲁西南便兴起了斗羊之风。

我国山东、河南、江苏、安徽交界地区，从三国时代起就盛行斗羊这一特有的民俗活动，一直流传至今。早期，斗羊用雄性小尾寒羊，斗羊的场所一般在集市或古会（庙会）上。1986年春季，梁山举行了中国斗羊赛羊大会。1988年梁山成立斗羊协会。目前，一些省份在开展羊业展览会议时，在会议期间举办赛羊会，以增加文化和娱乐氛围。

三、转场：养羊生产活动

在新疆，部分哈萨克族牧民仍然保持着逐水草而居的游牧民族传统习惯。每年牧民都要赶着牲畜在冬牧场、夏牧场之间往返转移，这个过程叫"转场"。

新疆是我国重要的畜牧业基地，属山地牧区。放牧地主要分布于天山以北的北疆和南疆西部山区。随山地海拔的变化，从低处的荒漠到高山草地，形成垂直分布的不同牧场。按气候的冷暖、地形的坡向、牧草的情况，实行转季放牧，分成四季牧场，轮流利用，这样能最大限度地减少牲畜对草场的破坏。

转场时，牧民们举家迁移，携带毡房和全部家当，骑马赶着牛、羊、马等牲畜，浩浩荡荡的场面十分壮观。牧民转场有一定的时间、顺序和路线，行程由几十至几百千米不等。一般来说，春季利用山地阳坡带的干旱草原即春牧场放牧，再逐步上升，到中部的草甸草原带过渡一段时日；夏季转场到山地高处森林、草甸、草原，一般海拔在2 000～3 500米，这里气候凉爽、水草丰美，是牲畜抓膘增壮的理想场地；夏天过后，天气变冷，高山开始下雪，牧民们必须把牲畜向下转移，过渡到"秋窝子"，也叫做"秋天雪赶羊"。一年里，秋季转场时的场景更加壮观，从9月底到10月初的这段时间，大批牧民成群结队地如潮水般迁徙。他们几乎在同一时间开始从夏季牧场向秋季牧场转移，从早到晚的大规模迁徙场面一直会持续半个月，中央电视台还制作专题节目进行报道。冬天再回到平原、谷地、荒漠草原地带，这里地面没有厚雪覆盖，牲畜能采食到牧草。冬牧场的面积一般不大，分布为小集中、大分散。从11月至翌年3月中旬，牲畜在冬牧场停留时间长达半年左右，哈萨克族人一般把这种地方称为"冬窝子"。

当你行走在草原上，时不时能看到散落其中的一座座小木屋，这就是哈萨克族牧民转场放牧时的定居点。这个季节的放牧期结束要转到下一个牧场时，牧民们把小木屋上锁，用木板把窗户封住，直到下一个周期的牧季再来。因新疆少雨，小木屋的顶上大多用泥土覆盖，时间长了，屋顶长满草，看上去就是一道道美丽的风景。近年来，随着新疆牧民定居工程和富民安居工程的逐步展开，转场的哈萨克族牧民逐渐减少。

第二节　羊文化民俗

羊是远古西部羌族先民的崇拜图腾，羌人携羊图腾文化向东迁徙，与华夏文化融为一体，共同形成中华民族文化的源头，许多民间风俗渗透着羊文化的基因。

在古时候因为"羊"与"阳"谐音的关系，人类与羊关系密切，人类更离不开太阳，因此人们对于太阳的崇拜也逐渐与对羊的崇拜结合起来，久而久之，也就有了羊神即太阳神之说。除太阳神外，羊也被视为其他的神祇，如羊喜欢啃食麦穗谷类、树皮草根，于是先民们就把羊与五谷、树木联系起来，认为羊是五谷之神、树精。

《孔子家语辨政》中有一只叫"商羊"的吉祥鸟，可预告雨讯，"商羊"又被看做"雨师之神"。由于先民对山、土、石的崇拜，而羊又在陡峭的山石上行动自如、如履平地，所以又有以羊为山神、土神、石神之说。所有这些对于羊的崇拜，都表达了人们驱鬼辟邪、保佑家畜兴旺、生活幸福的美好祝愿。湖南、浙江等地还把农历正月初四视为"羊日"，人们在这一天通过天气的阴晴来判断养羊业是否兴旺。晴则兴盛，阴则不祥，所以人们都盼望这一天阳光灿烂。每逢羊日，人们戒杀羊，忌打羊骂羊。

安徽萧县有三伏天品食羊肉的悠久历史，俗称伏羊肉，传说最早可追溯到尧舜时期。伏羊是炎夏入伏天的羊肉，伏天食用羊肉的习俗，既暗合"天人合一"的质朴养生理念，也含有一定的科学依据。

白族民间还有"祭羊魂"的风俗，每年六月二十三日举行，由年龄大的牧羊人主持，祭时将羊毛毡挂在祭坛边的树上，以求羊群不受野兽侵害。羌族崇拜羊神，不仅把羊皮制成皮褂，而且还把羊皮绷成鼓来敲。

炖羊肉

在内蒙古自治区赤峰市等大部分地区，每年的农历六月十四，农民自发组织杀羊祭拜灶王，祈福一年风调雨顺和金秋丰收。这一天，全村人聚集于村头，杀羊祭祀后，搭起灶火炖羊肉聚餐，羊肉的吃法有炒、炖、煮、烤等。这是一年中全村喜庆的一天，2023年的这一天，笔者有幸赶上赤峰市巴林左旗一个村庄的盛会，并亲自参加了盛宴，感受到古朴的乡土、乡情和乡味，同时也见证了千百年来羊文化在这里留下的深深印迹以及农民对羊的认可和崇拜。

领头羊分羊肉

农历六月十四内蒙古地区农民祭拜灶王

芹菜炒羊杂

青椒炒羊肉

挂红是羌族的最高礼仪，羌族每年过"羌历年"时都要给羊神"挂红"。羌族的"羊皮鼓舞"则在舞具上留有"羊人合一"的羊崇拜遗风。下面介绍几个少数民族的崇羊习俗。

一、藏族人的崇羊习俗

1. 山羊与大昭寺和桑耶寺

大昭寺位于拉萨市旧城中心，始建于公元 647 年，是藏王松赞干布迎娶尼泊尔尺尊公主后，为其修建的宫殿。它是西藏最古老的一座仿唐式汉藏结合土木结构的建筑，距今已有 1 300 多年的历史。后经元、明、清历代维修与扩建，今天已是一个拥有 5 座金顶、108 个佛殿的庞大建筑群，成为统摄宁玛、噶当、噶举、萨迦、格鲁等藏传佛教各大教派的著名寺院，对藏传佛教及藏族社会产生了巨大而深远的影响。大昭寺不仅是西藏最重要的佛事活动中心，同时也是五世达赖喇嘛建立"甘丹颇章"政权后，"噶厦"政府的办事机构。它的建筑布局既体现了藏传佛教历史文化的神圣性，又象征着世俗的权力与威严。大昭寺是旧时西藏"政教合一"制度的缩影与象征。拉萨也称"山羊驮土之城"。至今，大昭寺觉康殿保留着白山羊驮运土石的画面，人们在转经或礼拜佛、菩萨的时候，能从那些鲜活生动的壁画人物中，了解到他们民族的历史和佛陀智慧的伟大教义，由此也进一步加深了藏族人民对山羊的赞美和感恩之情。

另一个与羊有关的寺院，则是闻名海内外的藏族历史上第一座"佛、法、僧"三宝俱全的寺院——桑耶寺。相传，桑耶寺是在藏历火羊年，即公元 755 年兴建的，所以藏族人对桑耶寺有特殊的情感。但也有藏学家认为，桑耶寺的另一个意思是藏、汉、印度三样建筑风格的寺院，其谐音便是"三阳开泰"之意。桑耶寺的创建不仅标志着外来佛教文化与本土传统文化的进一步融合与发展，同时也象征着"佛、法、僧"三宝具足的藏传佛教寺院制度的最初确立，对后来的藏族社会和历史产生了重大而深远的影响（桑吉扎西，2015）。

2. 牧羊节

据《中国少数民族社会历史调查资料丛刊》修订编辑委员会编《藏族社会历史调查（三）》载，牧羊节是那曲宗孔马部落的节日，是牧民在 7 月为祈求牲畜平安，免遭灾害的节日。孔马部落位于那曲东北，距那曲政府所在地 40 千米。它东靠鲁沙，北接聂荣宗，西北毗连阿燕日瓦部落，西南接壤窝拖部落。骑马沿着部落转一圈约 3 天时间，面积计约 1 200 千米²。这里水草丰美，尤其是在东北沿江古拉山地带更为肥美，因此远近部落来这里游牧，牧羊节也就自此而生。牧羊节的仪式过程是先在羊群中选一头体壮肥膘的公羊，用清水洗礼，然后煨桑，诵经，招神，宣布此羊已献给神灵。

牧羊节这一天，牧民们精神放松解脱，与平日不同，他们三五成群地赶着牛马，集中一起在草山上集会、交流。牧主为牧民们提供充足的酥油、糌粑和肉类。藏族还认为羊具有预知未来的功能，于是相应地产生了羊骨卜。云南省维西傈僳族自治县的藏族巫师通过用羊肩胛骨为卜器，占卜吉凶祸福，平时将卜骨挂于门上，卜时焚香，取下卜骨在香上熏之，并预告所卜事由，然后按骨纹曲直以辨吉凶。

随着社会的进步和发展，西藏的牧羊节与时代的发展相融合，日益成为人们进行贸易往来、思想交流的节日。

二、彝族羊节

彝族的崇羊情结主要体现在民间的生活习惯和风俗中，如食俗中的烤全羊、羊汤锅，服饰中的羊毛披毡、羊皮褂、羊角纹，婚庆中的娶妻羊、送亡灵羊等。居住在云南省高寒山区的多祜彝族，寨子里绝大多数人家都养羊，羊多是家族富裕的标志。

弥渡县多祜村的彝族同胞，每年农历正月都要选定一个吉祥的日子，即"羊节"。据说南诏第一代国王细奴罗在未成大业前是个牧羊娃，在百姓中很有声望。白子国国王想加害他，就派人交给细奴罗1 000只公羊，让他第二年交出2 000只羊，否则就受罚处死。细奴罗在一个手持鹅毛扇的美髯公的帮助下，把公羊放进竹山，让羊自寻配偶，自然繁殖。第二年，在约定的时间和地点，细奴罗把一片树叶贴在嘴唇上一吹，成千上万的羊从竹林跑出来，聚成一群。白子国国王的阴谋没有实现。细奴罗统治南诏国之后，为了纪念这段历史，就把这个日子定为羊节。

羊节没有固定时间，主要是以一年里羊只发展得多的牧民为"首领"，请一位年老的毕摩（彝族历史文化的继承者和传播者）测定日子来确定。过羊节这天，牧民备足所需的节日物品，穿上盛妆，披上羊皮褂，在首领的带领下，把寨子的羊群赶到一块水草丰美的平地，"首领"将窝棚里装碗筷的簸篮（当地人称为"雌竹篮"）供在有水源的地方。牧民们就地取一碗清水、一把绿草，连同自己带的腊肉、白酒、大米、茶、水果放入雌竹篮摆供。烧三炷香、三刀纸，三跪九拜仪式后，羊节正式开始。首先进行"领生"，即首领从所备节日物品中选一只最大的公鸡，将鸡嘴、鸡脚用清水洗干净，然后面对雌竹篮拜三拜，当场杀鸡，将血滴于雌竹篮盖上，拔几撮公鸡尾巴、翅膀上的羽毛粘于篮盖。首领带领12人，用提前做好的米饭各捏一只羊各代表一个月份，按岁数或辈分，以12月份为大羊，以此类推。然后，把鸡的头、尾、脚、翅、杂碎装一碗，腊肉装一碗，菜装一碗，12只米饭羊按月份由小到大整齐供于雌竹篮内，再烧清香、黄纸，首领对着雌竹篮撕开鸡头，剥开鸡腿，反复看鸡卦，当他喊"吉时到！"时，牧民们立即跪于首领身后讨吉利，口中念着各种发财、平安、羊业大发展等的吉利语。经历 3～4 小时后，正午 12 点整，羊节进入高潮。牧民们开始燃放鞭炮，向羊群们恭贺道喜，然后将食盐放于槽内，经过呼唤，被鞭炮惊散了的羊群聚拢回来，将牧民们团团包围抢吃食盐，这一天，牧人们都不鞭打羊，任其抢食、挤撞、追逐。羊节结束后，来年的首领仍由羊只的发展情况来定，所以牧民们都会努力发展自家的羊群，争做下一年的首领。

三、羊与婚丧嫁娶

中国湖北一带有"羊酒背"的婚俗：娶亲时，用牛、猪作聘礼，并以羊肘、酒食等物共置一背篓中，背至女家，分赠女方亲友。在长江三角洲一带的汉族中有这样的婚俗：新郎以红色锦缎缠裹羔羊为礼。红色代表喜庆，羔羊则象征吉祥。锡伯族民间有抢羊骨头的婚俗：在新郎和新娘之间放一块羊腿骨，然后新人饮酒，饮至第三杯时，双方亲朋好友开始抢羊骨，若男方抢到，寓意新郎勤劳能干、能养妻子、家庭幸福；若女方抢到，则寓意新娘勤俭持家、夫妻恩爱、家庭和睦。青海土族在男方到女方家娶亲时，要送给女方一只象征着吉祥和好运的母羊，女方把母羊作为姑娘的替身，留在娘家繁衍后代。汉代婚俗中对于羊的运用很普遍。古代婚仪中有六礼：纳采、问名、纳吉、纳征、请期、亲迎，男家要向女家行"三纳"之礼，所纳的礼物中就有羔羊。羊羔跪乳象征孝顺和慈爱，寄托了人们对婚姻的美好理想。汉族正式订婚仪式称为"大定"，男方要杀羊、猪各一，扮成麒麟状送往女家，象征大富大贵。

因为"羊"与"祥"相通，而"祥"原为丧祭名，父母去世，周年祭为小祥，两周年祭为大祥，所以人们祭祀祖先时，无论是用牛羊豕三牲还是用牛羊豕犬鸡五牲，羊都必在其中。殷墟妇好墓中以真羊和玉雕羊随葬，商代甲骨卜辞中有大量以羊牲祭祀死者的记载，历代富贵人家墓前也以石羊守护，浙江一些地方在清明节用野菜和面做的"清明羊"祭祖，普米族在举行葬礼时，以羊为死者替身，认为羊能为死者引魂开路，将亡灵送回祖先居住的故土。这些风俗似乎都暗示着羊是接通阴阳的使者。

据甘肃省文物考古研究所馆员王永安、段剑蓉在《西北地区丧葬观念中的羊文化》中记述，甘肃部分地区至今仍保留着一项古老的丧葬仪式，称之为"领羊"。该仪式一般在夜里举行，由相当于祭司的主持人不断地向早就准备好的一只羯羊（人们认为死者灵魂已经控制了它）身上泼水。同时，死者的第一位至亲就生前未了之事耐心而细致地猜测，并无条件承诺解决。后人诚恳地揣测各种事由，邻居们则在一旁帮腔，并对着羯羊大声喊叫："领！领！"，直到"死者"表示满意时，羯羊就剧烈抖动起身体。这时，孝子们就痛哭起来，鼓声、唢呐之声的丧乐伴着他们的哀嚎声响起。之后，第二位亲人开始"领羊"，亦是向这只羯羊身上泼水，如此往复进行。领羊是生者与死者灵魂借助羯羊为中介而进行的最后一次对话，之后就阴阳分隔。实际上，至今在四川西北羌人的精神领域，羊不仅可以沟通生者与死者的交流，而且在查找死者病因、替活人受死除病方面，同样起到了重要的媒介作用。人死之后，羌人相信通过解剖羊能够了解死者的病因。另外，当人生病时，普遍的治病方法是"羊替人命"，也就是用草制成人的模样，让其身着病人的衣物，牵羊一头与草人一并送到墓地，杀羊焚草，释比（羌族传统社会中不脱离生产的宗教教士或祭司）祷告，大意为羊替人死，草人代替病魔远去等。此外，河西走廊地区的领羊习俗不出现在葬礼中，而是在上坟祭奠时举行。如永昌人在每年阴历七月十五上坟祭祖，全族人都要参加。届时，全族老者牵一只羯羊，背上大锅，准备好柴火，集中到祖先的"茔圈"里，献上祭品，烧纸钱，跪拜之后就开始领羊。程序与陇中地区葬礼中的一致，都要不断地向羊身上泼水。差别在于河西走廊领羊时羊的额头要系上红布，"红"与"魂"谐音。"领羊"时众人帮腔，由某一位长者到羊耳朵旁窃窃私语，告诉"死者"灵魂不要太操心，另一方面，也要一如既往地保佑后代。当羊开始颤抖即表示羊"领"了，"死者"灵魂也满意了，所有人随之欢呼而不是痛哭。最后，宰羊煮肉，大家在"茔圈"内分而食之。

四、各地伏羊节

"伏羊"即入伏以后的羊肉。在伏天吃羊肉对身体是以热制热，排汗排毒，将冬春之毒、湿气驱除，是以食为疗的大创举。伏羊节是在具有彭祖文化内涵的徐州民间食俗的基础上发展起来的节庆日，于每年传统农历初伏之日开始，至末伏结束，持续一个月。相传彭祖时代，徐州地区普遍有食羊之习俗，"羊方藏鱼"就是那个时代彭祖创造的羊菜。据《汉书》记载，皇帝"伏日，诏赐从官肉"。当时的"官肉"即为"三牲"之首的羊肉，伏天皇帝与众臣共享羊肉已是事实了。不但宫中吃伏羊，《汉书》中亦有"田家作苦，岁时伏腊，烹羊炮羔，斗酒自劳"的记载。2017年7月，徐州市伏羊食俗被评为江苏省非物质文化遗产。2017年11月，萧县伏羊宴习俗被评为安徽省非物质文化遗产。

目前，全国很多地方都有"伏羊节"的民俗，如庄行的"羊肉烧酒时俗"是上海市非物质文化遗产之一，有"千年伏羊看庄行"一说。"伏羊节"以徐州最为有名。"伏天吃伏羊"在江苏徐州地区有悠久历史，最早可追溯到尧舜时期。自古以来，徐州地区民间就有"伏羊一碗汤，不用神医开药方"的说法。在徐淮一带，萧县羊肉闻名遐迩，萧县连同徐州地区人们，在每年入伏第一天都习惯从菜市场买回羊肉在家中烹饪食用。由于萧县古代属于徐州辖县，两地民间交往频繁，萧县人有许多在徐州开饭店，因此节日后来也在徐州传播。萧县传统名菜也多以羊肉为主，有"无羊不成席"之说。2000 年夏季，安徽省萧县城南许堂五香羊头馆策划了伏羊节活动，第一次打出中国萧县民间"伏羊文化节"的招牌，得到了其他一些羊肉餐馆的积极响应。自此以后徐州几乎每年举办伏羊节，伏羊节的文化气息越来越浓厚，与旅游、美食、祭祀彭祖大典、互联网、养羊生产相结合，不仅传承了羊文化、促进了羊肉等美食消费，而且带动了地方养羊业的繁荣与发展，使羊文化和乡村振兴和一带一路紧密融合在一起，这也是千百年来人们弘扬和传承羊文化的最高境界。

五、送羊

"送羊"习俗来自沉香劈山救母的传说。沉香是个孝子，他的母亲三圣母被母舅杨二郎压在华山底下，沉香用神斧劈开华山，救出母亲。他看到母亲深受折磨，要杀死杨二郎，要"剥其皮、食其肉"，但三圣母念及与杨二郎的兄妹之情，阻止了沉香，沉香便提出让杨二郎每年送上一对活羊作其替身，也能年年剥"杨"皮、吃"杨"肉，以泄愤。杨二郎为了重修兄妹之好，第二天，即农历五月十三日，送沉香两只活羊。这个故事在河北南部流传很广，在民间兴起了外祖父或舅舅给小外孙或小外甥送羊的风俗，并把农历五月十三日定为"送羊节"，表达了舅舅或者外祖父对小外孙或小外甥的亲近和喜爱。过去，对大多数家庭来讲，每年送一只活羊也很难实现，因此改成送面羊来表达同样的情意。农历五月上旬，刚好是新小麦收获的时节，当地人用新收的小麦磨成面粉，蒸成面羊，于"送羊节"这天送到外孙或外甥家去，借此联络亲戚感情。

六、羊日

"羊日"即农历正月初四，是古老的中国年俗之一，也是中国民间迎神的日子。把初四定为"羊日"还有一个古代的神话故事，据说女娲在造人的时候不是先造的人，而是在正月初一、初二、初三这几天先造了 6 种牲畜，到第 7 天才造出了人，而羊就是在初四这一天造的，因此，就有了初四是羊日的说法。在老皇历中占羊（据《东方朔占书》，四日占羊），故常说的"三羊（阳）开泰"乃是吉祥的象征，也是恭迎灶神回民间的日子。各地的庆祝方式大同小异。

这一天，活动形式多种多样，有的地区这一天全家在一起吃"折罗"。所谓"折罗"，就是把几天剩下的饭菜合在一起的大杂烩，打扫年货；清扫室内，把垃圾收集堆到一处，这也是中国民俗中说的"扔穷"。

有些地区经营牛、羊肉铺的人在这一天要到马神庙烧香，因为羊王、牛王、马王均在马神庙内供奉。一般商店要在初四晚上宴请大小伙计，分发红包。过去北京有句老话："天不怕，地不怕，就怕初四晚上掌柜的说官话。"宴会有酒有菜，酒后惯例是吃包子。掌柜这时举杯祝贺，向大家道"辛苦"，这就叫"官话"。官话讲完后包子端上来，掌柜的亲自夹包子，包子放谁碗中，就暗示谁已被解雇，被辞退之人饭后自动收拾行李告辞，所以这顿饭俗名叫"吃滚蛋包子"。

另外在有些地区，如福建莆田和仙游地区，由于近代历史的原因，有初四过大岁的习俗，并列入第五批省级非物质文化遗产代表性项目名录。

大年初四是诸神由天界重临人间之时，从初一到初四，商店闭门歇业，妇女不用针线。初五日俗传是财神诞辰，为争利市，所以在初四接之，称"抢路头"，又称"接财神"。经营商店的人家在大年初四午夜至初五凌晨敞开店门，设灯烛供坛，接"财神"，并争相到财神庙"换元宝"。民间有"送神早，接神迟"之说，所谓送神要在清晨就开始，而接神主要是在下午。凡接财神须供羊头与鲤鱼，供羊头有"吉祥"之意，供鲤鱼是图"鱼"与"余"谐音，意味年年有余并讨个吉利。供品如三牲、水果、酒菜要齐备，还要焚香点烛烧金衣。初四子夜，备好祭牲、糕果、香烛等物，并鸣锣击鼓焚香礼拜，虔诚恭敬迎财神。一般在初四日下午三点"接五路"开始，先是摆案桌，一般用两张八仙桌拼起来即可。第一桌是果品如广橘、甘蔗，寓意财路广阔，生活甜蜜；第二桌是糕点，寓意高升、常青；第三桌为正席，供全猪、全鸡、全鱼，并元宝汤等。半桌是饭、面、菜，一碗路头饭中插一根大葱，葱管内插一株千年红，寓意兴冲冲、年年红。第三桌上的酒菜须等接上五路财神后方可奉上。接五路须主人带上香烛分别到东、西、南、北、中五个方向的财神堂去请接，每接来一路财神，就在门前燃放一串百子炮。全部接完后，主人和伙计依次向财神礼拜，拜后将原供桌上的马幛（神位）火化，表示恭送财神，直到晚上九、十点钟，仪式结束。

另外，民间也有以每月初六、初九为羊日，青海藏族群众此日禁止抓羊。山东、湖北、江西则有谚语："六月六日阴，牛羊贵如金。"又以为属马、犬、鼠者忌羊日，属羊者忌鼠、牛、马、犬日。

第五章

羊文化的世界性

在世界150多个国家发现的史前岩画中，羊的形象比比皆是。在羊被驯化以前，就已经是原始人最重要的衣食来源了。在古代文明发祥地流传的远古神话传说，都反映出人类童年时期对羊的崇拜。生物羊是世界性的，食其肉、喝其奶、著其皮毛均是世界性的，因此崇拜羊也是世界性的，羊被神化、人化、祖先化都是世界性的（杨冠丰，2010）。

第一节 西方羊文化内涵

一、西方"羊"字内涵

羊在英语中应用十分广泛，关于羊的词汇、短语、俗语和谚语十分丰富。汉语中的"羊"字在汉语词典中被解释为"sheep"。但在英语中没有一个可以统称羊的词汇，中国的"羊"一般指绵羊（sheep）和山羊（goat）。英语中羊的分类很细，如公绵羊 ram，tup 或 wether；母绵羊 ewe 或 dam；绵羊羔 lamb；公山羊 buck，bikky 或 he - goat；母羊 doe，nanny 或 she - goat；山羊羔 kid。英语中也有与羊有关的俗语和谚语，如：

One may as well be hanged for a sheep as for a lamb. 一不做，二不休（源于英国旧律法：无论偷大羊或小羊，一律处绞刑）。

One's ewe lamb，最宠爱的人，最珍爱的东西。

Black sheep，黑羊，比喻不按社会常规做事的人，或者是一个家庭中的叛逆者、败家子。

Separate the sheep from the goats，把绵羊和山羊分类，比喻区分合格与不合格者或区分好坏。

Two heads are better than one，even if they are sheep's head. 人多思广（汉语：三个臭皮匠，顶个诸葛亮）。

One scabbed sheep infects the whole flock. 一只羊生疮，整群羊遭殃（汉

语：一粒老鼠屎，坏了一锅粥）。

饮食文化方面，西方人比较注重理性的饮食文化，如英国养羊业发达，他们非常重视羊肉的鲜嫩程度。在英语里对羊肉的划分可分为三种，一种是 lamb 指一岁以下的小羊肉，hogget 指一岁到两岁之间羊的羊肉；mutton 指两岁以上的羊肉。山羊肉中，kid 或 cabrito 指小山羊的羊肉，ehevon 或 mutton 指成年山羊的肉。

二、西方岩画中的羊

世界范围内，人与羊的关系最早产生于旧石器时代，这可在迄今为止国外发现的以下文物中得到进一步实证。如瑞士曾发现为旧石器时代的一件雕刻品，一面雕刻着嫩叶，另一面雕刻着野山羊。在欧洲已发现的旧石器时代的众多岩画中，与"羊"有关的图案也屡见不鲜（谢梅，2022）。例如，法国哥摩（Font de Gaume）洞窟中，发现有距今 12 000～14 000 年 3 只羚羊的岩画；尼奥（Niaux）洞窟崖壁画中绘有山羊，属于马格德林文化期中期的产物；西班牙阿弼拉（Alpera）岩画中，有 30 多只羊。在亚洲，在阿勒泰西部支脉霍依特-采克尔河谷的洞窟中发现较早年代的岩画，是用各种赭石色调的颜色绘成，广布在洞窟深处的壁上和顶上，其中公牛、山羊的形象是用颜料涂绘出的轮廓。大致的图案也出现于泰勒洞穴中，出土有一骨制"权杖"，"上刻三舞者，均为双足，佩戴岩羚羊面具和饰物"。

1. 早期基督教墓穴天顶壁画

基督教中，将"羊"作为其宗教寓意具有一种普遍性，这种寓意主要包括替罪羊、无辜的羔羊及跟随耶稣的信徒等，那些尚未跟随耶稣的人，则被称作"迷途的羔羊"。早期的基督教墓穴天顶壁画中，就已经出现了羔羊的形象，画家将耶稣比喻为牧羊人，以此来宣扬、传播基督教的教义。

早期基督教墓穴天顶壁画

2.《羊的崇拜》（*The Ghent Altarpiece*：*The Adoration of the Mystic Lamb*）

其尺幅为宽 242.3 厘米、高 137.7 厘米。这个宏大的场面中央的是白色羔羊，它胸部流出的鲜血正注入一只金色的酒杯中，其四周围绕着一群天使，最外围的空地上则围绕着使徒、长老、皇帝与圣女们。

3. 圣阿波利纳雷堡教堂装饰

圣阿波利纳雷堡教堂（Basilicaof Sant'Apollinare Nuovo）的马赛克拼图

装饰。该教堂位于意大利,是拜占庭艺术的标志性建筑。

根特祭坛画:羊的崇拜　　　　　　　　　圣阿波利纳雷堡教堂装饰

4. 非洲马里班巴拉族的契瓦拉羚羊顶饰

西方文化中,以牧羊为主的地区常常将公羊作为太阳和火的象征。因为公羊具有很大的攻击性和爆发力,所以常常象征太阳的能量,被神化为具有无限法力的神祇。中东地区的太阳神贝尔、希腊的阿波罗及印度的雷神因陀罗和阿格尼等,也都是以山羊作为其主要形象的。

5. 楼梯墙的浮雕

意大利罗马万神殿中的雕像。万神殿是至今完整保存的唯一一座罗马帝国时期建筑,始建于公元前27—公元前25年,是奥古斯都时期的经典建筑。公元609年万神殿被赠予教皇,更名为圣玛丽亚教堂。

契瓦拉羚羊顶饰　　　　　　　浮雕(薛西斯和大流士礼堂)

6. 士兵与羊

羊在犹太人的文化中也很重要,最著名的是关于"替罪羊"的故事;在基督教教义中，则是"上帝的羔羊"。历史上欧洲的显贵都留有类似绵羊羊毛的卷曲发型，沙皇俄国的东正教牧师、部分英联邦国家或地区的法官、律师等，在法庭等特殊场合常头戴一顶卷羊毛状假发头套以显示权力与地位，就和基督教认为耶稣是上帝的羔羊的传统有一定关联。

7. 上帝的羔羊

雕塑"上帝的羔羊"保存于意大利蒙扎大教堂。

士兵与羊，李维《罗马史》插画法国版，14 世纪　　　　上帝的羔羊

第二节　西方与羊有关的文化意象

羊在东西方文化中，有不同的含义和象征。在西方更多受到希腊文化和基督教文化的影响。在希腊神话中，羊不可或缺。古代希腊最高神宙斯就是羊的化身；面相丑陋怪异的潘神，不仅是邪恶和淫欲的象征，还成为中世纪邪恶形象的来源。在西方文明重要来源《圣经》里，山羊被当做"替罪羊"驱赶到旷野之中。在好莱坞大片中，雷神托尔挥舞铁锤的形象广为人知，而在北欧神话中，与雷神的锤同样有名的是托尔的两只山羊。在埃及，人们会对金字塔前的狮身人面像津津乐道的同时，而羊首狮身像在埃及同样意味深长。更令人欣悦的是，古巴比伦流传着一则与羊有关的美丽爱情故事。

一、羔羊崇拜

宗教文化方面，《圣经》是一部世界文学中具有重要地位的基督教经典著作。"羊"在基督教中，是顺服、圣洁、公义、慈爱的象征，是基督信仰在社会文化领域的体现。另外，羊也是神圣、荣耀、权柄的象征。基督教教义认为，"羔羊"作为耶稣的象征，是某种存在于信徒心灵上的"属灵生物"，是教徒们崇拜的精神图腾（端木庆一，2005）。

二、替罪的山羊

在《圣经》中，有很多关于绵羊和山羊的记载，在这些记载中，绵羊和山羊所代表的角色截然相反。可能是因为绵羊在人们的心目中性情温和、毛质好、肉鲜美，能换来财富，在古犹太人的生活中不可或缺，所以，绵羊常被比做好人，是驯服善良的象征。相比而言，山羊在人们的心中性情凶暴，雄性尾部散发异味，虽然人们也喝其奶、食其肉、取其皮，它仍然被视为淫荡、邪恶的象征，所以是坏人的代表。英语常用"the sheep and the goats"表示好人与坏人。绵羊与山羊成为"好人与坏人"的划分最初来自《圣经》中的最后审判：在世界末日来临之际，上帝坐在荣耀的宝座上，地上万民都聚集在他面前，上帝要把他们分成两群，好像牧羊人从山羊中把绵羊分出来一样，把绵羊放在右边，山羊放在左边，右边的人将受到上帝的祝福而往永生里去，左边的人将遭受永恒狱火的焚烧往永刑里去。在《圣经》里，上帝把他的臣民称为绵羊，耶稣是牧人，他教诲信徒，牧人找到一只迷失的羊，得到的欢喜比那没有迷路的九十九只羊的欢喜还大。"迷失的绵羊"是耶稣的著名训诲辞，他认为如果一个罪人改过自新，能带来比九十九个无需悔改的义人更大的欢乐。因此，在英语里，用迷失的绵羊比喻"因误入歧途而做错了事的人""迷失正道的人"。"绵羊"因受到上帝的垂怜而有福，然而"山羊"却很不幸。上帝为了考验信徒亚伯拉罕的忠诚，要他把长子杀死献祭，亚伯拉罕毫不犹豫举刀就要杀自己的儿子，上帝派天使制止了他，让他用一只山羊来代替，这是历史上第一头"替罪羊"。以后，每年的赎罪日，大祭司取山羊一只，把双手按在山羊头上，历数犹太人的罪过，罪行就转移到山羊身上，然后众人把这只山羊驱赶到旷野之中，山羊就把众人的罪过都带走了，因此这只山羊叫 scape goat，scape 即"驱赶"之意。"替罪羊"这一词语在汉语言中也经常使用，表示代别人受过。

三、羊与星座

古希腊是西方文明历史的开端，在历来的研究中，很多观点认为古希腊精神的本质是酒神精神和日神精神，而其核心都有一个共同的精神表象——羊，因有羊的图腾情结，羊的众多品质被广泛融入古希腊文化里，他们的羊文化表现为以"山羊"为主的"羊文化"，典型地反映了古希腊独特的文化内涵，使羊文化内涵更加丰富和深刻。在希腊神话中，主要有两个星座与羊息息相关，即魔羯座与白羊座。

希腊神话中还有一个长着蹄子脚、山羊胡、山羊角、山羊腿的神，他就是潘神，他的外表后来成了中世纪欧洲恶魔的原形。潘神是众神传信者赫尔墨斯的儿子，是负责掌管树林、田地和羊群的神。潘生下来的时候样貌奇特，差点把他的母亲吓死。他的头上长着羊角，身上长着羊毛，上半身是人形，下半身是羊腿。虽然样貌奇特，但是众神都很喜欢他，宙斯把山林之神的封号给了他。潘神精通音律，善于演奏乐器，所以众神在举行宴会的时候都会让潘演奏乐器助兴。有一天，众神在埃及的尼罗河边举行宴会时，潘在宴会上演奏乐曲。正在大家高兴的时候，突然，一个半人半蛇的怪物出现了，这个怪物非常高大，有100个头，头可以顶得着星星，舌头是黑的，从嘴里和眼睛里喷着火焰。众神十分惊恐，纷纷化身逃离。潘神正在陶醉地演奏，等他发现怪物的时候，怪物已经离他很近了，他被吓坏了，想变成一条鱼从尼罗河里逃走，但是由于过分惊恐，不能控制自己，所以只把水下的身体变成了鱼，上半身还是羊的形象，匆忙逃跑。宙斯看到潘这个样子，他觉得好笑、有意思，便将潘神的这个形象置于天空之中，成为摩羯座。

因此，摩羯座（Capricorni）是一种神兽，上身为羊，下身为鱼，他的守护星是土星，守护神是牧神。摩羯座的星座符号是一种古代象形文字，即山羊。看上去它的身躯骨瘦如柴，却有攀登绝壁的坚强意志、认真踏实的个性。符号中有山羊的头和胡须，因此，摩羯座代表的就是山羊，而山羊本来就是一种个性非常强韧、刻苦耐劳的动物。希腊神话中的金羊毛就象征着财富和权力，同时也象征着冒险和不屈不挠的意志，象征着理想和对幸福的追求（邱晔，2011）。

在神话中，女神涅斐勒与一个叫阿塔玛斯的弥倪埃人的凡人国王相爱，他们有一对儿女叫佛里克索斯和赫勒。王后伊诺要陷害他们的儿女，便怂恿阿塔玛斯杀死两个孩子向宙斯献祭。国王虽心有不舍，但为了平息众怒，只好答应准备将公主与王子处死。涅斐勒得知后又惊又怕，只好向宙斯求助。在行刑当天，涅斐勒及时用乌云把他们隐藏起来，并让他们乘公羊克律索马罗斯逃走。克律索马罗斯驮着赫勒和佛里克索斯飞往亚洲。当克律索马罗斯飞到欧亚之间的海峡时，赫勒从羊背上落入海中淹死。克律索马罗斯带着佛里克索斯继续飞行，最终抵达科尔喀斯。佛里克索斯在这里杀死了克律索马罗斯作为祭品给宙斯。佛里克索斯与埃亚国王埃厄忒斯的女儿结婚，并将克律索马罗斯长着金毛的羊皮挂在埃亚的圣林里，由科尔喀斯凶龙看守。伊俄尔科斯王子伊阿宋受命前往科尔喀斯取回克律索马罗斯的毛，率领众英雄出海，这就是希腊神话中著名的篇章《阿耳戈船英雄与金羊毛》。后来宙斯将克律索马罗斯提升到天上，成为白羊座。白羊座的符号用羊角来表示，其守护星为火星，守护神为战神（Mars）。白羊座在十二星座中属黄道的第一个星座，所以白羊在古希腊享有较高的地位。

四、羊与酒神

希腊神话中的酒神狄俄尼索斯（希腊语：Διόνυσος、英语：Dionysus）是宙斯和美女塞墨勒的儿子。宙斯的妻子赫拉十分嫉妒塞墨勒，设法害她，就变成一个老妇人怂恿塞墨勒考验宙斯是否真爱她，是真爱就让宙斯现出真身。塞墨勒信以为真，百般恳求。因为宙斯的原形是雷神，他每次只能通过变身见人，但因抵不过塞墨勒请求，当他手持闪光的雷电出现的瞬间，塞墨勒被雷火烧死。宙斯只好将尚怀在腹中的狄俄尼索斯缝到了自己的大腿里，直到孩子满月。孩子在宙斯大腿里时，宙斯走路跛腿，因此得名狄俄尼索斯（即"瘸腿的人"之意）。狄俄尼索斯长大后，赫拉也不肯放过他，时时设计害他。宙斯就把狄俄尼索斯交给塞墨勒的姐妹伊诺哺养，后来又将他托付给尼萨山上的山林女神们抚养。当时半人半羊的山林神西勒诺斯（林神潘的儿子）负责狄俄尼索斯的教育并带他到处旅行，他因此了解和掌握了自然的秘密以及酒的历史，他将葡萄的种植方法和葡萄酒的酿造技术沿途传授给各地的农民，因此成为人们信奉的葡萄酒之神，拥有葡萄酒醉人的力量。酒神在旅途中收了很多信徒，由于少年时的狄俄尼索斯被指派为狂欢之神，他布施欢乐与慈爱，他走到哪，歌声和欢乐就跟随到哪，极富感召力，尤其酒神祭司们更是如醉如痴地跟着狂欢，各种关于酒神的祭仪由此开始出现（邱晔，2011）。

五、法老真身刻羊首

在埃及南部城市卢克索的卡纳克神庙，要进入神庙大门，必须走过一条长约300米的甬道。这条甬道叫"公羊之路"，甬道两旁是羊首狮身像，在那些前爪伏地卧着的雄狮身上，长的全是羊角、羊脸、羊耳。羊头代表着创造万物的阿蒙神，卡纳克神庙就是献给阿蒙神的。阿蒙神本是卢克索的地方神，到中王国时期，卢克索形成了一个崇拜阿蒙神的中心。后来，古埃及第18王朝时，阿蒙神的地位超过其他众神，成为埃及的第一神祇。其间，人们在卡纳克为阿蒙神建造了一座神殿，气势恢宏。

阿蒙神一开始与羊并没有多大联系，把这两者联系到一起的是努比亚人。当地努比亚人主神就是一个半人半羊的形象，毛茸茸的身子外加弯曲的羊角。当埃及人看到努比亚人的主神时，自然会认为这跟自己的主神阿蒙神是同一个神，而且由于努比亚人的主神样子看上去年龄较大，于是埃及人就认定这个半人半羊的形象才是阿蒙神的原形。由于山羊发情时的激烈表现，因此阿蒙神又变成了男性生殖能力的象征，成为丰产之神。

据埃及文书记载，"狮为百兽之王，象征统御的力量；公羊接受阿蒙神之力，威力无比"。在这里，狮身依然象征威严、力量和王权，而羊头则代表阿蒙神。在阿蒙神作为全国最高神的地位确立后，被视为"万物的创造者"，任何法老都必须依靠他的庇护和佑助才能使江山永固，否则社稷难保，甚至有生命危险。为讨阿蒙神欢喜，法老不再将自己的形象雕刻在狮子身上了，而是把阿蒙神的宠物——羊刻在狮子身上，只是做了变通：他们把自己的形象雕刻在公羊的脖子下面、狮子的两个前爪之间，以此代表能得到阿蒙神的庇护；同时，法老们的体型相比之下较小，也是敬畏阿蒙神的表现。

六、雷神战羊

在神话中，托尔是个防守疆土的战神，他忠于职责，常年在东方防御冰霜巨人和巨蟒的侵袭，保卫众神祇的家园。托尔乘战车出征，为他拉战车的是两只非常凶恶的山羊——坦格乔斯特和坦格里斯尼尔。雷神沿途宰杀坦格乔斯特和坦格里斯尼尔充饥，只要用羊皮将羊骨覆盖严实，次日清晨用魔锤一敲羊皮，两只公羊就复活过来继续拉车。

居住在尤腾海姆的冰霜巨人们，常常将寒风刮到人类的世界，使植物凋零，地面阴惨。于是托尔决定要去尤腾海姆教训一下那些巨人，使他们永远不敢作恶。雷神托尔与火神洛基同去。快到尤腾海姆的时候，托尔和洛基投宿在一个农民的家里，农民很有礼貌地款待这两位神，可是他太穷了，要给这两位食量不寻常的神准备晚饭，实在有点为难。

于是，雷神托尔就杀了为他驾车的两只山羊坦格乔斯特和坦格里斯尼尔，烹饪后与大家同吃。雷神警告他们，不要折断羊骨，而且要把所有的骨头都投在两张羊皮里。但是农民的儿子提亚尔菲受了洛基的蛊惑，偷偷地将一根羊腿骨折断，吮吸去了中间的骨髓。

第二天，托尔用雷锤击打包着骨头的羊皮，两只山羊又活泼泼地跳起来了，只是其中一只的腿微有些瘸。托尔立即知道了是什么原因，很生气，他本可杀了这一家农民，但最后还是宽恕了他们。农民就以一子一女给托尔做侍从，以为补偿。此后，提亚尔菲以后就成了托尔的亲随。

第六章
现代养羊业与羊文化的传承和发展

第一节　羊文化与养羊科技的融合发展

科技是文化的典型代表，看一个社会的文明程度，科技是重要的指标之一。科学属于文化范畴，科学是在探索过程中不断地增加文化知识，并发明新技术，促进人类文明迈上新台阶。科学探索过程可能会很枯燥，科学论文不像文学作品那样吸引人；科学家的职业也不会像企业家那样挣钱，不如政治人物那样被社会关注，甚至还不如一场体育比赛使人兴奋，但科学却是人类文明进步的推动力。因此在这里指出，科技与文化互相交融、彼此渗透，为文化发展提供了方法论启示，激发文化的内在生命力和影响力，促进文化推陈出新，走向产业化和现代化。科技与文化的融合滋养着人们的灵魂，精神需求的与日俱增更是加速了文化与科技融合的步伐。当前，文化以科技创新为核心动力引擎，"文化＋科技"的发展趋势使文化逐渐科技化，甚至可以说，今天的文化发展就是科技与人文相结合的产物（刘小青，2020）。

中南大学杨雨教授认为，文化一般理解属于文学领域，文学和科学表面上看是两个学科，实际这两个学科并不是完全不相吻合或相交的学科，文学那种浪漫指向远方的高远的想象是为科技发展指引的远方，而科技每轮的发展在踏实地回应着文学对于星空、对于远方那种浪漫的玄想，所以文学和科技的交叉发展共同推动着中国文明乃至人类文明的发展。科学及观念、精神、方法的产生，瓦解了传统文化所特有的意义和价值，对人的思维观念、价值取向和行为规范产生了革命性影响，扩展了人们的视野和思维方式。现代技术的迅猛发展，取代以手工制作为主的传统技术，引起文化载体的变革，从而导致文化范式的变迁。科学技术分别从认知层面和行动层面渗透文化系统，褪去曾经赋予神秘事物的神圣光环，改变人类的生产和生活方式，将人类精神文化提升到一个崭新的高度（刘小青，2020）。

以高科技智能化引领的优质、高效、安全、可持续发展的养羊业是未来发展的方向；同时，以高科技智能化赋能的中国养羊业，是羊文化的重要组成部分，其科技成果的应用和推广丰富了羊文化的内涵，开拓了羊文化的体现方式，促进了养羊科技与羊文化的高度融合发展。

一、现代中国养羊业进入基因组育种时代

1949年10月，中华人民共和国成立以后，中国的养羊业生产获得了迅速的发展，不仅绵羊、山羊的数量有很大的增长，而且养羊业产品的产量和质量也有了显著提高。这一时期，主要是恢复羊业生产力阶段，但种羊的育种进程加快，养羊科技蒸蒸日上。养羊科技也是羊文化的一种形式，从古至今，不难看出，养羊业科学技术的发展，孕育和丰富了羊文化的内涵。

新中国成立后很长一个阶段，我国的羊育种主要以毛肉兼用型细毛羊、半细毛羊为主，以该阶段的工作为基础，共培育出新疆毛肉兼用细毛羊和中国美利奴羊等细毛羊、半细羊品种22个。其中，新疆毛肉兼用细毛羊由巩乃斯种羊场联合其他羊场共同在兰哈羊的基础上于1954年育成，是我国培育的第一个羊品种。该品种的育成为我国绵羊育种提供了样板和经验，该品种也作为主要父系之一，参加了多个细毛羊、半细毛羊等国内新品种的培育，对推动全国范围内的绵羊、山羊杂交育种工作起了积极的推动作用。中国工程院院士刘守仁创立绵羊血亲级进育种法，打破了传统育种方法中血亲近交的禁区，培育出适应性强、体大、毛产量高的军垦细毛羊。提出建系新理论，率先采用血清转蛋白、基因定位和2月龄羔羊特殊培育等方法，育成5个获部级奖的新品系。独创品种品系齐育共进的育种配套技术，育成国际先进水平的中国美利奴（军垦型）细毛羊，为中国细毛羊事业的发展做出了卓越的贡献。20世纪80年代以后，我国养羊业由毛用为主向肉用为主转变，肉羊育种工作得到了重视，促进了专门化肉羊品种和肉用细毛羊新品种培育，共育成肉羊品种12个（李发弟，2020）。

2005年以来，我国羊种业发展迅速，成效显著，良种繁育体系逐步完善。与羊产业区域布局相适应，初步建立了以种羊场为核心，以繁育场为基础，以质量监督检验测试中心和性能测定中心为支撑的良种繁育体系。全国共有国家肉羊种业科技创新联盟1个、绒毛质量监督检验测试中心3个；有绵羊种羊场904家，山羊种羊场520家，遴选国家肉羊核心育种场28家。羊生产水平稳步提升，羊出栏率由1980年的23%提高到2019年的105.4%，胴体重由10.5千克提高到15.2千克（李发弟等，2021）。可见，养羊种业撑起中国养羊业快速发展的一片天。

目前，中国养羊育种科研领域已进入基因组育种新时代。总体上来看，我国肉羊育种基础研究水平已不落后于国外羊种业发达国家。在肉羊育种技术方面，性能测定、遗传评估和基因组学技术发展迅速，BLUP 法和分子标记辅助选择技术已广泛应用于羊育种实践中；在性能测定技术方面，已研发出羊脸识别、热成像、体尺测定、饲料转化率测定、CT 扫描等智能化测定系统，大大提升了测定效率和准确性。在杂交改良和新品种培育方面，近 70 年来，我国先后从苏联、德国、英国、新西兰、澳大利亚、法国等引入了一大批主流品种的种羊。引进国外品种，改良我国地方羊群体生产性能，培育适应我国羊生产体系的新品种，实施种羊业自主创新，种羊质量不断提高，群体遗传进展明显加快，适应性、繁殖性能和肉品质等部分指标已超过国外主流品种。

兰州大学草地农业科技学院反刍动物研究所所长李发弟教授团队开启了"绵羊双万羊基因组计划"。2022 年，第一个万羊基因组计划以湖羊为主，群体规模达 10 000 只，包含所有的经济性状且基因组序列全覆盖。第二个万羊基因组计划为混合品种羊基因组选择，参考群为 12 000 只，包括引进品种 5 000 只、小尾寒羊 1 500 只、滩羊 1 500 只、毛用羊 2 000 只、其他品种 2 000 只，包含主要经济性状且基因组遗传变异信息丰富。该课题组基于万级规模绵羊基因组选择参考群研发出了兰大"华羊芯"（LZU‐SHEEP‐45K），成为现代中国羊业基因组育种标志和里程碑。

2021 年，农业农村部颁布《全国羊遗传改良计划（2021—2035 年）》，明确了未来 15 年我国主要畜禽遗传改良的目标任务和技术路线，开启了此后 15 年全面开展羊遗传改良工作新篇章。

在 2020 年发布的《国家畜禽遗传资源品种名录》中，我国现有绵羊品种资源 89 个，其中地方品种 44 个，培育品种 32 个，引入品种 13 个；山羊品种 78 个，其中地方品种 60 个，培育品种 12 个，引入品种 6 个。

二、繁殖技术助推羊群体的快速扩繁和羊业的繁荣发展

繁殖科学技术的研究，特别是人工授精技术的应用，对羊的品种改良起到了积极的作用。吕高辉兄弟于 1942—1943 年，在华西大学农场用适当口径的竹筒和自行车内胎仿制国外的山羊假阴道开展山羊的人工授精试验。1944 年，河西推广站等推广了绵羊的人工授精技术。该技术在 1949 年后得到迅速发展。1952 年起，养羊业比较发达的省份，如新疆、内蒙古、甘肃、青海、河北、山西和东北三省等陆续建立了相当数量的羊人工授精站，培训了大批绵羊人工授精技术人员，大范围推广绵羊人工授精技术，这对充分发挥优良种羊的作用、解决优良种公羊的严重不足，迅速改造我国低产养羊业的面貌，推进全国

范围内的绵羊、山羊杂交育种工作，起到了积极的作用。

1974 年，中国科学院遗传研究所陈幼臣等在内蒙古自治区，用卡拉库尔羊作供体、蒙古羊作受体，进行胚胎移植获得成功，并于 1979 年出版了《绵羊胚胎移植》一书。

中国绵羊精液冷冻保存技术的研究始于 1974 年，当时绵羊冷冻精液的受胎率很低。1976 年成立全国绵羊精液冷冻科研协作组，通过协同试验，使绵羊冷冻精液的情期受胎率获得明显提高，如 1980 年达 53.9%。

1980 年，中国山羊冷冻精液保存技术研究处于起步阶段。主要集中研究并取得的初步成果有：各种稀释液配方的筛选；发现对不同品种的山羊筛选出的最佳稀释液配方不同，存在品种间差异；对解冻液的筛选发现，较为优良的解冻液是 2.9% 的柠檬酸钠溶液；精液稀释的比例以 1：（1～3）较好；冷冻介质以液氮最佳；冷冻中平衡温度多采用 3～5℃，平衡时间多采用 1～3h；解冻温度以 45～50℃ 最佳；输精部位为子宫颈内 1.5～2cm，输精量每次至少输入有效活精子 5×10^8 个，输精次数为一次发情 2～3 次输精；情期受胎率平均为（64.99±9.00）%，所涉及的山羊品种有中卫山羊、安哥拉山羊、沂蒙黑山羊、萨能奶山羊、崂山奶山羊、绒山羊和波尔山羊等。邵桂芝等（1996）研制出绒山羊精液冷冻稀释液，并建立了冷冻、解冻方法，共制作冻精 2 万粒，对 2 057 只母羊进行输精试验，平均情期受胎率 75.8%（63.2%～90.4%）。

赵有璋教授主持"提高绵羊、山羊颗粒冷冻精液品质的研究"（1997—2002 年）项目，经过 6 年的积极努力，他和他的研究生共研制出绵羊最佳冷冻稀释液配方 9 个、山羊 1 个，建立了生产高品质冻精的优化程序，和科学、有效、实用的羊冻精授配工作操作规程，以及获得理想的子宫颈型冻精配种效果的优化模式；2001—2003 年，用上述技术生产的绵羊颗粒冻精，冷冻保存 409 天，解冻后活率在 0.5 以上；对 5 530 只土种母羊、小尾寒羊母羊进行子宫颈深部 1.5cm 以上输冻精试验，结果 30 天情期受胎产羔母羊率平均为 69.67%，达到了国内同类研究的领先水平，获 2003 年甘肃省科技进步奖一等奖。

1980 年，王建辰等用奶山羊进行胚胎移植获得成功。中国工程院院士旭日干在 1982—1984 年公派赴日本留学期间，在国际上首次成功地进行了山羊、绵羊的体外受精研究，培育出世界第一胎"试管山羊"，被誉为"试管山羊之父"。1989 年成功地培育出我国首例"试管绵羊"。1997 年 2 月，由英国爱丁堡市罗斯林研究所伊恩·维尔穆特及其领导的小组成功地利用体细胞克隆技术生产出世界上第一只只有母亲没有父亲的哺乳动物多莉羊。2 年以后，1999 年，西北农林科技大学张涌等利用克隆技术共移植 18 个胚胎至 9 只受体羊体内，获得体细胞克隆山羊。克隆技术的成功应用，是当代生命科学的重大突破，对未来探索生命奥秘、解除病痛、促进动物生产等方面产生了巨大影响。

1999—2000 年，高志敏等在陕西省波尔山羊（Boer goat）良种繁育中心，用波尔山羊作供体，关中奶山羊作受体，进行胚胎移植技术的研究与应用。结果 9 只供体羊平均采胚数（18.11±5.18）枚，其中可用胚数平均为（15.44±6.31）枚；将 139 枚 7 日龄可用胚移植受体关中奶山羊 89 只，获得鲜胚移植妊娠率 61.11%，冻胚移植妊娠率 41.67%，二分割胚移植妊娠率 20%。与此同时，在内蒙古、山东、贵州、江苏、四川、北京等省份，胚胎移植技术在波尔山羊纯种繁殖中也得到了普遍的推广和应用。

2002—2003 年，赵有璋、李发弟、王玉琴等在甘肃省永昌肉用种羊场，用波德代羊和无角陶赛特羊作供体，当地土种蒙古羊作受体，进行胚胎移植：9 只波德代羊供体母羊平均采胚 7.22 枚，其中可用胚平均 5.11 枚，移植受体母羊 29 只；2003 年 6 月 19 只母羊产羔，总产羔羊 26 只，鲜胚妊娠率为 65.5%。27 只无角陶赛特羊供体母羊平均采胚 5.7 枚；其中可用胚 4.32 枚，移植受体母羊 86 只；2003 年 6 月 63 只受体母羊产羔，共产羔羊 74 只，鲜胚妊娠率为 72.9%。

2004 年，农业部发布《绵羊胚胎移植技术规程》（NY/T 826—2004）。

2006 年，国家质量监督检验检疫总局、国家标准化管理委员会发布《山羊冷冻精液》（GB 20557—2006）。

目前，绵羊、山羊的同期发情、人工授精技术已经在全国规模化的羊场普及和推广，甚至腹腔镜人工授精技术也在部分羊场使用，胚胎移植技术已成为规模化种羊场扩繁的重要生产技术之一。这些技术的应用都为养羊场带来了良好的经济效益，同样产业的发展培养了一批又一批科研技术人员，繁荣了养羊产业、壮大了养羊科技队伍。在科研领域，关于克隆羊、转基因羊成功培育的报道更是层出不穷。

三、自己的羊自己定标准

随着社会的进步和科学技术发展以及人类对自然界客观事物认识的不断加深，人类根据自身的健康需求和"和谐自然"的理念不断地去改造和制约对人类和自然界存在着不良倾向或不友好的现象或事物。精准养羊成为现代羊业标杆，现代科技人员通过不断的营养试验，探索不同条件下羊的营养需要并制定羊的营养标准，为养羊生产、科研提供重要科学依据和参考，也是"以人为本"的羊文化理念在养羊业健康可持续发展中的重要体现。

1990 年，由中国农业科学院兰州畜牧研究所张文远、杨诗兴等运用析因法原理，采用比较屠宰试验，呼吸测热、饲养试验，同时对中国美利奴羊产区54 种 156 个常用饲草、饲料营养价值进行评定，结合用食管瘘管-两级离体消化法-外源指示剂三结合法，测定了四季放牧，不同气候条件下牧草可食部分的动态营养变化，获得在不同生长阶段和不同生理状态，对能量与蛋白质营养的需要量及代谢参数，制订出《中国美利奴羊饲养标准》。

2004 年，农业部发布《肉羊饲养标准》（NY/T 816—2004）。该标准由中国农业科学院畜牧研究所王加启、内蒙古农牧业科学院卢德勋等人综合各地的相关资料起草，农业部提出，并由农业部于 2004 年 8 月 25 日发布。

2006 年，国家质量监督检验检疫总局批准发布了《绵羊用精饲料》（GB/T 20807—2006）饲料工业国家标准。

2021 年，农业农村部发布《肉羊营养需要量》（NY/T 816—2021）。该标准由中国农业科学院饲料研究所、内蒙古自治区农牧业科学院、河北农业大学、南京农业大学、山西农业大学、新疆畜牧科学院起草，农业农村部畜牧兽医局提出，于 2021 年 12 月 15 日发布。

近 20 年来，全国各高校、研究所及部分企业，根据各自的研究领域，结合各地的生态条件制定了不同品种、不同生理阶段、不同羊肉产品的加工工艺等的各类标准，体现了中国的养羊科技工作者的自主实践和创新精神。

四、数字化引领中国养羊业迈向未来

近些年来，随着信息化技术的发展，养殖业发展已经悄无声息地进入了信息化时代。国家"十四五"规划和 2021 年中央 1 号文件提出加快推进农业现代化建设，依靠科技创新和技术进步，推动传统农业向规模化、工业化、智能化发展。把网络、数据、技术、知识等先进生产要素与大数据、物联网、区块链等现代信息技术相结合，实现养羊业规模化、智能化、数字化的融合发展，是现代和未来养羊业发展的新方向。羊脸识别技术在养羊业生产中的应用，让生物个体的羊从此也可以有自己的身份证，这是养羊业从古到今文明的进步、羊文化的进步，更是现代化养羊业生产技术的进步。

2021 年，内蒙古自治区发布了由内蒙古大学刘永斌副校长及其团队创建的万羊基因组工程暨种羊基因追溯平台（SheepLink），该平台以绵羊育种理论技术与 60 年生产经验为基础，将绵羊遗传繁育技术、生物信息技术与计算机技术融合，是集绵羊基因组大数据智库创新与智能育种于一体的云平台，致力于打造以"环境、效率、健康"为主题的绵羊产业新模式。平台以自主研发的基因芯片和大数据为核心，整合了全基因组选择、基因组选配、分子生物学、物联网、人工智能和产品溯源等技术，包括智能育种、基因追溯、健康养殖、物流商城和专家智库五大功能模块。通过自动化采集设备获得肉羊表型性能数据和基因组数据，经软件分析，精准指导育种过程的各项工作，最终实现数据信息化、采集自助化、管理精细化、饲养精准化、配种优质化、统计清晰化、追踪可视化。这是数字化技术领跑中国养羊业走向未来的标志性事件，也是信息技术向以"智能、人文、环境、健康"为主旋律的羊文化领域渗透的新起点。

五、特色基因挖掘和培育丰富了羊的遗传资源

20世纪70年代在云南省兰坪县的通甸镇山区一带就发现了乌骨绵羊，兰坪乌骨绵羊的中心产区为云南省玉屏山脉，集中分布在兰坪县通甸镇。乌骨绵羊从外貌特征看与一般绵羊没有区别，但解剖后可见骨骼、肌肉、气管、肝、肾、胃网膜、肠系膜等呈乌黑色，分离出的部分羊血清也呈灰黑色，表现为明显的乌骨乌肉特征，随着年龄的增长，各部位颜色有越来越深的趋势，且不同组织器官黑色素沉积顺序和程度有所不同。该品种羊是产区彝族和普米族群众长期饲养、自繁自育而形成的地方绵羊品种，属藏系山地短毛型肉毛兼用地方绵羊种群，是我国重要的特色绵羊遗传资源。

2016年6月，内蒙古草原乌骨羊生物科技有限公司成立，是一家股份制的民营生物高科技企业。公司主要以家畜胚胎移植、体外受精和克隆技术等生物高科技技术为依托，进行乌骨羊种畜的繁殖和胚胎、冷冻精液及乌骨羊、草原羊产品的生产和销售。草原乌骨羊是在原生物种基础上，依托现代遗传生物技术和内蒙古优良的畜牧养殖环境，通过提纯复壮、胚胎移植繁育技术而成的中国自主肉羊品种。草原乌骨羊是全世界唯一具有乌质性状（乌骨乌肉）的哺乳动物。因皮、骨、肉、内脏、眼睑、口腔等部位呈现明显的乌黑色而得名，被誉为中国独有的"黄金羊""药羊"和"羊王"。现已存栏3 000多只乌骨羊，冻精3万支，胚胎5 000枚。该公司还是中国首批肉羊动物福利养殖示范基地，已有各种高端产品礼盒。草原乌骨羊的培育和推广，不仅为本地区本国人民提供了羊种及其特色产品，这一珍稀资源也将在羊文化的传承与发展的史册上添上浓墨重彩的一笔。

第二节　现代羊文化：人、羊与自然

一、天人合一，风沙卷来的"替罪羊"

沙尘暴是地表环境恶化的结果，是荒漠化的标志，是指强风从地面卷起大量沙尘，使水平能见度小于1千米，具有突发性和持续时间较短和发生概率

小、危害大特点的灾害性天气现象。其中，沙暴是指大风把大量沙粒吹入近地层所形成的夹沙风暴；尘暴则是大风把大量尘埃及其他细颗粒物卷入高空所形成的风暴。强风是沙尘暴产生的动力，沙、尘源是沙尘暴的物质基础，不稳定的热力条件利于风力加大、强对流发展，从而夹带更多的沙尘，并卷扬得更高（闵芳，2021）。

有相当一部分人认为，羊多为患，超载过牧，加速草地荒漠化过程，是导致前些年西北、华北等地区春季频繁发生沙尘暴的主要原因。于是，在西北、华北，甚至全国掀起了一股规模不小的声讨山羊"罪行"的浪潮。人们认为，山羊"吃草刨根，破坏草场"，山羊"啃食林木幼枝嫩叶，破坏植树造林"，昔日"风吹草低见牛羊"的内蒙古大草原，今日变成"老鹰吓得地鼠无处藏"的沙荒，正是山羊的"功绩"。因此，山羊是"破坏生态的罪魁祸首"，是"使落后贫困地区更贫困的祸首"。养山羊是"一户受益、百户受害、子孙万代受罪"的根源，是"破坏植被最凶狠的敌人并不为过"等。基于以上认识，人们提出要采取坚决措施对山羊"斩尽杀绝"，甚至有人还提出"杀掉山羊，保卫北京"。

那山羊到底是不是酿成沙尘暴的罪魁祸首呢？大量的研究资料证明，形成沙尘暴天气除现阶段人类很难改变的气候因素外，最根本的原因是我国土地严重的荒漠化。羊是人饲养的，也是人管理的，山羊养得多，造成超载过牧，罪过应该算在山羊经营管理者身上，责任在人，而不在于山羊。羊与自然的和谐发展，需要人类从根本意识上去解决矛盾和冲突，实现羊-自然-人的共同发展。"天育物有时，地生财有限"，当矛盾和冲突造成的不良现象发生时，不能把山羊当作"替罪羊"。"天地与我并生，而万物与我为一"，中国传统文化中早就孕育着"天人合一"的生态文明思维，这难道不也是一种羊文化现象吗？应认识和践行这种文化精髓，从根本上解决羊与生态环境的冲突（赵有璋，2002）。

生态环境没有替代品，用之不觉，失之难存。人类的发展活动必须尊重自然、顺应自然、保护自然，否则就会遭到大自然的报复，这是规律，谁也无法抗拒。

二、人羊合一，健康源于自我约束

养羊是为了发展、为了消费。羊业产品的安全是人类健康、生命安全的保证，是人羊高质量合一的体现。随着养羊产业快速发展和羊产品需求的增加，"挂羊头卖鸭肉""瘦肉精羊"及各类羊病等曾一时成为令人错愕的隐痛。随着我国社会的发展和人民群众生活水平的不断提高，人们对健康食品的要求越来越高，同时，面对我国加入 WTO 后畜产品出口的严峻形势，生产优质安全畜产品已势在必行。从 2001 年开始，国家在全国范围内全面推行"无公害食品行动计划"。为此，2001 年 10 月，国家质量监督检验检疫总局颁布了《农产品安全质量标准》等 8 项标准，其中涉及羊肉的有《农产品安全质量　无公害畜禽肉安全要求》（GB 18406.3—2001）和《农产品安全质量　无公害畜禽肉产地环境要求》（GB/T 18407.3—2001）（两标准现已废止）。农业部颁布了《无公害食品畜禽饮用水水质》（NY 5027—2001）（现行为 NY 5027—2008）。

2002 年，农业部颁发了《无公害食品 羊肉》（NY 5147—2002）（废止），《无公害食品　肉羊饲养兽药使用准则》（NY 5148—2002）（现行为 NY/T 5030—2016），《无公害食品　肉羊饲养兽医防疫准则》（NY 5149—2002）（现行），《无公害食品　肉羊饲养饲料使用准则》（NY 5150—2002）（现行为 NY 5032—2006），《无公害食品　肉羊饲养管理准则》（NY/T 5151—2002）（现行），《羊肉质量分级》（NY/T 630—2002）（现行），《冷却羊肉》（NY/T 633—2002）（现行）农业行业标准。

2006 年，农业部发布了《羔羊肉》（NY 1165—2006）（现行）农业行业标准。该标准规定了羔羊肉定义及羔羊肉安全与质量的技术要求、检验方法、包装、标志、贮存和运输、判定规则。该标准适用于羔羊肉生产、加工、流通、贸易过程中质量检测、监控、判定与评定。

2007 年，农业部发布《山羊用精饲料》（NY/T 1344—2007）（现行）农业行业标准。

2008 年，国家标准委员会发布《鲜、冻胴体羊肉》（GB/T 9961—2008）（现行），代替《鲜、冻胴体羊肉》（GB 9961—2001）。该标准规定了鲜、冻胴体羊肉的相关术语和定义、技术要求、检验方法、检验规则、标志和标签、贮存及运输，适用于健康活羊经屠宰加工，检验检疫的鲜、冻胴体羊肉。

一系列标准的制定，让人类和羊同时远离瘦肉精等对生命健康不利的因素，为生产优质羊产品、满足人们的需求、为人类健康保驾护航，生命与生命合一的前提是健康。这健康需要人类的智慧和理念，更要发达的科学技术去管理和约束，这也是羊文化的重要内涵之一。

三、天羊合一，现代生态养羊理论的奠基人赵有璋

1938 年 10 月，赵永璋出生在贵州省贵阳市，是中国著名养羊专家，被称为"中国羊头""中国牧羊教授"。曾任甘肃农业大学畜牧系养羊学教研组主任、畜牧系主任、副校长（兼任甘肃农业大学学术委员会主任、学位评定委员会主席）、国务院学位委员会第四届学科评议组成员、中国畜牧兽医学会养羊

学分会第二届、第三届和第四届理事会理事长等。他创建了甘肃农业大学"动物遗传育种与繁殖"博士点，为我国畜牧业，特别是现代养羊业培养了一大批高层次人才；创建适宜于中国农村牧区现代肉羊产业化和工程化发展的有效模式；研制出生产高品质绵羊、山羊颗粒冻精及提高其受胎率的技术体系；是现代生态养羊理论的奠基人，创立"现代生态养羊业"理论并应用于实践，指导我国养羊业持续健康发展。他一生致力于技术推广，实现科技成果的快速转化，取得显著效益，为全国羊业脱贫攻坚和乡村振兴做出了巨大贡献。他是现代传承和弘扬以"羊文化促羊产业"的奠基人，在 2015 年羊年之际，在 2007 年第四次全国养业发展大会暨首届中国羊肉美食节上所作的《略论中国的羊文化》报告的基础上，发表了《羊年谈中国的羊文化》论文，是现代唯一最系统、全面的有关羊文化的论述，为业界人士和读者提供了宝贵的精神大餐。

生态环境是人类社会赖以生存和发展的物质基础，人类生产、生活、经济建设和社会发展必须把生态环境保护和建设放在首位。近年来，我国的养羊业得到了迅猛的发展，已跨入世界生产大国的行列。毋庸讳言，养羊业在为人类提供肉、皮、奶、毛产品，满足生活消费需要的同时，也给生态环境带来了影响。我国多年来草原退化、破坏严重，牧区草原生态环境持续恶化，人们只能在记忆中寻找"风吹草低见牛羊"的景象。

"绿水青山，就是金山银山"，建立与生态环境相和谐、共存共依的现代化养羊业，科学解决发展养羊业与草地生态的矛盾、草原生态保护与当地经济发展的矛盾，成为养羊业科技工作者与生产者的当务之急。作为畜牧业工作者，从专业角度，要有环境保护理念，从日常生活角度，从小事做起，保护环境、爱护环境，面对未来使命，是为了人类生存，在现实生活中也是为了让生活的环境更美好。

20 世纪 80 年代，赵有璋教授在对养羊业生产系统深入研究的基础上，创立了"现代生态养羊业"理论，建立了"引种家畜适应性评价体系"，是现代生态养羊理论的奠基者，系统提出了"发展现代养羊业生产的社会生态学"的内容，编著出版我国第一部《畜禽生态学》。他结合多年的生产实践，积极探索"现代生态养羊业"理论，把"引种家畜适应性评价体系"运用到养羊生产实践，对引入我国甘肃、青海、内蒙古、云南、四川、江苏、广东、广西、江西等省份的林肯羊、边区莱斯特羊、罗姆尼羊、无角陶赛特羊和新疆细毛羊等品种的适应性、生物学特性、种质特性和杂交利用效果进行全面深入的研究和测定，提出"总适应能力"作为衡量引种是否成功的客观、数量化标准，并在我国养羊业中成功应用。他较早提出"推行低碳技术，发展绿色养羊"的理念，并著有《种草养羊技术》，不断地把生态养羊理论运用到生产实践中。

"现代生态养羊业"基本观点是：以资源和环境为基础、生活力为第一原则，以市场需求和经济效益为中心，以提高羊的生产力和产品品质为目标，从专业化、规模化养殖和群体着眼，从个体研究入手，依托现代高新技术，通过对各种主要生产要素的优化组合，使资源环境、现代生产与市场经济效益达到最佳结合，确保我国现代养羊业健康、持续发展。从 2000 年开始，农业部在全国生态比较脆弱、约占全国可利用草原面积 20 ％的地区实施了禁牧、休牧和划区轮牧，实施退牧还草和天然草原保护，恢复草原昔日的生机活力。同时，各地积极引导以草原围栏、人工草地、饲草料基地和牲畜棚圈等建设为基础，大力推行舍饲、半舍饲圈养，季节性放牧和划区轮牧等技术和措施，促进了牧区养羊业生产迅速发展，取得了良好的生态和经济效益。种草养羊是现代生态养羊理论形成和发展的重要内容之一，是发展优质、高效、生态养羊的重要手段。

2002 年，由于草原生态环境持续恶化，国务院下发《关于加强草原保护与建设的若干意见》(国发〔2002〕19 号)，提出建立基本草地保护制度，实行草畜平衡，推行划区轮牧、休牧和禁牧制度。在牧区推行草原划区轮牧，在春季牧草返青期和秋季牧草结实期实行季节性休牧，在生态脆弱区和草原退化严重的地区实行围封禁牧。在草原禁牧、休牧、轮牧区，要逐步改变依赖天然草原放牧的生产方式，大力推行舍饲圈养方式，积极建设高产人工草地和饲草饲料基地，增加饲草饲料产量。按照因地制宜、发挥比较优势的原则，逐步形成牧区繁育、农区和半农半牧区育肥的生产格局。牧区要突出对草原的保护，科学合理地控制载畜数量，加强天然草原和牲畜品种改良，提高牲畜的出栏率和商品率；半农半牧区要大力发展人工种草，实行草田轮作，推广秸秆养畜过腹还田技术。由于上述政策的实施，各地积极推行牲畜舍饲半舍饲，有力地推动了传统草原畜牧业向现代畜牧业的转变。在这转变过程中，传统的放牧养羊业受到了前所未有的冲击，但这是自然与人类向着更加融合的方向发展过程中必然要经历的"阵痛"。综合提出的理论及其在实践中的应用，可以看出，赵有璋教授较早提出的生态养羊的理论及其实践无不体现"道法自然""以自然为根，尊重自然、顺应自然、保护自然"理念。打破发展与保护对立的束缚，树立保护环境就是保护人类、建立生态文明就是为人类造福的新理念，科学合理处理好发展养羊业和保护生态环境的关系，让人类、羊和地球和谐发展，才能让绿水青山带来源源不断的金山银山。

2021 年 7 月在吉林省长春市举办"2021 中国草食动物科技大会"，以"环境·效率·健康"为主题，充分体现了养羊业在可持续发展的同时，更注重人与自然的和谐发展。

四、北羊南移现象产生

位于我国南方的云南、湖南、湖北、四川、贵州、江西、江苏、浙江等亚热带中高山地区和低山丘陵区，有广阔的草山草坡资源。为帮助山区人民找到切实可行的致富道路，建立我国南方绵羊业生产基础，我国养羊科技工作者从20世纪50年代开始，向南方许多省份引入细毛羊和半细毛羊进行试养，并逐步开展杂交改良工作。进入80年代后，南方饲养绵羊的范围逐渐扩大，绵羊品种类型不断增加，养羊数量明显增多；同时，建起一批种羊场和牧场，专门饲养绵羊，并开展了适应性观测、南方放牧绵羊的营养需要、羊毛品质分析、疫病防治等专项研究；培训了养羊技术干部和饲养人员等。南方各地的饲养试验和研究结果表明，细毛羊和半细毛羊的体重、体格、生理指标、产羔率、成畜保活率及剪毛量、被毛品质指标等方面接近或达到甚至超过品种原产区的水平，表现较好的适应性和生产性能，并摸索和积累了羊只夏季在高温高湿环境条件下的疾病防治、饲管措施等方面的成功经验。中国南方亚热带中高山地区和丘陵低山地区成功饲养细毛羊和半细毛羊的实践证明，中国南方虽具有类似于新西兰的自然生态条件，但养羊业却远远落后于新西兰的水平。因此，实施"北羊南移"，在南方饲养和繁殖肉毛兼用绵羊，建立起中国南方饲养绵羊新区，发展独具特色并有别于中国北方地区的第二个大的肉毛兼用的绵羊生产基地是有可能的。中国南方亚热带地区饲养绵羊，在一定地区虽然取得了成功的经验，但仍存在不少认识、组织和技术等方面的问题，面临的困难还较多。为此，在湖南省农业厅的大力支持下，中国畜牧兽医学会养羊学分会于1993年10月在湖南省大庸市主持召开了"全国南方新区饲养绵羊学术交流会议"，云南、贵州、浙江、江苏、江西、湖南、四川、北京、河北、河南、山西、新疆、青海、甘肃、宁夏、内蒙古等的59位代表参加了会议。会议由理事长赵有璋教授主持，在5天的会议期间，与会代表就中国南方地区饲养绵羊这一中心议题进行了认真、热烈的讨论、研究和交流，一致建议：由农业部牵头，组织国内养羊专家对我国南方地区饲养绵羊的经验、教训进行一次较为系统的实地调查，以便及时总结这一工作，为国家和有关省份制定南方各地发展绵羊业计划提供科学有效的依据；制定国家级的中国南方发展绵羊业的优惠政策和配套措施，加强宏观调控，充分调动基层干部和广大农民群众饲养绵羊的积极性，以成功基点为中心，不断向四周辐射，努力扩大绵羊饲养数量，实现养羊规模效益，帮助山区人民走上发"羊"财之路；大力开发南方草山草坡，建立人工草场，为饲养绵羊提供必要的饲草饲料基地；在当时取得初步试养成功的基础上，各省份应在相似的饲养管理条件下，继续开展对不同绵羊品种的适应性饲养试验、经济效益对比试验，以从中择出最优品种大力推广，同时继续深入探讨在高温高湿条件下的羊舍建筑、疾病防治、羊毛管理、繁殖和放牧饲养等组织工作的研究和试验，为推动南方饲养绵羊技术的科学化、规范化奠定良好的基础。国家对南方绵羊毛的收购和进入市场，应采取必要的稳定和优惠政策，坚决杜绝向农民打白条，以维护农民的利益，调动农民发展绵羊业生产的积极性。

为了及时交流经验，促进我国山羊业在世纪之交及在 21 世纪有更大的发展；为了给 1996 年 5 月在北京召开的"第六届国际山羊大会"成功举行奠定良好的基础，在河南省畜牧局和河南农业大学的支持下，1994 年 10 月，由中国畜牧兽医学会养羊学分会主持，在河南省郑州市隆重召开了"中国山羊生产与科技成果交流大会"，会议由理事长赵有璋教授等主持，26 个省份及农业部畜牧兽医司、全国畜牧总站、中国畜牧兽医学会、国内贸易部等单位的 114 名代表出席了会议。

五、"羊文化畸形"：波尔怪相

波尔山羊是目前世界上公认的最理想的肉用山羊品种之一。1995 年首次从德国引入我国以来，由于其独特的种质特性和肉用性能，国内 20 多个省份又先后从南非、澳大利亚和新西兰等地引进，各地除提供良好的饲养管理条件外，还广泛采用包括密集产羔、胚胎移植等繁殖新技术，使波尔山羊的数量迅速增加，同时，许多省份用其改良当地土种羊效果十分显著。由于我国庞大的羊肉消费市场，波尔山羊的产肉性能被广大农牧民、公司和场家看好，很快便风靡全国。由于数量少，市场供不应求，因此种羊价格不断攀升，暴利诱使许多公司老板、部分养殖户纷纷斥巨资以求，甚至倾其所有，在中国的世纪之交，导演了一场气势不小的波尔山羊"炒种"风。到 2002 年，每只纯种 4～5 月龄的波尔山羊公羔，价格高达 1.2 万～2.0 万元，高出其成本价格的 4～7 倍，甚至于比从国外直接进口还贵。昂贵的价格，造就了波尔山羊的"贵族"身份，使它成为一种公司老板和部分养殖户手中赚钱的机器，而迫切需要种羊的普通农牧民，只能"望羊兴叹"。同时，由于纯种羊价高量少，原本只供食用的低代杂种羊，也被当成种羊出售，并且炒出暴利，使很多人趋之若鹜，甚至有的不法商贩将低代杂种羊头部染色焗油，冒充纯种羊。因为"炒种"，公司企业只追求"繁殖后代，获取最大利润"，忽视了选育提高，致使波尔山羊在不少地区出现了不同程度的退化；因为"炒种"，波尔山羊只能周转于公司企业和场家，主要在"炒种"环节上悬空，很难进入广大农牧民的田间地头和庭院，从而延滞了当地土种羊改良的步伐，完全偏离了引入波尔山羊的初衷，这不得不说是波尔山羊的悲哀。物极必反，2003 年秋季以后，在全国多数地区，肉用种羊价格，特别是波尔山羊的价格全面下降，甚至暴跌，原先 1 只 4～5 月龄的波尔山羊没有 1.2 万元买不回来，现在 2 000 元也卖不出去。纯种羊价格下来了，杂种羊价格也不例外，水下船落。原指望大发"羊财"的公司企业、场家和养殖户，现在陷入卖了亏本，不卖更赔的窘境，怨天尤人，不知所措。教训是深刻的，关键是人为"炒种"扭曲了价格，市场也缺乏预警机制，暴利诱发群众跟风（赵有璋，2004）。这也可以说是我国养羊生产和实践中的一次历史性的"羊文化畸形"。

六、"相模助学"现象：助力羊文化传承

不论是与羊有关的一种现象，还是一个事件，都深刻反映着羊文化的核心价值和感召力。古有卜氏捐金救国，今有相模捐金助学。2005 年，我国南方著名养羊专家、四川农业大学教授刘相模，在 87 岁高龄时，为了激励年轻人学习和钻研养羊科学，用自己微薄的积蓄设立了"刘相模养羊学专业奖学金"，每年颁发一次，每次奖励 3 人，获奖条件是来自农村的品学兼优、养羊学课程考试成绩优秀的学生。其实，在养羊界，还有许多"相模助学"现象，他们不仅在传播养羊科学文化知识、养羊生产实践，更用自己的实际行动传承着中国羊文化的优秀基因。

七、国际山羊大会首次在北京举办

1996 年 5 月 6 日，第六届国际山羊大会在北京国际会议中心隆重举行，参加会议的有 37 个国家和地区的 500 余名代表，其中中国代表 350 余人。开幕式由中国畜牧兽医学会理事长、大会主席陈耀春教授主持，国际山羊学会主席 Dr. Jean Boyazoglu 致词，农业部副部长洪绂曾讲话，中国畜牧兽医学会养羊学分会理事长赵有璋教授代表中国作主旨报告，题目是《中国的山羊业及其在农牧区经济发展中的作用》。大会紧紧围绕"持续的山羊生产与环境"主题，分成九个专题组分别进行学术交流，其中每个专题组都有 1 位中国专家参与会议主持。会议还分别召开了三个圆桌会议：由中国畜牧兽医学会养羊学分会副理事长马宁教授主持的"中国绒山羊"圆桌会议；由国际小母牛项目负责人 Rosalee Sinn 主持的"农户和山羊"圆桌会议；由联合国粮农组织 Bradford 主持的"山羊、绵羊的遗传资源"圆桌会议。大会出版论文集两册，共收录中、外学者论文 266 篇，其中中国学者的论文 80 篇（包括中国台湾学者 1 篇），占会议论文总数的 30.1%，显著超过山羊业生产和研究比较发达国家的论文数，如印度为 26 篇，美国为 29 篇，意大利为 21 篇，墨西哥为 18 篇，法国为 8

篇，澳大利亚为 8 篇，西班牙为 6 篇，新西兰和南非各为 3 篇，土耳其和伊朗各为 2 篇。第六届国际山羊大会是中国养羊业在世界养羊界的首秀，也是中国羊文化向世界传播的一次小小演播。

八、奥运吉羊：藏羚羊

高原荒漠的可可西里自然保护区是藏羚羊的栖息地，冬天的可可西里，气温到了－40℃，平均海拔在 4 500 米以上，被称作"生命的禁区"。在如此严酷的环境中，大自然却造化了藏羚羊。在青藏高原荒漠、冰原冻土地带及湖泊沼泽周围，藏羚经过了千万年自然演变，它们与冰雪为伴，与严寒为友，自由自在地栖息在世界屋脊之上，被称为"高原精灵"，是恶劣环境下的顽强生命。2008 年，中国成功地在北京举办奥运会，并选择藏羚羊作为奥运会吉祥物，充分展现了奥林匹克主题和平、和谐、和爱、和美的新境界。羊是瑞兽，藏羚羊更包含"吉祥、顺利、圆满、美好"之意，藏羚羊作为世界保护动物是"绿色"与"人文"的具象符号，完美地吻合了科技奥运、人文奥运和绿色奥运的主题。中国人民借助藏羚羊的吉意向世界传播和平与友爱、人与自然和谐相处的美好愿望以及藏羚羊所承载的深厚的文化意象，表达中国人对世界各地及全人类及普天下的深切关爱之情，展示了社会主义核心价值观与中华优秀传统文化道德精髓的深度契合。

第三节　羊文化与养羊科技著作

一、中国现代养羊业主要科技著作

羊文化伴随着人类社会的发展和进步，从原始的萌芽到兴起，穿越几千年华夏文明时空，饱蘸华夏文化之神韵，传承着人类在羊身上寄托的美好情感。在今天，养羊业蓬勃发展，成为我国畜牧产业中的重要支柱，羊产业已成为很多地区经济增长、农业增效、农民增收的主导产业。羊文化进一步多元化，使产业、生态、资源环境相互协调，人们通过深入挖掘"羊"文化，振兴养羊产业，撬动一、二、三产业融合发展。因此，羊文化丰富内涵得到升华，羊文化元素与养羊主产业的科学研究和生产更加紧密。习近平总书记指出，不忘历史才能开辟未来，善于继承才能更好创新。传承和发展永远是联系在一起的。前人说，"承百代之流，而会乎当今之变"。在文化传承、发展中，科技的进步是推动文化发展的重要因素，为文化传承提供了物质技术手段，带来了更快速、方便的文化传播手段，促进了文化交流。当代图书典籍、信息技术的运用，使搜集、传递、储存文化资源的手段和方式发生了根本变革；各种组织的形成和发展极大地促进了文化传播、继承与发展。

随着社会的发展和科学技术的进步，社会各界投入大量人力、物力和财力，加强养羊业生产技术基础建设，组织养羊科学研究、攻关，同时现代科学技术，如地方良种的本品种选育技术，绵羊、山羊的人工授精技术，绵羊、山羊的杂交改良与新品种培育技术，优质高产饲草饲料栽培、加工调制和利用技术，天然草原保护、改良和合理利用技术，同期发情、超数排卵和胚胎移植等，规模化标准化饲养管理技术，优质羔羊育肥技术，多胎基因检测和应用技术，羊疫病防控技术等在养羊业生产中推广和应用，极大地促进了我国养羊业生产方式的转变和生产力的迅速提高。新的技术、新的理论和新的成果不断在科技著作中体现。早期在培养高层次畜牧人才中，以科学技术为核心的羊文化传播成为基本形式之一。1981 年，全国半细毛羊育种委员会决定，创办《中国半细毛羊》杂志，该杂志于 1984 年改刊名为《中国养羊》，《中国养羊学》（赵有璋主编）是业内影响力较大的养羊方面的科技杂志和著作。除此之外，2007 年，杨冠丰和黄淼章著，《点解姓羊：祥和广州与华夏羊文化》，羊城晚报出版社；2007 年，华永根主编，《藏书羊肉》，凤凰出版社出版；2010 年10 月，杨冠丰、杨洪潮、黄淼章主编，《羊图腾：中国人也是羊的传人》，南方日报出版社等，是专门以羊文化为主题的著作，为后人深入研究羊文化提供了重要参考。

二、《养羊学》《羊生产学》和《中国养羊学》

1949 年以来，国家对发展养羊业相当重视，在全国高、中等农业院校开设养羊学课程。较早的《养羊学》教材由北京农业大学汤逸人，内蒙古农牧学院彭文和，山西农学院吕效吾，山东农学院方国玺主编，畜牧专业用，农业出版社出版，1961 年 11 月初版，字数 407 千字，定价一元八角伍分。

汤逸人教授是我国著名畜牧学家、教育家、中国家畜生态学科的创始人。他曾进修于怀俄明大学羊毛系。中华人民共和国成立，他怀着一颗报效祖国的赤诚之心，毅然放弃了条件优越的工作和环境舒适的生活，回到祖国。注重从我国畜牧业的生产实际出发，为我国的家畜生态学和绵羊育种学的理论研究和实践应用做出了积极贡献。撰写《澳洲之羊业》（1942）、《绵羊体上之绉皮与产毛之关系》（1943）、《山羊配种季节与发情周期》（1944）、《为牧区畜牧业早日现代化而奋斗》（1965）、《加速发展养羊业赶超世界先进水平》（1977）等，还著有《英汉畜牧科技词典》（1981）、《澳大利亚的绵羊业》（中文）（藏文）等。汤逸人教授和张松荫教授早期文章著作是新中国成立前后养羊业出现较早、影响力较大的成果。张松荫教授是《养羊学》再版参编者之一，曾任任甘肃农业大学教授，1983 年甘肃省人民政府授予他"先进生产者"荣誉称号。他曾在日本北海道帝国大学进修羊毛专业，在美国怀俄明大学研究羊毛。著有《绵羊与羊毛学》《中国绵羊和山羊品种》《新疆细毛羊育成及其性能》《养羊业进展》《绵山羊的行为与习性》，参编《养羊学》等，撰有影响力较大的文章《几种绵羊的耐饿力测验》（1984）和《群选法的实质》（1985）等。除此之外，还有蒋英和李志农教授主编的《养羊业进展》（1982）、邓诗品和赵有璋教授译著的《肉毛兼用半细毛羊的繁育》（1983）、李志农教授译著的《世界绵羊品种》（1986）等。从这些林林总总的著作中，一方面可以看出，中国养羊业的发展一直与世界养羊业的发展相伴而行，世界养羊业的先进技术和经验对我国养羊业起到了重要作用；另一方面，老一辈专家学者在早期传播世界养羊业先进技术，尤其是对现代中国养羊业技术传播、文化传播和思想传播以及多民族共同进步中做出了巨大贡献。

《养羊学》（教材，第 2 版）由山西农业大学主编。1995 年后改为《羊生产学》，面向 21 世纪课程教材《羊生产学》（第 2 版，动物科学专业用）由赵有璋教授主编，2005 年由中国农业出版社出版，是高等农业院校动物生产类动物科学专业的主要专业课程之一。在养羊业比较发达省份的高等农业院校，设置了以养羊为主的硕士点、博士点和博士后流动站，为国家养羊业生产的进一步发展培养了大批高、中级人才。同时，在不同时期，在全国各地以《羊生产学》内容为主，科研工作者分别举办了各种培训班，培训了一大批不同层次、直接为养羊业生产服务的实用型人才。

《羊生产学》（第 3 版）由赵有璋教授主编，中国农业出版社 2011 年出版，主要内容包括养羊业概论，生态环境与养羊业生产，养羊业的主要产品，绵羊、山羊品种及遗传资源，绵羊、山羊的繁殖技术，羊的引种与保种，羊的遗传育种与改良，羊的饲养管理，奶山羊业和养羊业产品无公害生产技术。教材力求反映我国当前羊产业的现状，介绍国内外羊产业取得的新成果、新技术和先进经验，为畜牧人才的培养和推进我国羊产业健康、持续发展作出贡献。到目前为止，全国高等农林院校所使用的《羊生产学》已是第 4 版，由全国养羊学会理事长、河北农业大学张英杰教授主编，中国农业出版社 2021 年出版。每一版都有新的内容和新的风格，都能与时俱进，体现养羊业发展的最新技术和进展。一代一代养羊科技工作者薪火相传，用智慧和汗水，身体力行，把养羊业理论和实践向下一代传播。

《中国养羊学》是 2013 年由赵有璋教授主编的一部珍贵的中国羊产业领域的大型专著。该书取材广泛、内容丰富、资料翔实，理论联系实际，有很强的可操作性和较高的学术价值，其科学性、实践性、先进性、指导性和资料性兼备，是撰写羊文化的重要参考书目。

目前，《羊生产学》《中国养羊学》及其他相关书籍是畜牧人才的培养和推进国家羊产业健康、持续发展、羊文化传播的基础性书籍。大中专院校教材，最初由以为畜牧人才的培养为核心，以传播科学技术为主体，到以熏陶学生思想政治和道德品质，提升人文底蕴和科技素养，再到知识传授与价值引领相融合的"为党育人、为国育才"的高度来培养适应新农科背景下的复合型专门化人才为主要目标。在贯彻"立德树人"作为教育的根本任务的教学设计中，很多羊文化中的向善、向美元素在教育、教学中的价值引领作用显得尤其重要。王玉琴2022年撰写文章《羊文化视角下羊生产学课程思政元素的挖掘与应用》，探讨把羊文化的思政育人功能融入《羊生产学》课程教学和实践中的有效途径，旨在用羊文化深刻的育人功能，培养当代大学生"知农""爱农""强农""兴农"的自信心、"知礼""达义""求善""至美"的人格品质和崇高的爱国主义情操；为构建更高水平的人才培养体系，完善新"农科"背景下"三全育人"格局奠定基础。这是羊文化与养羊科技融合发展，共同助力"文化育人""科技育人"的最直接体现。

第四节　羊文化传播的重要舞台：养羊组织

养羊组织是全国从事养羊科学研究和养羊生产、广大养殖户和大中专学生搭建的一个交流养羊技术和成果、探讨羊业新趋势、培养新人的重要舞台，也是羊文化传播的重要媒介。近些年来，全国养羊生产与学术研讨会和养羊协会在举办会议期间，会议主题都融入了羊文化元素，融"羊-人-自然"于一体，发展创新现代羊文化新理念。如 2014 年的山东聊城会议期间，东昌府区第四届"鲁西黑头肉羊赛羊会"同时举办，来自全市各地的 200 多个养殖户"带领" 600 多只鲁西黑头羊参加了本届赛羊会，寓科技、文化和娱乐于一体。2017 年，时值分会成立 30 周年，养羊学分会编制并发放《中国畜牧兽医学会养羊学会 30 周年纪念册》。同时，授予 30 年来为中国羊业做出巨大贡献的赵有璋教授等 8 名老一辈养羊工作者"终身成就奖"荣誉称号，张英杰理事长为其颁发了奖杯。"2018 年养羊生产与学术研讨会暨中国•固镇首届羊肉美食文化节"在蚌埠胜利召开，会议期间有羊文化元素的歌舞小品，传统的羊肉串、涮羊肉、羊头、羊排、羊腿、羊杂汤等羊肉美食，在全羊宴中弘扬了我国羊文化。参会代表共同观看鼓上舞、高山流水演奏、汉服表演、民间表演等精彩纷呈的节目表演，举行羊肉美食晚宴。大会充分展示蚌埠市、固镇县的肉羊产业资源优势，有效提升该县肉羊知名度和美誉度，促进地区间肉羊产业的交流与合作，进一步推动肉羊产业发展，为该县乡村振兴、经济发展助力。

一、中国畜牧兽医学会养羊学分会

1. 中国畜牧兽医学会养羊学研究会（第一代）

进入 20 世纪 80 年代以来，随着我国经济体制改革措施的深入贯彻，我国养羊业生产得到了迅速发展，养羊科技工作者纷纷建议成立全国性的统一组织，以便团结和协调各方面的力量，及时交流和学习生产经验、互通科技信息，积极开展学术活动，不断培训和提高养羊科技人员的业务业平，促进我国养羊业生产和科技工作在深层次上不断提高。经中国畜牧兽医学会批准，1987 年 9 月，在内蒙古自治区呼和浩特市召开了"中国畜牧兽医学会养羊研究会成立大会暨学术讨论会议"，在充分协商的基础上，选举产生了由 84 名理事和 11 个理事单位组成的第一届理事会。傅寅生当选为理事长，马宁（女）、马海正、冯维祺、李志农、杨尔济、张仲伦、涂友仁、薛予锋当选为副理事长，张仲伦兼任秘书长。挂靠单位为中国农业科学院畜牧研究所。养羊研究会成立以后，积极开展学术活动、技术咨询、培训各级技术人才，及时就发展我国养羊业中的重大问题、热点问题向国家和各级业务管理部门建言献策，组织会员开展国内外学术交流，积极争取在我国举办第六届国际山羊大会等，对我国养羊事业的发展做出了重要贡献。

傅寅生，养羊研究会第一届理事长、荣誉理事长，毕业于北京大学农学院。从 20 世纪 70 年代开始，他经过 10 多年的努力，培育出细毛羊新品种"中国美利奴羊"，1985 年获"六五"攻关先进项目奖，1987 年获国家级科技进步奖一等奖。他还曾任国务院贫困地区开发办公室顾问，在科技扶贫方面也做了大量工作，1985 年首次提出在南方贫困山区改良人工草场，发展草食动物的倡议。之后，在川东、鄂西从未养过绵羊的山区试养绵羊取得成功，为当地农民脱贫致富创出了新途径。

2. 中国畜牧兽医学会养羊学分会（第二代）

1992 年 4 月，在四川省西昌市召开了"中国畜牧兽医学会养羊研究会第二次会员代表大会暨学术讨论会议"，27 个省份的 103 位代表出席了会议。会议在认真听取和讨论第一届理事会工作报告的基础上，积极进行了学术交流。选举产生了由 80 名理事组成的第二届理事会，傅寅生当选为名誉理事长，赵有璋当选为理事长，马宁（女）、于铁夫、冯维祺、胡炬前、祝源又当选为副理事长，郑中朝当选为秘书长。挂靠单位为甘肃农业大学。根据中国畜牧兽医学会的有关规定，正式将"中国畜牧兽医学会养羊研究会"更名为"中国畜牧兽医学会养羊学分会"。

养羊学分会以后分别于 1997 年、2022 年在兰州、北京召开第三次、第四次中国畜牧兽医学会养羊学分会全国代表大会暨学术研讨会议。第四届理事会成立后，先后在山东省青岛市（2003 年 9 月）、辽宁省朝阳市（2004 年 8 月）、四川省成都市（2005 年 10 月）、内蒙古自治区鄂尔多斯市（2006 年 8 月）、青海省德令哈市（2007 年 7 月）召开了全国养羊生产与学术研讨年会。

3. 中国畜牧兽医学会养羊学分会（第三代）

2007 年 7 月，在青海省德令哈市召开了中国畜牧兽医学会养羊学分会第五次全国代表大会暨学术研讨会议，23 个省份的 380 多位代表参加了会议。会议在认真听取赵有璋教授工作报告的基础上，开展了积极的讨论和学术交流活动，并进行了换届选举。在本次全国会员代表大会上，根据《中国畜牧兽医学会章程》《中国畜牧兽医学会养羊学分会第五届主要领导人产生办法》《中国畜牧兽医学会养羊学分会第五届主要领导人推选评议和推荐会议结果》《中国畜牧兽医学会养羊学分会选举议程》及有关规定，进行了中国畜牧兽医学会养羊学分会的换届选举。张英杰当选为理事长，王永、王建民、石国庆、李金泉、岳文斌、杨利国、杨博辉、荣威恒、周占琴（女）、贾志海当选为副理事长，杨博辉兼秘书长。同时，会议一致推选养羊学分会和我国养羊事业发展作出重大贡献的赵有璋、刘守仁、马宁（女）、冯维祺、祝源又、黄永宏、陈维德同志为中国畜牧兽医学会养羊学分会第五届理事会名誉理事长。以后分别于2008年7月于陕西省靖边县、2010年7月在宁夏回族自治区银川市、2012年8月在陕西省横山县、2014年8月在山东省聊城市、2015年8月在河南省登封市召开全国养羊生产与学术研讨会。2017年8月在河北省石家庄市、2018年8月在安徽省固镇、2021年7月在吉林省长春市、2023年9月在安徽省合肥市举办全国养羊生产与学术研讨会暨养羊学分会。另外，养羊学会还分别于2009年8月在云南省丽江市、2013年9月在广西壮族自治区桂林市、2016年8月在重庆市武隆县、2019年8月在甘肃省西昌市、2023年5月在云南省大理白族自治州大理市召开理事会。近些年来，养羊学会以"凝心聚力创新羊科技、全方位传播技术育新人、多层次弘扬中国羊文化、全面助力羊业大发展"的理念办会，吸引了许多国外著名养羊专家学者来华参会和交流，是中国羊、中国养羊人、中国羊文化亮相世界的重要舞台。

二、中国畜牧业协会羊业分会

中国畜牧业协会羊业分会（National Sheep Industry Association CAAA, CHINA），2003年10月25日成立，是由从事养羊业及相关行业的企业、事业单位和个人组成的全国性行业联合组织，是中国畜牧业协会的分支机构、非营利性的社会团体。登记管理机关是民政部。其宗旨是在行业中发挥协调、咨询、服务等作用，协助政府进行行业管理，维护会员和行业的合法权益，推动我国养羊业健康发展。首届羊业分会由张振武、赵振英、吴桂林、许兰祥、吴辰任首任会长，曹瑞元等10人任首任副会长。2017年6月，第四届理事会由杜立新任协会羊业分会执行会长，秘书长由赵印担任。截至2023年，该分会已分别在山东东营、吉林长春、甘肃兰州、江苏苏州、辽宁盖州、上海、宁夏宁武、四川简阳、山西怀仁和新疆玛纳斯、重庆市等地召开了每次有300～1 300人参加的"中国羊业发展大会"。2023年10月，第十九届中国羊业发展大会在重庆市召开。大会以"数智提升、种业升级、牧旅融合、乡村振兴"为主题，开展了羊产业高质量发展论坛、羊业展览、赛羊会、厨艺技能大赛等系列活动。协会对我国羊业产业健康发展和推动主办地羊业产业转型升级发挥着重要的作用。协会注重企业和养羊业生产相结合，通过现场展示的种羊、养殖、饲草到防疫等多个环节，全方位地展示全产业链的优秀成果；同时，对举办地不仅是一次科技、生产、产品交流的大会，更是思想、文化交流和展示的大会。

三、国家现代肉羊、绒毛用羊产业技术体系

2007 年，农业部、财政部共同启动了现代农业产业技术体系建设。这一体系以农产品为单元，以产业为主线，在不打破管理体制的前提下，实行各级各类科技资源的整合和科技人员的大联合、大协作，围绕重点任务研发、前瞻性研究、基础性工作和应急性任务，开展联合攻关。产业技术研发中心设 1 个首席科学家岗位。每个功能研究室设若干岗位科学家岗位，并从中遴选 1 名研究室主任。每个综合试验站设 1 个站长岗位。首席科学家、岗位科学家、综合试验站站长统称为体系专家。

"十二五"肉羊产业技术体系首席科学家由中国工程院旭日干院士担任。"十三五""十四五"期间，由内蒙古农牧科学院金海研究员担任。绒毛用羊产业技术体系首席科学家由新疆农牧科学院田可川研究员担任，"十四五"期间由新疆农牧科学院郑文新研究员担任。产业技术体系主要围绕产业发展需求，进行共性技术和关键技术研究、集成和示范；以农产品为单元，产业为主线，建设从产地到餐桌、从生产到消费、从研发到市场各个环节紧密衔接、环环相扣、服务国家目标的现代农业产业技术体系，提升农业科技创新能力，从而增强我国农业竞争力。国家现代肉（绒毛）羊产业技术体系的成立，是中国养羊业快速发展、迈向新时代的一个重要里程碑。体系平台设有文化建设专栏，体系岗站专家在这里传播文化、畅谈文化及写意等，为产业技术体系增加了浓厚的文化气息。

第五节　特色羊文化节

随着肉羊产业的发展，羊肉越来越受到广大消费者青睐，为了促进羊产业发展，弘扬羊文，各地以不同形式举办羊的节日，把羊文化与羊产业的发展融为一体，体现了文化与经济的一体化。习近平总书记指出，要善于把弘扬优秀传统文化和发展现实文化有机统一起来，紧密结合起来，在继承中发展，在发展中继承；要使中华民族最基本的文化基因与当代文化相适应、与现代社会相协调。以人们喜闻乐见、具有广泛参与性的方式推广开来，把跨越时空、超越国度、富有永恒魅力、具有当代价值的文化精神弘扬起来，把继承传统优秀文化和弘扬时代精神、立足本国又面向世界的当代中国文化创新成果传播出去。目前羊文化产业与文化交融、娱乐与经济结合的发展形式一方面是羊文化的继承与发展，另一方面也是对文化继承的最好诠释。在现代养羊业发展中，羊文化已不是单纯的羊文化，与养羊科技、经济发展和国计民生紧密地联系在一起。

一、2002 年首届中国麟游布尔羊节

为了调动广大农牧民、养殖单位养好羊的积极性，促进羊产业的持续、健康发展，全国许多养羊地区纷纷举办"羊节""赛羊会"。2002 年 8 月陕西省麟游县组织并成功举办了"2002 首届中国麟游布尔羊节"，主要内容为赛羊、种羊拍卖、经贸洽谈、项目签约、专家讲座、文娱演出等，对当地肉羊业的发展和羊文化的传播起到了积极的推波助澜的作用。节日中，最令人津津乐道是的赛羊会，通过赛羊、选美等环节完成种羊拍卖，冠、亚、季军的主人可分别获得彩电一台、铡草机一台、自行车一辆。纯种公羊冠军被誉为"猛男一号"，纯种母羊分别被称为"妙龄少女""风情少妇"等。最终，6 只羊竞卖成交额达 23.15 万元。可见，节日虽然以贸易是主导形式，但其中渗透着娱乐式的羊文化基因。

二、江苏省苏州市中国羊肉美食节

2007 年 9 月，在江苏省苏州市召开了第四届中国羊业发展大会暨首届中国羊肉美食节，开启苏州羊文化迅速复兴和传播的序幕。农业部总经济师杨坚指出大会应把"以销促养、产销对接、寻求合作、共赢发展"作为主题，旨在"开拓羊业市场、推动羊业发展"。这些内容丰富、形式多样、卓有成效的活动，为国内外羊业生产、加工、贸易与消费主体构建起了沟通互动的桥梁和协作双赢的平台，在帮助树立企业形象及产品品牌，沟通国内外市场信息，增进国际交流与合作方面，发挥出积极作用；同时，也有利于充分展示我国羊业整体实力，推动羊业新技术、新产品、新成果，进一步提高我国羊业生产能力和羊产品质量安全水平，促进我国羊业又好又快地发展。国内知名专家在会上作了专题报告，主要有：中国工程院院士刘守仁《依托科学进步 促进养羊业的可持续发展》，甘肃农业大学教授赵有璋《略谈中国的羊文化》是业界内首次的羊文化方面的报告，还有吉林农业大学教授马宁《从山羊绒品质分析试论中国绒山羊遗传资源保护》，中国社会科学院农村发展研究所研究员刘玉满《借鉴发达国家经验 创新肉羊业产业化经营模式》，苏州市吴中区水产畜牧局农技推广研究员林建良《汲取吴中文化精髓 提升羊业发展品牌》等。在美食节里，来自全国的 47 家餐饮企业展出了各自的羊肉美食品牌，展示了 99 道羊肉菜肴，推出了 16 席全羊宴，令与会代表和众多食客称赞不已。此外，本次美食节还举办了特色羊肉美味结对子活动，北京东来顺、甘肃中汇牛羊产业集团、新疆北疆饭店等来自全国 7 个省份的 16 家国内知名羊肉品牌餐饮企业与石家饭店、东方羊肉店等木渎藏书的羊肉店、餐饮企业结对，结对企业经过羊

肉菜肴的相互交流和学习，向广大消费者推出结对企业所在地的风味羊肉，让消费者品尝到不同特色的羊肉美食。赵有璋教授的报告是业内很长时间以来首次听到的关于羊文化方面的报告。可以看出，养羊业的快速发展为羊文化的发展带来生机。

2008年9月26—28日，由中国畜牧业协会主办、中国烹饪协会等支持，苏州市吴中区人民政府、苏州市吴中区木渎镇人民政府承办的第二届中国羊肉美食节在苏州市召开。此时期，羊文化的深刻内涵又为养羊业发展带来新的契机。本届羊肉美食节以"盛世羊业、和谐吴中"为主题，"以销促养、产销对接、寻求合作、共赢发展"为目标，旨在更进一步地带动我国羊产业的发展。本届羊肉美食节活动形式多样、内容丰富，开展了"藏书羊肉"创新菜展评活动、中国羊业发展高层论坛暨"藏书模式"羊业发展研讨会、"藏书羊文化有奖征文"等8项活动。开幕式上，千年古镇木渎被中国烹饪协会授予了"中国羊肉美食之乡"的"金字招牌"，同时，长三角地区首批统一招牌、统一装修风格、统一经营模式的12家"藏书羊肉"品牌店带着12席全羊宴100多道新菜参会评比。中国畜牧兽医学会养羊学分会理事长赵有璋、江苏省苏州市吴中区木渎镇镇长葛福林、北京东来顺集团有限公司部长丛培国和扬州大学旅游烹饪学院教授邱庞同分别作了专题报告。赵有璋教授应邀多次深入苏州市吴中区木渎镇羊肉饭店、山羊交易市场和业务主管部门等实地调查研究后，提出："藏书模式＝旺盛的羊肉食品市场需求＋历史形成和不断创新相结合的独特、精湛的羊肉食品加工方法和技术＋不可缺少的在消费区建立适度规模的'山羊交易市场'＋业务主管部门、行业协会积极有效的支持"。同时指出，这个模式在经济发达、人民生活消费水平比较高、不养羊或少养羊的地区推广，具有很强的生命力和显著的经济效益，并能有效地拉动周边地区乃至全国羊产业的迅速发展。以后陆续在江苏的木渎镇虹饮山房召开"第十一届中国·藏书羊肉

首届中国羊肉美食节（江苏）

藏书羊肉：御膳传家羊肉

文化旅游节"(2015)、在苏州孙武文化园召开 2019 年木渎金秋文化旅游季暨第十五届中国·藏书羊肉美食节、在王森街区举办 2020 年苏州木渎金秋文化旅游季暨第十六届中国藏书羊肉美食节。可见,羊文化的深度挖掘促进了养羊业经济繁荣。

三、中国怀仁羊肉美食文化节

2011 年 12 月 22 日,"四化一体东部新区"幸福怀仁系列活动之一的中国·怀仁首届肉羊养殖暨羊肉美食文化节在怀仁县南小寨村隆重开幕。文化节展示了当地的羊肉产品、饲料、兽药、皮革制品和新引进优质种羊、育肥羊。同时,当地云海生态园(全羊宴)、张家堡(盐煎羊肉)、新疆阿西木(烤羊肉串)、太原精品羊杂割等 15 家企业饭店现场为客人烹制了具有怀仁地方特色的羊肉美食,所美食等各类羊文化元素进行了一一展示。2012 年,由中国畜牧业协会主办,山西省怀仁县承办的第九届中国羊业发展大会于 9 月 16—17 日在山西省怀仁县召开。全国畜牧总站总畜牧师石有龙主持开幕式,农业部畜牧业司巡视员陈伟生宣布大会开幕,来自全国各地的羊业行业专家、学者、企业家、业内知名人士及有关部门领导与相关行业组织负责人等代表 400 余人参加了大会,江苏省畜牧总站作为理事单位派员参加了会议。在为期两天的大会上,与会代表参观了怀仁羊产业发展的巨大成果,举行了羊业发展专题论坛、中国畜牧业协会羊业分会第三次会员代表大会,发布了中国优质肉羊安全生产绿色宣言,还举办了第三届中国羊肉美食文化节暨第二届中国·怀仁羊肉美食文化节,特邀了江苏木渎全羊宴、四川简阳羊汤、内蒙古烤全羊、新疆羊肉串等外省份 20 家美食单位参加大会。

四、新疆玛纳斯中国羊肉美食文化节

2013 年 8 月 10—11 日,由中国畜牧业协会主办的第十届(2013)中国羊业发展大会在新疆维吾尔自治区昌吉州玛纳斯县隆重召开,新疆维吾尔自治区副主席钱智,全国畜牧总站党委书记、中国畜牧业协会副会长兼秘书长何新天,中国工程院院士、中国畜牧业协会名誉会长刘守仁,以及中国畜牧业协会羊业分会全体会员,中国畜牧兽医学会养羊学分会专家,畜牧科研院校研究人员,畜牧业推广技术人员,相关媒体记者以及来自澳大利亚、新西兰等国的代表等 700 余人参加了会议。会议期间,由玛纳斯县数十个专业合作社、养殖公司和个人选送 3 000 余只黑头萨福克种羊参加了"美羊羊选美大赛",并进行了电子信息交易平台的演示。集中展示了玛纳斯羊产业的发展成果。近些年来,地区的羊文化与民俗等乡村旅游文化进行了深度融合,如新疆第一锅的

"百羊宴"为当地历史文化节日增加了浓烈的羊文化色彩。

五、成都双流黄甲麻羊节

双流黄甲的养羊产业历史悠久，相传蚕丛部落从叠溪迁徙到成都平原定居，双流麻羊就是在这个过程中培育和发展而来的。发展到现在，黄甲获得"麻羊之乡"的美誉，1999 年以来，已成功举办 20 余届麻羊节，麻羊节成了双流办节时间最早、届数最多、影响最大、效果最好的节会。通过全新而有特色的办节模式和丰厚的文化底蕴展示，为麻羊产业确立了品牌、赋予了文化内涵、提升了黄甲人气，促进了麻羊产业的发展，当地人吃早餐都喝羊肉汤，一年四季吃饭都离不开麻羊肉。于是，"早餐都喝羊肉汤，黄甲人百吃不厌"成为双流的一大"怪"。

六、宁夏盐池滩羊节

宁夏盐池是全国 266 个牧区县中宁夏唯一的牧区县，境内草场资源、畜牧业资源富集。在干草原草场、荒漠草场、沙生植被草场、盐生植被草场 4 种草场类型上，生长着甘草、苦豆子等 175 种优质牧草。"一方水土养一方羊"，盐池滩羊就是在这样独特的自然气候条件和优良的天然草场植被条件下培育而成的优秀地方绵羊品种。2000 年，滩羊被农业部列入国家二级保护品种，属于皮肉兼用型。

盐池滩羊肉肉质细嫩，无膻腥味，脂肪分布均匀，含脂率低，营养丰富，是羊肉中的精品。据内蒙古农牧渔业生物试验研究中心检测，每 100 克盐池滩羊肉所含蛋白质总量为 93.2%（风干样），不饱和脂肪酸含量较高，矿物质元素种类丰富、含量适中，尤其微量元素硒的含量为 0.073 毫克/千克，具有极强的保健功能；而对人体有害的铅、砷、汞未检出；使羊肉具有膻味的癸酸未检出；羰基化合物含量为 1 毫克/100 克，与其他羊肉相比含量很低；而与羊肉风味有关的肌苷酸等含量与其他羊肉相比更高；胆固醇的含量与其他羊肉相比更低。

现代科学研究成果表明，盐池滩羊肉的营养成分结构明显优于其他肉类食品。当地人说，盐池滩羊"吃的是中草药（甘草、苦豆子等），喝的是沟泉水"，所以，滩羊肉风味独特，深受消费者喜爱。滩羊二毛裘皮久负盛名，据乾隆二十年出版的《银川小志》记载："宁夏各地，俱产羊皮，盐州（今盐池）特佳""有禾采之貌"，毛色洁白，光泽悦目，花穗美观，毛皮轻便，毛股长而坚实，根部柔软，能够纵横倒置，是裘皮中的上品，宁夏的"五宝"之一，也是盐池"三宝"之首，享誉世界。

多年来，当地县委、县政府坚持"以羊为主、草畜并举、科学养殖、加工增值、品牌带动、规模发展"，为把盐池建设成宁夏畜牧强县而奋斗。2003 年 6 月被中国国际品牌协会评为"中国滩羊之乡"；2005 年 6 月成功注册了"盐池滩羊"地理证明商标；2006 年建成了中国滩羊馆，并隆重举行了首届中国宁夏（盐池）滩羊节；2008 年 9 月荣获宁夏回族自治区著名商标称号；2010 年 1 月被国家工商总局商标局认定为中国驰名商标，使滩羊产品具有了适应市场经济竞争的"金牌名片"。2010 年 7 月 20 日，第二届中国·宁夏（盐池）滩羊节期间举办了盐池滩羊肉清真菜肴烹饪邀请赛、优质滩羊评比活动、滩羊节开幕式、现场观摩、全国养羊生产暨第二届中国·宁夏（盐池）滩羊节学术研讨会、招商引资签约仪式、文化研讨会、书法家画家画滩羊活动、摄影家采风摄影活动和"祝福盐池"文艺晚会等 12 项活动。此次活动将借助"盐池滩羊"这张地域名片，充分展示"中国滩羊之乡"的丰富内涵，进一步提升"盐池滩羊"品牌知名度。

近几年来，宁夏盐池县把游古城、庆丰收、品滩羊、感党恩等系列活动融为一体，开展形式多样的文化节日活动，且活动的主题内容都离不开滩羊及滩羊美食，如盐池县 2021"中国农民丰收节"暨滩羊美食文化旅游体育赛事系列活动等。可见，羊文化不是孤立存在的，是多元化的中华文化元素的重要组成部分和缔结者。

七、安徽萧县伏羊美食文化节

2000 年夏季，安徽省萧县城南许堂五香羊头馆策划了伏羊节活动，第一次打出中国萧县民间"伏羊文化节"的招牌。2012 年安徽萧县入伏以来，接待来自江苏、山东、河南等地及该省食客 30 余万人，收入 1.5 亿元，并带动了相关产业发展。全县有"羊饭店"千余家，形成了圣泉寺全羊、丁里羊头、筛子泉手抓羊肉和龙城羊肉汤"四大羊肉饮食集群"。以"品尝羊肉大餐，欣赏伏羊文化，体验乡村风情，广交天下朋友，繁荣萧县经济"为主题的伏羊美食文化节，让萧县羊肉名声大噪，日销量达 6 000 余只，是平时销量的 2～3 倍。鲜辣浓香的"羊文化"，收到了以"羊"扬名和以"羊"致富的双重效应。

最热的伏天，吃羊肉对身体以热制热、排汗排毒，将冬春之际的毒气、湿气通通祛除，这其中也暗含"天人合一"的质朴养生理念。"伏羊文化节"的发展对社会产生了深远的影响，它彰显着历史传承和族群认同的意义，也维系着当地人民的饮食文化习惯。伏羊美食文化节活动的举办，不仅使广大民众积极参与各种饮食实践中，也使当地的传统文化与羊文化融合发展、绵延相传。

第七章

羊味千年

第一节　羊肉文化

　　中国饮食文化是一种广视野、深层次、多角度、高品位的悠久区域文化；是中华各族人民在 100 多万年的生产和生活实践中，在食源开发、食具研制、食品调理、营养保健和饮食审美等方面创造、积累并影响周边国家和世界的物质财富及精神财富。千百年来，羊味飘荡在人间烟火中，绵延不绝。尤其是，羊肉已经成为中国人日常生活的重要组成部分，通过各种方式进行精心的加工羊肉，在满足华夏先民味蕾的同时，也逐渐成为一种文化基因，渗透到每一个国人的精神世界里。

　　商周时期，中国的养羊业已十分发达。据卜骨记载，仅仅因为族人发生了耳鸣这种微不足道的小事，一次就用了 158 只羊当作祭品，可见当时养羊的规模颇为可观。先秦时期，吃羊肉成为一种尊贵身份的体现，是王公贵族才能享有的特权。秦朝统一中国后，社会生产力得以发展，羊肉价格随着产量增加逐渐降低。到了两宋，羊肉直接称霸宫廷餐桌，苏东坡被贬谪到惠州时，发明一种美食，叫炙烤羊脊骨。他曾写有一联："世上千百件美事，无非饮酒；天下第一等佳肴，当数羊肉。"到了元朝，草原来的蒙古人不用说，更是嗜羊如命。到了明朝，人们的口味逐渐转变，猪肉开始成为大众肉食。到了清朝，虽然人们的主要肉食早已是猪肉，但从北方来的清朝统治者依旧对羊肉情有独钟。中华民族的祖先，在远古时代发明的一个字——"羹"，意思是用肉和菜等做成的汤，从字形上来看，还可以这样来解释：用羔羊肉做的汤是最鲜美的。

　　清代学者王永彬在《围炉夜话》里提出"百善孝为先"，孝敬父母是中华传统美德，羊肉的营养特质又让这份孝意更浓。《本草纲目》中记载，"（羊肉）暖中补虚，开胃健力，滋肾气，养肝明目，健脾健胃、补肺助气"。《老学庵笔记》"苏文熟，吃羊肉；苏文生，吃菜羹"。其中，吃羊肉更是有加官晋爵的意思。《经世大典》记载，元代驿站接待"正使"的伙食标准是"日供米一升，面一斤，羊肉一斤，酒一升"。《食疗本草》记载，羊肉，温，主风眩瘦病，小儿惊痫，丈夫五劳七伤，脏气虚寒。

《食医心鉴》《饮膳正要》《药性论》《孟诜》《日华子本草》《千金方》《备急方》《小品方》《中国药膳学》《四部医典》《传世养生本草》《中国补品》等医药典籍对羊肉均有记载。现代科学研究证实，羊肉富含多种微量元素、维生素，是食疗进补的绝佳食品。

羊是纯食草动物，羊肉属于高蛋白、低脂肪、低胆固醇的营养食品，特别是羔羊肉具有瘦肉多、肌肉纤维细嫩、脂肪少、膻味轻、味美多汁、容易消化和富有保健作用等特点，深受消费者欢迎。羊肉性温味甘，既可食补，又可食疗，为优良的强壮祛疾食品，有益气补虚、温中暖下、补肾壮阳、生肌健力、抵御风寒之功效。李时珍在《本草纲目》中说："羊肉能暖中补虚，补中益气，开胃健身，益肾气，养胆明目，治虚劳寒冷，五劳七伤。"因此有"羊吃百草，羊汤治百病"和"冬吃羊肉赛人参，春夏秋食亦强身"的说法。另外，据研究，在动物蛋白质中有一种能够燃烧细胞内部脂肪的类氨基酸——肉碱，在心肌和骨骼肌等肌肉中，肉碱的含量特别多。2002年，日本北海道大学对羊、牛和猪肉中的肉碱含量进行检测，发现羊肉中肉碱含量最多，每100克羊肉中含有188～282毫克。肉碱有促进乙酰胆碱生成的作用，同时，还可能有防止脑老化的功效。因此，从脑科学的角度看，羊肉也称得上是健康食品。

随着人们生活水平的提高和膳食结构的改变，羊肉作为"天然""无公害""绿色食品"等象征逐渐走上人们餐桌，促进了养羊业的发展，也助推了现代羊文化向更深更广的层次发展，羊肉美食文化近些年来风起云涌。

提起羊肉（绵羊肉和山羊肉），人们就会提起极具地方特色和风味、誉满国内外的"全羊席"，除此之外，还有新疆的烤羊肉串、兰州的手抓羊肉、西安的羊肉泡馍、内蒙古的烤全羊、北京的涮羊肉、成都的羊肉汤锅、苏州的藏书羊肉、重庆的烤全羊……

李慧文等（2003）编著的《羊肉制品678例》一书中，收集了国内外羊肉制品共678个品种。每个品种都以介绍原料配方、工艺流程、制作方法、产品特点或质量标准为主，同时还介绍一些食用方法等。另外，我国各地还有许许多多传统的、现代创新的、各具风格和特色的羊肉烹饪技术和加工方法，同样也深受市场、消费者的欢迎和好评。国家现代肉羊产业技术体系岗位专家张德权研究员主编《羊肉加工品质学》，介绍了羊肉产品加工的新技术、新成果，是现代羊肉加工品质领域的新发展。

在中国人的饮食文化里，"鲜"是至高无上的评价。南方以鱼为鲜，北方以羊为鲜。这个由"鱼"和"羊"构成的最高标准旗帜鲜明地提出了肉类中羊肉是最好的肉。在中国人的饮食历史中，牛因为农耕，很少作为食物；猪在宋代以前都不受重视，"贵者不肯吃，贫者不解煮"；但羊肉从来都是肉类里的翘楚。以下介绍的是全国各地的羊肉美食历史及其特色工艺。

一、全羊席

1. 历史

全羊席也称全羊宴、整羊席，蒙古语称为"秀什或不禾勒"，是蒙古族招待贵宾的传统佳肴，继"满汉全席"之后具有民族特点的宫廷大宴之一。据文献记载，成吉思汗、忽必烈、北京阿拉善王府和内蒙古各盟旗王府中，都曾以全羊宴接待来宾。其他民族如锡伯族用来款待亲朋的全羊宴称为"莫尔雪克"，意思是"碗里盛的菜肴"，主要是用是用羊杂碎做成，羊肉汤和羊肉是配菜。

"全羊席"是用整只羊的各个不同的部位，烹制出不同品名、不同口味的菜品，所有的菜名都不带"羊"字，即"食羊不见羊，食羊不觉羊"。其文字记载最早见于清代著名文学家、美食家袁枚的《随园食单》："全羊法有七十二种，可吃者，不过十八九种而已，此屠龙之技，家厨难当。一盘一碗虽全是羊肉，而味各不同。"

2018 年 9 月 10 日，在河南郑州举办的 2018 首届向世界发布"中国菜"活动暨全国省籍地域经典名菜、主题名宴交流会上，全羊宴就是其中最亮眼的菜品之一。

2. 工艺

全羊席的菜品随着历史的发展而不断完善。民国五年，徐珂编撰的《清稗类钞》中《饮食类·全羊类》记载全羊席 108 种菜品的烹制方法，菜品形状、品味及盛菜器皿："清江庖人善治羊，如设盛宴，可用羊之全体为之。蒸之、烹之、炮之、炒之、爆之、灼之、燻之、炸之。汤也、羹也、膏也、甜也、咸也、辣也、椒盐也。所盛之器，或以碗，或以盘，或以碟，无往而不见羊也。多至七八十品，品味各异。吃称一百有八品者，张大之辞也。中有纯以鸡鸭为之者。"

二、内蒙古烤全羊

1. 历史

内蒙古烤全羊是蒙古族传统名菜，是蒙古民族的餐中之尊，招待贵宾或举行重大节日、庆典时的盛宴特制的佳肴，便是"乌查"或"羊背子"。"乌查"就是烤全羊，也被蒙古族人誉为"餐品之尊"，而"羊背子"则特指羊脊上第7肋骨至尾骨，再加上四肢、头、颈、胛部分，放入锅中烹煮，只加少许盐即成，是蒙古族人的"最敬之食品"。

烧尾宴，盛行于唐代。所谓"烧尾宴"，据《封氏闻见录》记载，士人初登第或升了官级，同僚、朋友及亲友前来祝贺，主人要准备丰盛的酒馔和乐舞款待来宾，名为烧尾，并把这类筵宴称为"烧尾宴"。据史料记载，唐中宗时，韦巨源于景龙年间官拜尚书令，便在自己的家中设"烧尾宴"请唐中宗。"红羊枝杖（蹄上栽一羊得四事）"是唐代该宴第三十九道"奇异"看馔，相当于蒙古族的烤全羊。

据考古资料证实：在发现河套人（鄂尔多斯人）牙齿化石的附近地区，发现了古代人类使用火的灰烬；而且《元史》还有记载，12世纪时期的蒙古人"掘地为坎以燎肉"；到了13世纪，肉食方法和饮膳都已有了极大的改进。《朴通事·柳羔羊》对烤羊肉做了较详细的记载："元代有柳羔羊，于地做炉三尺，周围以火烧，令全通赤，用铁算盛羊，上用柳子盖覆上封，以熟为度。"不但制作过程复杂讲究，而且还用了专门的烤炉。精通汉、满、达斡尔语言，并懂得俄、英、日、蒙古文，潜心研究蒙古和达斡尔族历史的蒙古人阿勒坦噶塔，在其所著的《达斡尔蒙古考》中记有："餐品至尊，未有过于乌查（烤全羊）者"。据史料记载，烤全羊是成吉思汗最喜爱吃的一道宫廷名菜，也是元朝宫廷御宴"诈马宴"中不可或缺的一道美食，是成吉思汗接待王宫贵族，犒赏凯旋将士的顶级大餐。至清代，各地蒙古族王府几乎都以烤全羊宴招待上宾。

如今，随着旅游业、交通业、商业的发展，人们的交往更加便捷，烤全羊已成为内蒙古地区招待外宾和贵客的传统名肴，已成为内蒙古草原饮食文化中一颗璀璨绚烂的明珠。内蒙古高原海拔1 000多米，地势起伏微缓而辽阔，明显的四季变化适宜禾本科、菊科植物的生长，从而造就了"天苍苍野茫茫，风吹草低见牛羊"的大草原。草原上的羊经常吃野韭菜、沙葱，自己就把膻味化解掉了，因此这里的羊肉吃起来多汁味美、不膻不腻、吃了就上瘾。溯源起来，内蒙古本地菜式是手把肉和烤羊，当为正经的蒙古料理。目前，国内外游人在每年的7—8月到内蒙古旅游沉浸式体验"蒙古包＋烤全羊＋骑飞马"的快乐，感受马背民族的热情好客、"大碗喝酒、大口吃羊肉、歌醉宾朋"的草原情怀。当"蓝天、草原、烤羊、骑马、羔羊、歌声"等元素与你相伴，真所谓"天蓝芳草碧，坐飞骑，奔天际。闻乐娇羊舞娇蹄，珍馐炙，杯酒起，星月不语，醉了一地"，醒来又是大地飞歌，牧羊晨曲。

2. 工艺

内蒙古草原辽阔，有闻名于世的呼伦贝尔大草原、锡林郭勒大草原等，赤峰市、通辽市、兴安盟等都盛产优质羔羊肉。

（1）选择膘肥体壮的 1～2 周岁的绵羊作原料，将羊宰杀，用 80～90℃的开水烧烫全身，趁热煺净毛，取出内脏，刮洗干净，然后在羊的腹腔内和后腿内侧肉厚的地方用刀割若干小口。传统的内蒙古烤全羊，屠宰时须采用攥羊心的方法宰杀，即从羊的胸部开刀，把手伸入羊胸腔，攥其心脏至死；这种方法杀死的羊不会大量出血，其肉格外可口。

（2）把葱段、姜片、花椒、大料、小茴香末放入羊腹内，用精盐搓擦入味，羊腿内侧的刀口处，用调料和盐入味。

（3）把羊尾别入腹内，羊的胸部朝上，四肢用铁钩挂住皮面，刷上酱油、糖，等胴体温度下降后再刷上香油。

（4）把全羊腹朝上挂入提前烧热的烤炉内封好，在炉的下方备一铁盆，用来沥装烘烤时流出的羊油，以防落入炭火中冒烟。烤制 3～4 小时，待羊皮烤至黄红酥脆，肉质嫩熟时取出。原始的烤全羊，是将开膛去皮的整羊架于火上烘烤。烧烤时要用杏木疙瘩烧旺的红火，须火旺而无烟，在烤制地过程中不断地左右翻转，直到羊肉表面金红油亮即可。

（5）食用时先将整羊卧放于特制的木盘内，羊角系上红绸布，抬至餐室外请宾客欣赏后，由厨师将羊皮剥下切成条装盘，再将羊肉割下切成厚片，羊骨剁成大块分别装盘，配以葱段、蒜泥、面酱、荷叶饼并随带蒙古刀上桌，羊肉吃起来外焦里嫩，风味犹佳。

随着历史的发展和蒙古族人民生活水平的提高，烤全羊技术也与时俱进。现在，内蒙古的一些饭店和旅游景点为使烤全羊的肉质更鲜美，在制作工艺上都加上了自家秘方，所以烤全羊的制法也就各色纷呈。

如今，烤全羊已经成为一项职业能力，还被纳入了考核的规范。"烤全羊专项职业能力"的定义是：运用"烤"的制作技法，将宰杀的整只羊进行腌制、挂糊，利用特质馕坑烤制成特色风味制品的能力。该项考核，适用于"运用或准备运用本项能力求职、就业的人员"，类似于上岗证。

三、宁夏盐池滩羊肉

1. 历史

宁夏盐池滩羊是很多食材专家公认最好的羊肉，因上过《舌尖上的中国Ⅱ》而声名鹊起。2008 年 8 月 22 日，农业部正式批准对"盐池滩羊肉"实施农产品地理标志保护。2019 年 11 月 15 日，入选中国农业品牌目录。作为国内的顶级食材，盐池滩羊还三次上过国宴——G20杭州峰会、金砖五国厦门峰会、上海合作组织青岛峰会。盐池县具有得天独厚的天然地理环境，盐池地区野生草药20余种，水富含无机盐，滋养滩羊成为中国公认的优质羊肉。

滩羊因其特殊的生长环境，羊肉色泽鲜红，脂肪乳白，分布均匀，含脂率低；肌纤维清晰致密，有韧性和弹性，外表有风干膜，切面湿润不沾手；肉质细嫩，不膻不腥，是公认的优质羊肉。在放牧条件下，成年羯羊体重可达50～60千克，成年母羊体重也有40～50千克。二毛羔羊体重为6～8千克，脂肪含量少，肉质更为细嫩可口。滩羊肉的鲜美，历来就广为人知。

2. 工艺

宁夏地区对于盐池滩羊肉的做法可简单概括为"一煮二炖三蒸四烧烤"，在最大程度上保留了它原本的味道。

清炖盐池滩羊肉：最好选用腿部肉或是脖颈肉，直接放入清水中煮，在煮的过程中要将上面漂浮着的白沫捞出，然后加入花椒、盐、姜、葱，小火慢炖50分钟左右即可。制作方式非常简单，保留了滩羊肉原本的鲜香，味道醇正、营养丰富。

香煎滩羊排：将羊排放入清水中浸泡，15分钟左右就可以捞出清洗了。然后，在锅中放入适当的花生油，把羊排翻入锅中反复油煎，到了半熟的程度后，放入蒜片、洋葱、盐进行调味，到九分熟的时候就可以出锅了。菜品特点为外酥里嫩、香气扑鼻。

四、青海手抓羊肉

1. 历史

青海牧区的海拔都在3 000米以上，这里生长的藏系羊由于气候寒冷而生长缓慢，羊肉没有膻味，鲜美之极。虽然也有乌兰县茶卡羊、都兰羊、祁连藏羊、天峻藏羊之分，味道也有些许差异，但都是肉质细嫩。

"手抓"是青海高原上有独特风韵的吃法，在全国也颇有声誉。手抓羊肉与藏族同胞依水草而居的游牧生活是紧密相关的，因吃时一手抓肉，一手拿刀，割、挖、剔、片，把羊骨头上的肉吃得精光而得名。

该菜品相传有近千年的历史，原以手抓食用而得名。吃法有三种，即热吃（切片后上笼蒸热蘸三合油）、冷吃（切片后直接蘸精盐）、煎吃（用平底锅煎热，边煎边吃）。特点是肉味鲜美，不腻不膻、色香俱全。

2. 工艺

青海的羊一般为藏系羊，其中草膘羊和育肥羊广为人知。如果是新鲜现杀的羊肉，血水很少，只需要简单的清洗，就可以下锅煮了。如果是冻羊肉，血水多，但也不需要多遍清洗，以免减少羊肉汤的鲜味。

羊肉切忌焯水，要冷水下锅，而且不放任何佐料。等大火烧开之后，水中会漂浮大量的血沫，把血沫撇出，这个环节决定了羊肉汤的清澈程度以及腥膻的程度。血沫去除后，加入生姜片，三四只干辣椒以及一小把花椒粒等以去除腥膻味，增加肉香味。另外，为锁住肉内的水分、保持羊肉嫩度，不需加盐。

羊羔肉，需要煮开后 15 分钟左右，周岁的羊，需要煮 20 分钟到半小时，吃时可蘸调料。喝汤时，可根据自己口味加盐。

五、陕西羊肉泡馍

陕西自古就是连通中原与西域的要地，西域吃羊的饮食文化与北方汉族丰富的面食与烹饪技术在这里产生了奇妙的结合。羊肉泡馍由古时皇帝的御膳"羊羹"演变而来，是著名的陕西名吃。

1. 历史

羊肉泡馍又称煮馍、羊肉泡，古时称"羊羹"，即羊肉烹制的羹汤，羊肉泡馍英文名为"Pita Bread Soaked in Lamp Soup"。

羊肉泡馍早时是皇帝的食品之一。相传公元前 11 世纪，羊羹被列为国王、诸侯的礼馔。牛、羊肉泡馍，最早为西周礼馔，是在古代牛、羊羹的基础上发展而来的。古代许多文献，如《礼记》以及先秦诸子，都曾提及牛、羊肉羹。最初多用于祭祀及宫廷御筵。《战国策》记载中山国君，由于一杯羊羹而激怒了司马子期，使后者怒而走楚，劝楚王讨伐中山，最终导致亡国。据《宋书》记载：南北朝时，毛修之因向宋武帝献出羊羹，味美，武帝竟封俘虏修之为太官史，后又高升为尚书光禄大夫。隋朝有"细供没忽羊羹"（谢讽《食经》），唐代宫廷御膳和市肆都擅长制羹汤。另外，赵匡胤皇帝还与羊肉泡馍有着一段历史情缘。

陕西的羊肉泡馍有"天下第一碗"的美名，当年慈禧太后来到西安，吃过羊肉泡馍后称赞"肉软不糜、滋味甜美"，更使羊肉泡馍声名大振。北宋著名诗人苏轼留有"陇馔有熊腊，秦烹唯羊羹"的诗句。2012 年入选纪录片《舌尖上的中国》第二季《主食的故事》系列美食之一。2016 年 6 月 15 日起，羊肉泡馍新制作标准中对馍的吃法提出了"掰、撕、掐、抖"等工艺要求，最终形成"黄豆粒大小的碎粒"。同时，在成品上桌时伴碟，装有"20 克辣椒酱、50 克糖蒜、5 克香菜等佐食"，造型体现"银网罩盖、双鱼浮顶的特色，碗内无汤"，且"入口无汤汁"。

2. 工艺

羊肉泡馍主要由饼、羊肉和羊肉汤组成。饼的味道、软硬，汤和肉的滋味决定了羊肉泡馍的质量。

主料：烙饼（标准份）200 克。

辅料：黄花菜（干）50 克，木耳（水发）50 克，粉丝 50 克，青蒜 10 克，香菜 10 克，羊肉（熟）100 克。调料：盐 4 克，味精 2 克，胡椒粉 2 克。

制作流程：先将烙饼掰成碎块；黄花菜、木耳洗净撕碎；粉丝泡发；青蒜洗净；香菜洗净；羊肉切片备用；将掰好的烙饼放到锅里，加入羊肉汤，放入黄花菜、木耳、粉丝、青蒜，煮熟；调入盐、味精、胡椒粉拌匀，盛入碗内；放上切成片的卤羊肉，撒上香菜即可。泡馍讲究汤清肉烂，煮汤是最重要的，骨汤和肉汤分开煮，肉先腌制 20 小时，再煮 8～12 小时。

六、民勤羊肉

1. 历史

民勤养羊的历史源远流长。据史书记载，早在两千多年前，匈奴民族驻牧于此，还把肉羊选为贡品，作为与西汉王朝来往的献礼。汉武帝天汉元年，汉中郎将苏武出使匈奴，羁留于此牧羊，留下许多关于他和大自然天人感应的传说。在以苏武名字命名的苏武山周围的民勤绿洲，代代传承，形成了独具民勤地方特色的"苏武文化"。

"大漠风光美，民勤羊肉香"。民勤羊肉，是甘肃省民勤县特产，中国国家地理标志产品。民勤县位于甘肃省西北部，东、西、北三面被腾格里沙漠和巴丹吉林沙漠包围，沙漠气候与天然水草造就了羊肉独特的醇香，具有无腥无膻、不肥不腻、软硬适中、鲜美可口的品质，可煮可焖、可炒可烤的羊肉系列套餐，不仅成为民勤饮食文化中最重要的内容，而且在五湖四海的宾朋中留下"杭州风景美，民勤羊肉香"的美誉。2013 年，民勤县被中国食品工业协会授予"中国肉羊之乡"称号。2014 年"民勤羊肉"经国家质检总局批准为地理标志保护产品；2019 年，民勤肉羊入选"甘味"农产品"好中优"产品目录。

2. 工艺

饲养标准：活体羊品种是地方绵羊品种。饲养方式的要求是产地范围内采用暖棚舍饲，每只占舍面积不小于 1.5 米^2；配套大面积、全敞开、通透式的自由运动场，每只占地面积不小于 3 米^2。饲草要求是产地范围内草场生长的牧草，产地范围内种植的紫花苜蓿等牧草以及产地范围内农作物秸秆。出栏标准为羔羊 3 月龄以内，体重 15 千克以内；育肥羊 6 月龄以内，体重 30 千克以内。

工艺流程：屠宰基本流程为：屠宰前空腹静养不低于 24 小时。工艺流程为屠宰→排酸→分割。关键工艺要点为排酸，温度0～4℃，时间不低于24小时（李睿，2016）。

民勤手抓羊肉：清水煮沸，肉汤透明澄清，脂肪团聚于液面，鲜香无比。

七、北京烤羊肉

1. 历史

"烤肉"是北方游牧民族古老的传统食品，也称"帐篷食品"，也是宫廷美味食品之一。《明宫史·饮食好尚》中就有"凡遇雪，则暖室赏梅，吃炙羊肉"的记载。这里说的"炙羊肉"就是指烤羊肉。

最早的烤肉，是把牛肉或羊肉切成方块，用盐、豉汁、葱花稍浸一会再行烤制。明末清初时，蒙古族人则是把大块的牛、羊肉略煮，再用牛粪烤熟。清道光二十五年，诗人杨静亭在《部门杂咏》中赞道："严冬烤肉味堪饕，大酒缸前围一遭。火炙最宜生嗜嫩，雪天争的醉烧刀"。位于北京宣武门内大街的烤肉宛和什刹海北岸的烤肉季，素有"南宛北季"之称，是北京最负盛名的两家烤肉店。烤肉宛始建于清康熙二十五年，最初时是店主宛某带着伙计，手推小车，上置烤肉炙子，在宣武门到西单一带沿街售卖烤肉，清咸丰年间才在宣武门内大街设立固定门面，专营烤牛肉。烤肉季开业于清同治末年，店主叫季德彩，最初在什刹海银锭桥边设摊卖烤肉，1920年在什刹海北岸建起了店铺，专营烤羊肉。文史专家爱新觉罗·溥杰曾题诗赠予烤肉季："小楼一角波光漾，每爱临风倚画栏。酒看牝羔无限味，炉红榾柮不知寒。树移疏影堪幽赏，月满清宵带醉香。车水马龙还大嚼，冯欢长铗莫庸弹"。

2. 工艺

烤肉原料：主料：羊肉片。配料：大葱、香菜、花椒等。调料：料酒、酱油、姜汁、味精、白糖、芝麻油。

做法：

（1）优质羯羊，周岁为宜。

（2）肉料选好后，要先剔除肉筋、骨底、筋膜等，放入冷库或冰柜内冷冻后切片，进行烤食。

（3）将烤肉炙子烧热后，用生羊尾油擦拭。然后将酱油、料酒、姜汁、白糖、味精、芝麻油（有的还放鸡蛋）等一起放在碗中调匀，把切好的肉片放入调料中稍浸一下。随即将切好的葱丝放在烤肉炙子上，再把浸好的肉片放在葱丝上，边烤边翻动。葱丝烤软后，将肉和葱丝摊开，放上香菜继续翻动，待肉呈粉白色时，即食。

特点：肉嫩味香，自烤自食，佐酒食用，独具风味。

八、老北京涮羊肉

1. 历史

老北京涮羊肉最有名的是东来顺。"东来顺"是店主丁德山给自己的小粥摊取的名字。丁德山，回族，河北沧县人。最初在北京城做小买卖，全家住在东直门外二里庄的寒窑里，家境贫寒。光绪二十九年，丁德山向本家丁记借了钱，又向亲友借手推车、大板凳、案板等在东安市场北门附近摆小饭摊。当时他经营着棒子面贴饼子和热粳米粥。后来，他用赚来的钱在摊位处搭了个棚子，1906 年挂上招牌"东来顺粥摊"。1912 年 2 月 29 日晚，曹锟的军队大抢大烧王府井和东安市场，小粥棚遭到破坏。但他能干、肯干，在好友广兴木厂张掌柜的帮助下，赊垫材料和工钱，在废墟原地盖了几间灰瓦房，建了一个清真饭馆。1914 年开业，经营业务中增添"爆""烤""涮"羊肉，并更名"东来顺羊肉馆"。老北京涮羊肉，具有正宗老北京火锅的风味，采用铜锅炭火，羊肉鲜嫩、无膻味。

2. 工艺

涮羊肉是老北京人每年冬天必吃的美食。大铜锅的锅底十分简单，只要清汤，或者最多加一些葱段、姜片、红枣和枸杞调味，但调料极为讲究，有辣椒油、酱油、味精、醋、芝麻酱、花椒油、香菜、韭菜花、腐乳、麻油等。等锅开了，把羊肉片和牛肉片在锅里一涮，稍一变色就得捞出来蘸着酱料吃，极其鲜美，再配上一个麻酱烧饼，几瓣糖蒜，味道更佳。

具体工艺如下：

锅底料：老姜，干海米，干口蘑，大葱，小蟹干。

蘸料：芝麻酱，韭菜花，卤虾油，大红腐乳，腐乳汁，芝麻香油，盐，白砂糖，干辣椒，油。

涮料：羊上脑肉/羊黄瓜条肉/鲜牛百叶，白萝卜/大白菜叶，冻豆腐/南豆腐，粉丝等。

涮羊肉火锅中加入适量开水，放入所有锅底配料，待水再次煮开即可涮食涮料。

九、江苏藏书羊肉

1. 历史

苏州人的冬天是从走进藏书羊肉店开始的。藏书羊肉因起源于苏州藏书镇而得名，做法多为白烧和红烧两种。白烧以木桶蒸煮为特色（当地人称为"盆堂"，据说木桶可以去除羊肉膻味），肉质鲜美、汤色乳白，比起北方的羊肉来别具特色。

"藏书羊肉"是苏州木渎镇藏书办事处（原藏书镇）特产，久负盛名、历史悠久，历经数百年长盛不衰，每逢秋冬，遍布街头巷尾的大小羊肉店（馆）羊肉飘香，食客络绎不绝。

藏书镇地处苏州西郊，此处群山绵延，植被丰富，是得天独厚的适宜养羊的自然环境。当地人开始以担卖或摊卖等从事养羊、杀羊、烧羊、卖羊肉业务，清末时期开始在苏州城里开店经商，俗称"羊作"。光绪二十二年，藏书周家场（今兴奋村）的周孝泉曾在苏州醋坊桥畔开设城内第一家堂吃的"升美斋"羊肉店。宣统后都亭桥和临顿路两处又开设了"老义兴"和"老协兴"羊肉店。民国之后，藏书的羊肉店逐渐增多，遍布道前街、鸭黛桥一带，名扬江浙沪等地。长期以来，为提升藏书羊肉品质，培育经典菜肴，促进"藏书羊肉"特色化、品牌化、产业化，"藏书羊肉"从主推品系种类和烹饪技术上不断发展和多元化，成为著名品牌，风靡江南。1997 年经国家商标局正式注册为"藏书羊肉"，实现产业化经营。苏州市木渎镇因此被中国烹饪协会评为"中国羊肉美食之乡"。

2. 工艺

藏书羊肉出名全在烹调方法独特，秘方世代相传，所以羊肉细嫩滑口，羊汤鲜美润热，香气四溢。藏书羊肉选用的是放养爬坡的山羊，主要特色是去除了腥膻味。烹调时只放盐不加辅料，将一只羊身切成 4～6 大块，旺火烧开，然后撇去浮沫，放在清水中清洗（称为"出水"），再清除锅底的沉渣（称为"割脚"），然后将羊肉重新入锅再放在原汤内，旺火烧煮 3 小时以上，其间大、中、小火都要拿捏得当，待肉烂汤浓后出锅拆骨即食。当地人用羊肉可以做出 40～50 种菜肴组成的"全羊宴"，红烧、脆皮、爆炒、烧烤，不一而足。江苏地区的主要的羊品种是湖羊，舍饲为主，通过各种工艺改善了膻味，且肉质很细嫩。

十、上海七宝红烧羊肉

1. 历史

七宝红烧羊肉产于上海七宝寺，因寺得名，它是上海著名的风味小吃之一。最早是从清朝宫廷传出来的，据说是慈禧太后最喜好的宫膳。七宝红烧羊肉营养丰富，味道鲜美。七宝教寺，初为福寿庵，是晋代陆机陆云家祠，在松江陆宝山，俗称陆宝庵、陆宝院。五代十国时期，庵迁往吴淞江，吴越王钱镠赐以金字《莲花经》，并云"此亦一宝也"。七宝寺有"十年上海看浦东、百年上海看外滩、千年上海看七宝"的美誉。

2. 工艺

主要材料：羊肋条肉。

配料：胡萝卜，青蒜段。

调料：豆油，白酒，黄酒，辣椒酱，酱油，白糖，葱段，姜片，八角。

制作：将羊肋条肉洗净，切成 4 厘米见方的块。放入锅内，加清水适量，放入少许葱段、姜片、白酒、烧开，焯水约 1 分钟，随即捞出放清水中洗净。胡萝卜洗净切成片。炒锅上火，舀入豆油烧热，放入葱段姜片煸炒出香味，再将羊肉焖 15 分钟，再放入萝卜、酱油，煸炒呈红色即成。

十一、贵州羊肉粉

1. 历史

羊肉粉是"中华名小吃"，贵州省的民间小吃，有 300 余年制作历史。人常说"南粉北面"，南方人的粉类小吃有很多种，羊肉粉就是其中之一，常见较出名的羊肉粉有遵义羊肉粉、水城羊肉粉、黔西羊肉粉、兴义羊肉粉、金沙羊肉粉、沙土羊肉粉等，以兴义羊肉粉或遵义羊肉粉较为出名。羊肉粉以新鲜羊肉，配以爽滑的米粉，加入鲜羊肉汤及各种调料和油辣椒，其特色为香、鲜。米粉入口即化，老少兼宜，羊肉肥瘦适中，油而不腻。2016 年贵州省兴义市被授为"中国羊肉粉之乡"。

2. 工艺

羊肉带羊骨炖汤、米粉、油辣椒适量、大蒜适量、香菜（必放）适量，贵州酸菜（可以不放）。酱油、醋、盐、花椒等适量，羊油（必放）适量。

羊肉带羊骨用水焯过之后，炖汤。可以加些草果、八角、桂皮等去除肉膻味。把羊肥肉炼出羊油，羊油直接决定了羊肉粉的成败。米粉用温水泡好（半小时左右），加入羊汤，切片羊肉，一小勺羊油、一小勺辣椒油，香菜。然后根据个人口味调入酱油、醋、盐、花椒即可。

十二、广东红焖羊肉

1. 历史

在广州一年只在冬天营业的餐馆只有羊腩煲店。老广州人最传统、最接地气的吃羊腩煲方式，是用海南的东山羊肉做的打边炉——小黄泥炉、高身瓦煲。在广东，人们喜欢吃红焖羊肉，当然还有红焖羊腩、焖羊肚、焖羊排等等。红焖羊肉通常都少不了腐乳和支竹。经过酱料焖制的羊肉，再蘸一点儿腐乳，腐乳的酱香给浓香的羊肉起到了画龙点睛的作用，使得羊肉的口感更加丰富。

2. 工艺

材料：羊肉、大蒜、红辣椒。

配料：料酒、海鲜酱、沙茶酱、姜片、生抽、老抽、糖、盐、八角、枸杞。

做法：

（1）羊肉洗净、沥干、切块，胡萝卜切块。

（2）把油烧热，放入大蒜和姜片爆香，然后倒入羊肉翻炒变色。把料酒、盐、八角、海鲜酱、姜片、生抽、沙茶酱、红辣椒、老抽、糖倒入炒匀。

（3）把炒匀的羊肉转入炖锅或砂锅，放入枸杞，加入热水。

（4）小火慢炖 1 小时，再加入胡萝卜。再炖 1 小时直到羊肉酥烂，即食。

十三、西藏羊卓干素

1. 历史

西藏人普遍爱吃肉，肉以牦牛肉、绵羊肉为主。谚语说："山羊肉上不了席。"西藏人喜欢吃风干肉，最著名的干肉产在羊卓雍湖边，称为"羊卓干素"，那里生长着丰富的野生植被及略含盐分的湖水供羊生养，所以，风干肉里有一股天然的淡淡盐渍味，口感极佳。酥油、茶叶、糌粑和牛羊肉干被称为西藏饮食的"四宝"。青藏高原气候寒冷，所以牛羊肉作为御寒神器被广泛食用。在藏区很多人有吃生肉的习惯，家家户户的帐篷外都可以看到风干的牛羊肉（主要是牦牛肉和绵羊肉），肉质松脆有嚼劲，吃的时候可以蘸着辣椒粉和盐，口味非常独特，是只有在高原才吃得到的特色。

2. 工艺

主料：羊肉（后腿）。

调料：盐，醋，白砂糖，花生油。

制作步骤：

（1）羊肉（后腿羊肉）剔去筋膜，片刀为大薄片，铺晒在簸箕上，放在通风地方，2～3 小时即干燥。

（2）炒锅置于火上，热锅注入花生油，四成热时，放入干羊肉炸 3 分钟（油温不要过高），捞出沥油。炸制时求酥不要焦，掌握好火候。

（3）盐、醋、糖放在小碗中调化，炸后的肉用手轻轻撕了成 2～3 厘米小块，回入锅中，淋上糖醋汁，颠锅均匀淋入芝麻油，即可装盘上桌，味型还可以调成汁水蘸食。风干肉一次可制数斤，晾干后收藏保存。

十四、海南东山羊肉

1. 历史

海南的东山羊肉从宋代开始就享有盛名，曾经还是朝廷的贡品，是海南的四大名菜之一，当地的羊肉做法很多：红焖羊肉、清炖羊肉、药膳羊肉、椰汁羊肉、白切羊等，各具特色。虽然说南方的山羊比北方的绵羊膻味重很多，不过东山羊的肉相对接近北方羊肉的特点，肉质肥嫩，膻味较轻。

2. 工艺

选用带骨带皮的山羊肉，先在沸水中烫至八成熟，捞出后再在油锅中炸成金黄色，然后在放了各种调味料（葱姜蒜、八角、桂皮、腐乳、料酒、胡椒、味精、酱油、糖等）的油锅中翻炒而成。

十五、羊肉烧卖

1. 历史

乾隆皇帝有句诗提到了烧卖："捎卖馄饨列满盘，新添挂粉好汤圆。"烧卖又称烧麦、肖米、稍麦、稍梅、烧梅、鬼蓬头，在日本称作烧壳，是形容顶端蓬松束折如花的形状，是一种以烫面为皮裹馅上笼蒸熟的小吃。在内蒙古西部、山西等地民间常作为宴席佳肴，最早在茶馆出售，意即"捎带着卖"，也因为烧卖的边梢皱褶如花，又称为"梢美"等。

发源于山西北部的羊肉烧卖，是一道南北通吃的美食，因为当地饲养的都是山羊，肉筋、肥肉少，适合用来做馅料，当地人在擀烧卖皮时用了跟饺子皮不一样的手法，烧卖皮的边缘部分不用擀而是用压，这使得它能够充分吸收羊肉的鲜美滋味。

烧卖据说起源于包子，它与包子的主要区别除了使用未发酵面制皮外，还在于顶部不封口，作石榴状。

到了明清时代，"稍麦"一词虽仍沿用，但"烧卖""烧麦"的名称也出现了，并且以"烧卖"出现得更为频繁。清代无名氏编撰的菜谱《调鼎集》里便收集有"荤馅烧卖""豆沙烧卖""油糖烧卖"等。

现在各菜系都有烧卖，如内蒙古有较为正宗的羊肉烧卖，南方有卤馅芽菜烧卖，河南有切馅烧卖，安徽有鸭油烧卖，杭州有牛肉烧卖，江西有蛋肉烧卖，山东临清有羊肉烧卖，苏州有三鲜烧卖，湖南长沙有菊花烧卖，广州有干蒸烧卖、鲜虾烧卖、蟹肉烧卖、猪肝烧卖、牛肉烧卖和排骨烧卖等，都各具地方特色。

2. 工艺

主料：小麦面粉，羊肉（瘦）。

辅料：香菜。

调料：大葱，姜，胡椒粉，酱油，料酒，盐，味精，茴香粉，醋，香油。

基本做法：

（1）将羊肉洗干净，剁成馅；香菜去根，切成末；大葱、姜分别切成细末。

（2）将羊肉末放入碗内，加入料酒、葱末、姜末、精盐、胡椒粉、茴香粉、酱油、味精和适量水，搅均匀；加入香菜末和香油，拌匀，即成馅料。

（3）将面粉放入盆内，倒入适量沸水和成烫面；另取适量面粉和成面团。

（4）将两块面团放在一起揉匀揉透，盖上湿洁布，稍饧；搓成长条，切成面剂。

（5）用烧卖皮包入适量羊肉馅，上屉，用旺火蒸 15～20 分钟，即可蘸香醋食用。

十六、新疆孜然羊肉

新疆是中国养羊的最大基地之一。新疆的羊肉品种有阿勒泰大尾羊、塔城巴什拜羊、巴音布鲁克黑头羊、南疆刀郎羊、巴尔楚克羊、尉犁罗布羊等。新疆的羊肉吃法很多，有烤肉、烤包子、手抓饭、缸子肉等。南疆羊主要是在戈壁滩和高原放牧，肌肉结实肥肉少，肉质较为精瘦、有嚼劲。北疆的羊是草原放牧，肉质肥嫩，适合炖着吃。无论是内地人所谓的新疆"羊肉串"，还是红柳烤肉、架子肉、馕坑肉，在当地都被叫做"烤肉"。南疆阿克苏的红柳枝烤羊肉串充满野性，块头大，滋味浓，肉汁多，再配上红柳枝的清香，加上孜然，更是绝味。

1. 历史

孜然为重要调味品，气味芳香而浓烈，适宜肉类烹调，理气开胃，并可祛风止痛。新疆的牧草中有很多中草药，如党参、贝母、甘草、沙葱等。从东疆哈密的巴里坤羊到西疆塔城的巴什拜羊，从北疆的阿勒泰大尾羊到南疆环塔里木盆地周边的碱滩羊、荒漠羊，羊群可以吃到上百种植物，还能在低洼处喝到无污染的泉水，所以羊肉优质、味美，尤以烧烤名满天下。除了烤肉，还有孜然羊肉，手抓饭等，菜式用料多洋葱、孜然、番茄等。

无论是最普通的烤串，还是红柳烤肉、架子肉、馕坑肉，新疆人都能做成羊肉中的极品。烤包子、羊头肉——大块羊肉和洋葱做成馅，放在炭火上烤熟，外脆里嫩，别有风味；羊头肉则是羊头用盐水煮烂后配上酸辣蘸料，但它们仍然是南疆最美丽的羊肉。一块羊肉，一块羊油包裹的羊腰；一块羊肉，再一块羊油包裹的羊腰……完全不用任何腌料，只在烤熟的之后略微撒上一点盐和孜然。羊油让羊腰变得丰腴多汁，羊肉肥嫩鲜香。

2. 工艺

原料：新鲜羊后腿肉，盐，味精，香菜叶，料酒，姜，辣椒面，孜然，葱白，油。

制作方法：将羊肉切片，葱、姜洗净分别切段和块。

孜然放在干净锅内用小火炒干，放在砧板上碾压成细末，与辣椒面一同放在器皿中加味精拌匀。将香菜叶洗净放在碗中。将羊肉放在器皿中，加入料酒、盐、少许水，搅拌均匀后再将葱姜放入，腌渍 20 分钟把葱姜去掉。炒锅上火，放油烧到六成热把羊肉片放入锅内，待原料出水较多，油温下降时取出。油温重新升高时再把羊肉片放入锅内复炸一次取出，加入孜然、辣椒面、味精拌匀装到盘中，吃时在上面撒香菜叶即可。

十七、北京羊蝎子

1. 历史

羊蝎子的盛行也衍生出一个文字问题来，就是不少餐馆都把"羊蝎子"误写作"羊羯子"。"羯"字的音义与"蝎"字大相径庭。蝎，音 xiē，节肢动物，长有一对螯，四对脚。羯，音 jié，李时珍《本草纲目·兽一·羊》："去势曰羯羊。"把"羊蝎子"误写成"羊羯子"者，大概以为与羊有关的东西自然该用羊偏旁，而不知其得名和蝎子有关。其实羊蝎子就是绵羊的背脊骨，因其形状像蝎子，所以北京人把它称为羊蝎子。

2. 工艺

香辣羊蝎子：

主料：新鲜羊蝎子一根。

配料：葱，姜，辣椒，花椒，陈皮，大料，孜然，草果。

做法：

（1）羊蝎子剁成块，洗干净，放入冷水锅里中火煮，滤血水，撇浮沫。

（2）关火，倒掉水，把羊蝎子洗净。

（3）重新放水没过羊蝎子，放入葱段，姜片，以去腥膻，然后再放辣椒，花椒，陈皮，大料，孜然，草果等。

（4）加入酱油，糖，开大火烧开之后转小火慢炖，约 40 分钟，加盐，再炖 30 分钟左右即食。剩下的汤可以涮菜。

十八、河南羊肉炕馍

1. 历史

羊肉炕馍是河南开封的著名小吃，具体做法就是在薄薄的白面饼中间裹着羊肉末和酱料（葱末、盐、孜然等），然后用羊油烤制而成，面饼吃起来很有嚼劲，肉味鲜香细腻，趁热吃有一股烤馍的焦香味。

2. 工艺

主料：烙馍、羊肉末。

辅料：葱末，盐，孜然，羊油。

先在火上用大锅烧开水，用面和水和成像做饺子一样的面块，分成小块擀成薄饼。

水开后，把薄饼分次放到锅里蒸。蒸好了就是水烙馍，这也是一种吃法。

将羊肉末、葱末、盐、孜然均匀撒到饼上，然后再用另一个饼盖在其上。

平底锅放火上倒油，油热把做好的饼放里面烙，反、正都烙黄焦后，往中间一叠就好了。

烙饼的时候火候是关键，火不能太大，火大了容易煳。羊肉炕馍很费油，油大了才好吃，趁热吃最好。

十九、羊肉胡饼

1. 历史

《旧唐书》记载："贵人御馔，尽供胡食"，胡饼是唐朝不可或缺的餐桌食品。这种以面粉、芝麻、洋葱为主料的食物，是当时餐桌上的时尚。诗人白居易在《寄胡饼与杨万州》中说"胡麻饼样学京都，面脆油香新出炉"；《唐语林》中还记载了一种叫"古楼子"的肉饼——胡饼。唐玄宗更是对其喜爱有加。天宝十五载，唐玄宗西逃走到咸阳集贤宫，就是用"胡饼"充饥。

2. 工艺

主料：羊肉、面粉。

备羊肉一斤，层布于巨胡饼，隔中以椒、豉，润以酥，入炉迫之，候肉半熟食之。

二十、甘肃黄焖羊肉

1. 历史

黄焖羊羔肉是一道西北名菜，是清朝末代皇帝爱新觉罗·溥仪的御膳菜肴，也是北京等地清真菜馆的著名特色菜。

甘肃是羊肉烹饪大省，羊也是甘肃主要的家畜之一。靖远羊羔肉肉质鲜嫩多汁、无膻不腻，成为当地人食用的首选。

2. 工艺

主料：羊腿肉或五花肉。

配料：白菜、青蒜。

调料：豆油、酱油、糖、料酒、味精、淀粉、八角。

做法：

（1）羊肉洗净，放入锅中加水煮至八成熟后取出，切成块。白菜切成小方块，大蒜切成小段。

（2）炒锅烧热，倒入油，先放八角炒香后放入羊肉、白菜，然后加酱油、料酒、糖、味精和白汤，焖酥后，先取出白菜作底，后将羊肉取出盖在白菜上，卤汁留在锅中，加水淀粉勾芡，加大蒜、熟油少许，出锅浇在肉上即好。黄焖羊肉口味香酥，肥而不腻。

第二节　羊汤文化

羊肉汤甘温，能补益气血，温阳散寒，强壮身体，经常炖服，疗效可与参茸媲美。《金匮要略》记载，经常喝羊肉汤对于肾虚所导致的阳痿，早泄，妇人阴冷，心脾气虚所致的心悸、气短、乏力、失眠，血虚寒凝所致的脉管炎等都有辅助治疗作用，还能增强肌体的抵抗力，对病后体弱、贫血、产后气血两虚者都有好处。经常喝羊汤的人身体抗寒，抗病能力很强，所以民间有"药补不如食补，食补不如汤补"的说法。以下介绍一些各地羊肉汤特色及历史文化由来。

一、洛阳铁谢羊肉汤

1. 历史

在河南，喝羊汤的人很多，羊肉汤不仅是一种饮食，也是一种文化，以洛铁谢羊肉汤最为著名。

铁谢羊肉汤源于孟津县白鹤镇铁谢村，对面就是东汉开国皇帝，史上著名的中兴之主的刘秀的坟，距洛阳市区约 30 公里。当地人中流行着"清晨一碗汤，神仙都不当"说法，和"金铁谢，银白鹤，孟津城里烂簸箩"的民谣。铁谢是黄河的古渡口，是黄河南北两岸的重要交通要塞，千百年来，该渡口客商不断、船只云集。铁谢羊肉汤历史悠久，1910 年 11 月，有个名字叫李西连的人，在自家门前开了"铁谢李氏羊肉汤馆"，由于李家羊汤味道鲜美，经济实惠，生意红火，十里八村的群众都来喝汤，名气越来越大。1949 年后，在第二代传人李正本和第三代传人李松的潜心经营下，铁谢羊汤成为洛阳的品牌饮食，目前是"铁谢李氏羊肉汤"第四代传人经营。

2. 工艺

羊肉汤的主料是羊腿骨。一般每天晚上小火慢炖，直到第二天早上才卖。炖锅是近 1 人深、直径 2 米多的大锅，将大量敲开的羊骨头放入大锅内，加入清水和自制香料，汤烧沸后，用文火熬煮，骨髓、胶原等就都熬到汤里。煮肉的火候、时间、下锅、起锅等都必须凭四代祖传下来的实践经验进行才能达到特有的效果。汤里煮的都是鲜羊肉。当地人喜用硬面"锅盔"泡入汤中，吃起来更美。2017年3月5日，中央电视台《远方的家》栏目组到白鹤镇对洛阳市非物质文化遗产铁谢羊肉汤制作技艺进行了专题拍摄。

二、滕州羊肉汤

1. 历史

鲁南、鲁西南地区的人特别爱喝羊肉汤，滕州地处其中，羊肉汤更是盛行。可以说滕州的羊肉汤已遍布大街小巷，农村城市，大酒店小餐馆。回锅羊肉汤、泥缸羊肉汤、原味羊肉汤名目繁多，通过羊肉汤衍生出的菜有调羊肉、炖羊肉、炒羊肉、炖羊血、炒天花、炖羊脑、调羊鞭等，花样众多。

滕州气候温和湿润，适于农禾畜牧，自古物产丰富，人烟繁盛。在古代典籍中，这里就是瓜果梨枣飘香、稻薯高产之地，特别是牛羊牲畜主要产地。从新石器时代的北辛文化开始，这里就是人类文明的发祥地。优越的地理环境，肥沃的土地资源，便利的水利条件，造成这里物产丰富、社会进步、文化发达，人们在漫长的文明发展史中，从河内捕鱼，树上吃果，到种粮食、养家畜。火的发明促进产生了烧煮动物吃熟食的革命，从北辛文化，到前掌大遗址文物的出土，都发现了人类用土陶、铜鼎熬制牛羊肉，这就说明先人已经开始了喝羊肉汤了。

据记载，明万历十三年《滕县志·赋役志》"贡"中，就记有毛羊皮和白硝羊皮。清末，羊皮成了出口商品，当地人更是大力养羊。1949年后滕州一直被列为全国畜牧养殖基地。因此滕州畜牧历史悠久。

滕州人重礼节，讲情义，把羊肉汤做成一个品牌和一种文化。来客首先要请一顿羊肉汤，每逢节日孝敬父母要考虑买几斤羊肉做一顿汤喝，夏至要喝羊肉汤，避五毒养肠胃，安全度夏。每逢冬至，儿女要给父母送羊腿肉，开胃健肠，舒筋活血，养颜保元气，安全过冬季；儿童要断奶了，家里人要让婴儿喝顿羊肉汤，名曰膭肠，从此开食五谷，随便吃东西了。

喝羊肉汤已成为一种民俗，上升到礼节、习惯，把喝羊肉汤注入品格和生活层次上来了。邀亲朋品羊肉，其乐融融；呼挚友喝羊汤，其情奕奕。推杯换盏，人生之快事；美酒伴之，相得益彰。行令时，三千愁丝烦恼除；谈笑间，万般得失宠辱忘（马西良，2018）。

2. 工艺

俗语说，"一方水土养一方人"。滕州羊肉汤的历史可追溯至七千年前。在制作过程中，先人不断改进制作方法，从红陶、铜鼎、铁锅，又到泥缸的发展过程，形成了滕州独有的羊肉熬汤的方式方法。滕州羊肉汤之所以远近闻名，是因为滕州羊肉汤所用的羊是本地放养山林荒坡、常食百草的羊，要选1岁左右的幼羊，也就是当地常说的"羯羊"。

其做法为，杀羊放血，剥皮去内脏后用清水泡净血水，直到再洗肉时没有血水为止。选用的山羊肉质鲜嫩，营养丰富。熬制时先用清水煮羊，不放任何材料，以便熬出白嫩白嫩的汤，肉炖得烂而有骨，羊肉煮熟后，单用大锅煮剔除羊肉的骨头汤。汤呈乳白色，像刚挤出的羊奶。滕州羊肉汤做工精细，做法独到，材料齐全，肥而不腻，不膻不腥，入口即化，喝起来就上口，这也是滕州羊肉汤好喝的主要原因。

三、山东单县羊肉汤

1. 历史

"单县羊肉汤"最早创于1807年，当时由徐、窦、周三家联手创建，故取名为"三义春"羊肉馆。单县羊肉汤，以其"色白似奶，水脂交融，质地纯净，鲜而不膻，香而不腻，烂而不黏"独特风格，载入中华名食谱，以汤入谱的只有单县羊肉汤，被国人称为"中华第一汤"。

2. 工艺

单县的羊肉汤是鲁菜中的一道经典传统美食，早在19世纪初期就已经创立并流传至今。单县出产青山羊，这种羊肉质细嫩，膻味小，熬出的羊肉汤呈现乳白色，鲜美爽口，肥而不腻。单县羊肉汤的做法和西北羊肉汤类似，不过在佐料的选择上更丰富，要加入葱姜、白芷、肉桂、草果、陈皮、杏仁、花椒等，羊肉汤出锅后，还要在碗里加上蒜苗末、香菜、辣椒油等。

四、山东莱芜羊肉汤

1. 历史

莱芜羊汤应属"金家羊汤"最著名，始创于1876年，已有140余年历史，历经四代传人。金家老店羊汤不但名扬省内外，而且还飘香宝岛台湾。《山东侨报》和《外向经济导报》分别以《莱芜小吃飘香台湾高雄》《莱芜羊汤，飘香台湾》为题进行了报道。

相传清朝乾隆末年，金家老店羊汤创始人金茂胜，想做羊汤生意来养家湖口，他不断尝试调配佐料以消除腥膻之味，屡试不成，一次解闷散步，去登高望远，疲惫歇息时入梦，梦览八宝凤凰城，神游九顶雅麓山，遇一白发道人笑曰："水之精为玉，土之精为羊，羊乃吉祥之物，毛可织衣，皮可御寒，肉味鲜美，今念尔意诚，特赐予烹羊天书秘方一份，如方炮制，则其味愈加香浓，腥膻之气皆除也……"金茂胜梦醒后速回家中，按"天书秘方"精心配料，煮熬羊汤，果然汤汁清逸，香倾四邻，沁人心脾。

2. 工艺

选用莱芜山区放养的黑山羊，采用独特祖传特制秘方，全羊煮制而成。羊肉汤原汁原味，水脂交融，汤清肉嫩，开胃健脾。

五、安徽萧县羊肉汤

1. 历史

萧县民间宴会时有羊肉做成的菜系，古时该县羊肉馆挂着"老字号名震徐淮三百里，羊肉汤味占江南十二楼"的牌匾。1926 年，萧县城南丁里镇老兵回乡开设羊肉馆，后来把技艺传给后人打理。1928 年，汪氏从由汪振德奠基开业，以后传至其长子汪继坤，再传至长孙汪汉荣，现已传至其第四代重孙汪海洋。

2. 工艺

原料：羊肉。

配料：胡椒面，辣椒面，辣椒油，香醋，味精，精盐，香菜。

制作：羊肉片放入旺火锅内煮沸。胡椒面、香醋、味精放入碗中，待羊肉汤呈乳白色时，撇去浮沫，放入精盐，先捞出羊肉放碗内，再浇入羊肉汤，淋上辣椒油，撒入香菜即成。

六、山西壶关郭氏羊汤

1. 历史

乾隆年间，皇宫内有一位壶关籍御厨郭氏，在御膳房专门负责做羊汤，他在御膳房用祖传的烹羊手艺做得羊汤味美鲜香，深得乾隆皇帝喜爱，年老回乡后在壶关创立郭氏羊汤店，命名"郭氏羊汤"。

郭国芳是郭氏羊汤传承人，1992 年接管父亲经营的"郭氏羊汤馆"，2001年创办山西郭氏食品工业有限公司，羊汤的制作技艺日臻完善，研发出真空袋装郭氏羊汤、方便桶装郭氏羊汤，并注册了商标。2008 年，郭氏羊汤被先后列为县级、市级非物质文化遗产保护项目。2010 年 8 月被商务部授予"中华老字号"称号，并被列为山西省非物质文化遗产。

2. 工艺

"郭氏羊汤"制作原料中有多种名贵中药材，有"一碗汤中有全羊"之说，即一碗汤中有三五个羊肉丸子、七八个羊肉饺子，炖肉、血条、脂油与头、蹄、口条及胃、肠、心、肝、肺、腰等内脏切成的条条块块，除羊的皮毛之外，应有尽有，连羊骨髓也熬在老汤中，有大补元气之功效。当地流传着"夏天喝羊汤温胃祛泻止肚胀，冬天喝羊汤健脾生津好保养"的民谣。多年的历史传承，在当地形成了独特的羊汤文化。

主料：当天杀的羊肉，各种名贵中药材 21 种。

种类：各地的羊汤一般只有羊肉、杂碎，郭氏羊汤则不同，它除了有炖羊肉和羊杂外，还有羊肉丸子和羊肉饺子。

程序：各道工序都有一整套独特的步骤，并加入家传配方。

七、四川简阳羊肉汤

1. 历史

早在汉代简阳就有"户户具鸡豕，十里闻羊香"说法。简阳羊肉汤的独特得益于简阳的山羊。简阳的土山羊，俗称"火疙瘩羊"，个头矮小，但生命力极其旺盛。20 世纪初，从美国引进努比羊，后放逐龙泉山脉，与简阳的土羊杂交，形成了汇聚中外品种优势的"简阳大耳羊"。对简阳人来说，羊肉汤是一种极好的便餐，也是一种饮食文化。

《简州志·食货志》中均没有记录简阳羊肉汤的起源，传说源于牛鞞县令董和"鱼羊烩"及三国蜀汉诸葛亮"全羊汤"。有现实依据记录的简阳羊肉汤出名始于清代。传说，三国名将简雍因为军、政事务繁杂，积劳成疾，久治不愈。简雍爱民，深受民众爱戴。当地有一老者，得知简雍病情后，向他进献一方，即羊肉炖萝卜，简雍服食一段时间后，果见奇效，后来人们在汤中加入猪骨、鲫鱼等料，炖的时间延长，汤色变得又白又香。

每年冬至时节，简阳市都会举办羊肉美食节，简阳当地人说"冬至喝羊肉汤，一冬都不生冻疮"，一定程度上反映了羊肉汤的御寒及保健功用。

2005 年，中央电视台《一锅汤煮掉五十万只羊》的节目播出后，简阳羊肉汤更是名震京华。2006 年，在"中国简阳第三届羊肉美食文化节"开幕式上，"五友·简阳羊肉汤锅"亮相在大众面前，汤锅直径 12.22 米，代表本届盛会日期，同时也寓意 12 月 22 日冬至这一传统节日，大锅周围排列 20 口小锅，总计 21 口锅，寓意简阳 2 100 年的发展历史。"五友·简阳羊肉汤锅"号称天下第一锅，它的直径超出吉尼斯纪录保持者的重庆德庆德庄火锅（蒋向东等，2007）。

2008 年简阳羊肉汤在几万个参赛菜品中脱颖而出，入选全国 30 道奥运健康美食，成为其中唯一以羊肉为主料的汤类菜品。

2. 工艺

原料：当地简阳大耳羊羊肉。

熬汤：有清汤和白汤两种，清汤就是清水直接加羊肉。白汤是先煮羊骨架，直到汤呈白色乳状再放羊肉继续煮。煮好后，根据口味，放适量的盐和味精，再放茴香和胡椒或葱末。

八、河北平泉羊杂汤

1. 历史

平泉古称"八沟"，平泉羊汤最初人们称为"八沟羊杂汤"。平泉烧饼则以个大芝麻多，香软松脆而著称。羊汤配烧饼，是一道美味佳肴。

河北平泉羊汤的来历有多种传说，其中最广为流传的是，康熙皇帝在围场沟（今河北平泉党坝）设围打猎，在追赶一只梅花鹿时，一直追到八沟（今平泉市平泉镇），鹿钻入柳林没了踪迹。皇帝此时已感到饥饿，沿途循着饭香味找到一家小饭店，店内老者在铁锅内煮好羊杂汤，配两个烧饼。皇帝吃得津津有味，吃完后才得知是羊杂汤，便随口呻出一首诗："喜峰口外远，塞北古道长。野鹿入柳林，八沟羊杂汤。"从此，八沟羊汤名声远扬。

2. 工艺

用料：羊内脏。

配料：味精、葱丝、姜末、精盐、胡椒粉、花椒水、香菜。

烧煮：煮清水，煮沸后放进鲜肉、羊杂和骨架；用大火烧（以木柴火为好），除去血沫，然后按一定比例放入白芷、肉桂、草果、陈皮、杏仁等，同时加大葱、生姜等适量，再熬40分钟即成。

九、广西羊瘪汤

1. 历史

羊食百草，羊瘪是羊的小肠中尚未完全消化的草料等食物，羊瘪汤又被称为"百草汤"，是黔东南地区的一种独特食品，四川大石山地区苗族群众利用山羊内脏制作的一道风味佳肴，当地苗家医治胃病的常用良药，同时也是用来接待宾客的上乘菜品。"羊瘪汤"既可单独食用，也可用来下酒。

传说从前，有兄弟两人杀母羊为父亲送葬。因为苗族住在高山上，用水很困难，哥哥建议把羊肠、羊肚的粪便捏出来就煮，反正煮熟了外人也看不出来。于是，兄弟俩把羊肉和羊肠煮好了，请寨子里的人来吃，其中有个人原来身体有病，吃了兄弟俩的汤后，不久病就好了。他很奇怪，便去问那两兄弟，得知真实情况后，那人仔细一想，春天羊吃的是嫩草，可能嫩草中有些是草药，病才好的，他的想法得到人们的一致认可。从那以后，每到春天，当地人煮羊肠时都故意不挤不洗，至今这种食俗还在流传。

2. 工艺

主料制备："羊瘪汤"主要用料为羊的内脏。将羊宰杀后剖腹，然后取出肠、肚冲洗干净，但保留羊肠里的部分脂肪，将肥肠编制成辫子状（俗称"羊辫肠"），脂肪越多，"羊辫肠"就越鲜美。

煮熟：用当地深井水，把羊内脏放到冷水锅中，加适量盐，将熟时，放入适量事先过滤干净的胃液，待煮开后再放入羊血，羊血熟后即可全部捞出。将煮熟的内脏切细或者剁碎，羊辫肠则切成段。烹制好的羊瘪汤呈黄绿色，入口微苦。

羊瘪汤按苗家的习惯吃法可以做成原汁原味型，即不加任何作料，直接把汤加入肉料中食用；也可以做成苦胆、泽兰味型，即在热汤里加入适量的猪苦胆、鲜艳的泽兰叶（药材），具有辅助治病和明目的功效；还可以做成多味型，即在汤里加八角、生姜、砂姜或者其他的草药。但不管哪种口味，配制出来的汤都要有羊味，才是正宗的"羊瘪汤"。

十、辽宁本溪羊肉汤

1. 历史

辽宁本溪的小市是个规模比较大的城镇，本溪小市"羊汤"十分有名。

2. 工艺

原料：山羊的骨、肉、内脏。

配料：盐、胡椒粉、香菜、辣椒、味精等。

制作：把原料放入土灶大锅里炖煮数小时，至汤汁呈乳白色时，将锅内的汤汁、肉及切碎的内脏盛起，放入调料，即为羊汤。

羊汤里有羊血豆腐，口感脆嫩适中。

第八章

羊属、羊姓及羊生肖

一、"羊"生肖

十二生肖是我国传统文化的瑰宝之一，每个中国人都有一个生肖。生，即出生年份；肖则为类似、相似的意思；所以生肖就是表示出生年份的象征物。"生肖"又称属相，一共有十二个。用来表示属相和人出生年的有十二种动物，这十二种动物又同十二地支两两相配：子为鼠，丑为牛，寅为虎，卯为兔，辰为龙，巳为蛇，午为马，未为羊，申为猴，酉为鸡，戌为狗，亥为猪，以此记人生年；十二年一循环，出生在哪一年就属于哪一年的动物。

羊在十二生肖中居第八位，与十二地支配属"未"。易卦以"兑为羊"。在五行中，羊属火，所以为火畜。羊可象征安泰。羊年为 1907、1919、1931、1943、1955、1967、1979、1991、2003、2015、2027、2039、2051 年等。

圆明园　十二生肖兽首铜像复制品

生肖还与"羊谷的传说"有关。由于传说羊从天宫为人类偷了五谷，受到玉帝的惩罚，在天宫宰羊吃羊肉，但在羊行刑的地方，水草丰满还生出了羔羊，羊以草为生，为人类奉献了羊肉、奶等，所以人间每年举行盛大仪式来纪念和感谢羊的恩德。后来玉帝要挑十二种动物为人类生肖并赐为神，人类一致推举羊，玉帝难违众愿，把下午1—3时（即"未时"）给了羊神，因此未时属羊，据说羊在这时候，撒尿最勤，撒的尿可治愈自身一种病。

唐十二生肖陶俑
（摄于西安市羊文化博物馆）

二、古今名人与羊

因为羊很温驯，往往成为人们嘲笑戏弄的对象，小时候就听过狼和小羊的故事。不过羊虽然温柔，却也有英雄气魄。《汉书·苏武传》中的苏武牧羊的故事千古传颂。但有些人认为，"养子如羊，不如养子如狼"，因此不希望在羊年生孩子。事实上，羊年出生的人物还有好多是颇有建树的人物。

（一）羊属相名人

1. 教育家、思想家、哲学家

子路（前542—前480年），春秋时鲁国人，孔子学生。

桓谭（前40—公元32年），东汉初哲学家。反对神学，断言精神不能离开物质而存在。有《新说》29篇。

向秀（227—272年），西晋玄学名士。与嵇康、阮籍等交游，为"竹林七贤"之一。

陆九渊（1139—1193年），南宋哲学家。学者称象山先生。其著作由后人编为《象山先生全集》。

王应麟（1223—1296年），南宋学者。浙江宁波人。精于经史、地理，擅长考证，著作极多。

傅山（1607—1684年），清初学者。字清主，山西忻州人。有《霜红龛集》《荀子评注》等。

王夫之（1619—1692年），清初思想家、学者。学者称其船山先生。与顾炎武、黄宗羲并列为"清初三大家"之一。

俞正燮（1775—1840年），清代学者。主要著作有《癸巳类稿》《癸巳存稿》《两湖通志》等。

2. 文学家、史学家、画家、诗人

王融（467—493年），南朝齐文学家。为"竟陵八友"之一。他文藻富丽，精通声律，与沈约共创"永明体"，有《王宁朔集》。

贺知章（659—744年），唐代诗人。字季真，浙江萧山人。好饮酒，工书法，与李白、张旭等为友，时称"饮中八仙"。

元稹（779—831年），唐代诗人。河南洛阳人。常与白居易相唱和，世称"元白"，所作传奇《莺莺传》，为《西厢记》故事所取材。

贾岛（779—843年），唐代诗人。今河北涿州人。韩愈赞赏之余，赞成用"敲"字，这就是"推敲"典故的来源。著有《长江集》。

杜牧（803—852年），唐代文学家。七言绝句尤为后人推崇。与李商隐齐名。有《樊川文集》传世。

韦庄（863—910年），唐末词人，诗人。五代时，入蜀为官，在词的方面与温庭筠齐名，合称"温韦"，是花间派的代表作家之一。著有《浣花集》。

柳开（947—1000年），北宋文学家。著有《河东先生集》。

曾巩（1019—1079年），北宋文学家。今江西人。为"唐宋八大家"之一。作品有《元丰类稿》。

沈括（1031—1095年），北宋科学家。浙江杭州人。著有《梦溪笔谈》。

李焘（1115—1184年），南宋史学家，《续资治通鉴长编·九百八十卷》，记北宋一代史实甚详，保存了大量史料。

杨万里（1127—1206年），南宋诗人。与陆游、尤袤、范成大并称"南宋四家"。有《诚斋集》。

程端礼（1271—1323年）元代文学家。

沈周（1427—1509年），明初书画家。今江苏苏州人，为"吴门画派"之始祖。

顾祖禹（1631—1692年），清代历史地理学家。《读史方舆纪要》是我国著名历史地理和军事地理著作，极富史料价值。

曹雪芹（1715—1763年），清代著名文学家，代表作《红楼梦》。

赵翼（1727—1814年），清代史学家、诗人。江苏常州人。治学精于考史，所著《二史札记》着重讨论历代重大史事，与袁枚、蒋士铨齐名，称"江右三大家"。

李汝珍（1763—1828 年），清代文学家。晚年写成长篇古典小说《镜花缘》。

包世臣（1775—1855 年），清代学者。今安徽泾县人，长于书法，为晚清书法名家。

张裕钊（1823—1894 年）清末古文家、书法家。湖北武汉人。

徐悲鸿（1895—1953 年），汉族，原名徐寿康，江苏宜兴县屺亭镇人，中国现代画家、美术教育家。

3. 政治家、军事家

窦融（前 16—公元 62 年），东汉初大臣。字周公。

诸葛瞻（227—263 年），三国时蜀国将领。诸葛亮少子。

斛律光（515—572 年），北齐大臣，字明月，山西朔县人。每射必中，人称"射雕都督"。

牛僧孺（779—847 年），唐代重臣。有传奇文集《玄怪录》。

桑维翰（899—947 年），五代十国时期后晋大臣。河南洛阳人。封魏国公。

范质（911—964 年），五代后周和北宋初大臣。今河北清河县人。

吕端（935—1000 年），北宋大臣。让相位于寇准，自任参知政事。

欧阳修（1007—1072 年），北宋政治家、文学家、史学家。号醉翁，号六一居士。今江西永丰人。自撰《新五代史》，有《欧阳文忠公集》。

司马光（1019—1086 年），北宋史学家。今山西夏县人。人称"真宰相""司马相公"。

岳飞（1103—1142 年），南宋抗金名将。字鹏举，河南汤阴人。

韩胄（1151—1207 年），南宋大臣。

申时行（1535—1614 年），明代大臣。字汝默，号瑶泉，苏州人。嘉靖进士，著有《赐闲堂集》。

代善（1583—1648 年），清代大臣，努尔哈赤第二子。为"四大贝勒"之首。皇太极时，封和硕兄礼亲王。皇太极死，他召集诸王贝勒协调矛盾，与多尔衮共辅朝政。

曾国藩（1811—1872 年），清代大臣，湘军首领。字伯涵，号涤生，湖南湘乡人。著有《曾文正公全集》。

李秀成（1823—1864 年），太平天国将领。广西藤县人。1859 年封忠王。

李鸿章（1823—1901 年），清末大臣，洋务派首领之一。字少荃，安徽合肥人。著有《李文忠公全集》。

刘光第（1859—1898 年），清末维新派人物。四川富顺人。戊戌变法为"六君子"之一。

（二）属羊历代帝王

（1）汉宣帝刘询（前 90—前 49 年），西汉皇帝，前 74—前 49 年在位。字次卿，武帝曾孙。

（2）魏武帝曹操（155—220 年），东汉末年著名政治家、军事家、文学家。东汉丞相，子曹丕建魏后追谥武帝。

（3）晋宣帝司马懿（179—251 年），三国时魏国大臣。其孙司马炎代魏称帝，建西晋朝，他被追尊为宣帝。

（4）北魏道武帝（371—409 年），北魏建立者。字涉圭，鲜卑族拓跋部人。代王什翼健之孙。皇始三年定都平城（今山西大同市东北），即帝位。

（5）南朝宋文帝刘义隆（407—453 年），生于京口（今江苏镇江），开国皇帝刘裕的第三子。

（6）北魏孝文帝元宏（467—499 年），北魏皇帝，鲜卑族政治家。

（7）南朝梁简文帝萧纲（503—551 年），南朝梁皇帝。549—551 年在位。梁武帝第三子，531 年被立为太子。自称癖爱诗文。

（8）南朝陈武帝陈霸先（503—559 年），南朝陈的建立者。字兴国，小字法生，吴兴长城（今浙江长兴）人。

（9）侯景（503—552 年），北朝东魏将领。字万景，鲜卑化羯人。自立为帝，改国号汉。

（10）唐太宗李世民（599—649 年），唐高祖李渊次子，年号贞观。

（11）吴越国王钱元瓘（887—941 年），932—941 年在位。祖籍浙江临安。一生好儒纳文士，有诗千首，其中三百首编为《锦楼集》。

（12）宋孝宗赵眘（1127—1194 年），南宋皇帝，宋太祖七世孙，字元永。

（13）宋恭帝赵㬎（1271—1323 年），南宋皇帝。1274—1276 年在位。

（14）辽圣宗耶律隆绪（971—1031 年），辽朝皇帝。982—1031 年在位。在位时被称为辽的全盛时期。

（15）金宣宗完颜珣（1163—1223 年），金朝皇帝。1131—1223 年在位。即位后向蒙古求和。从北京迁都河南开封。

（16）明英宗朱祁镇（1427—1464 年），1435—1449 年和 1457—1464 年两度在位。宣宗长子，出生 4 个月，即立为皇太子。9 岁即帝位，建元正统。

（17）清太祖爱新觉罗·努尔哈赤（1559—1626 年），女真首领，后金的建立者，清朝的奠基人。

三、姓名中带"羊"字之人

羊姓在《百家姓》中带"羊"字之中排第202位，在"二十四史"中，有40名羊姓之人的传记，本书简记几位古代姓名中带"羊"字的历史名人。

1. 羊角哀

汉代刘向的《列士传》等典籍记载，羊角哀是春秋时期燕国人，与左伯桃是好朋友。他们听说楚王招贤纳士便结伴前往。中途值冬季，又逢雨雪交加，他们饥寒交迫，处境十分艰难。左伯桃为了照顾和成全友人，脱下自己身上的衣服给羊角哀穿上，并把余粮留给他，让他继续赶路，而他自己留下来，由于受冻和挨饿而死。羊角哀历尽艰辛终于到达楚国，官拜上大夫，他成名以后，不忘患难时朋友的救助之恩，专程来到当年分别的地方，在一棵树下找到左伯桃尸体，厚礼殡葬，随即自杀以殉友情，他们之间的友情被称"羊左之交"，比喻生死之交的朋友，朋友情谊纯真，被后人列入"八拜之交"。羊角哀与左伯桃偶然相见，结为兄弟，各舍其命，留名万古，深深影响着古人和今人。

2. 羊祜

《晋书·列传第四·羊祜》中记载，羊祜都督荆州诸军事，驻襄阳。"开设庠序，绥怀远近，甚得江汉之心。""祜乐山水，每风景，必造岘山，置酒言咏，终日不倦。"羊祜死后，"襄阳百姓于岘山祜平生游憩之所建碑立庙，岁时飨祭焉。望其碑者莫不流涕，杜预因名为堕泪碑。"

羊祜镇守襄阳时勤于治事，大兴学校，关心百姓疾苦，后人在他常游憩的岘山上为他立庙建碑。人见者无不落泪。后遂用"堕泪碑、岘山碑、岘亭碑、羊碑、涕泪碑、岘首碑、羊公碣、堕泪碣、羊公石、岘山泪、堕泪岘山、襄阳堕泪、羊岘"等称扬卓著的政绩，表示怀念之情或泛写伤心落泪。

孟浩然瞻仰堕泪碑后，写下了千古名诗："人事有代谢，往来成古今。江山留胜迹，我辈复登临。水落鱼梁浅，天寒梦泽深。羊公碑尚在，读罢泪沾襟。"李白在诗作感慨："且醉习家池，莫看堕泪碑。""空思羊叔子，堕泪岘山头。"柳亚子《重题秣陵悲秋图》诗："国殇早筑衣冠冢，石碣深镌涕泪碑。"还有张九龄、杜甫、张雨等在此都有吟唱。"羊碑"一词，至今仍为"官吏有德政者"之美誉。

3. 羊欣

羊欣是南朝宋书法家，勤奋好学，博览群籍，尤其擅长隶书，曾向王献之学习过书法，在当时朝野很有名气。梁朝著名史学家沈约称他"善隶书，献之之后，可以独步。"据《南齐书·本传》载，会稽王世子元显，几次请羊欣为之书扇，但都遭到拒绝。元显很是恼怒，把羊欣贬为后军舍人。羊欣则不附权贵、淡泊名利，欣然受之，毫不后悔，他的这种气节令后人称颂。

4. 孙羊

《清明上河图》描绘了北宋汴京城汴河两岸繁盛的街景，展现了当时人们繁华富裕的生活。在《清明上河图》的画卷中，有家羊肉店叫"孙羊店"，门口挂了幌子和招牌。幌子上写着"孙羊店"，旁边的招牌上写着"正店"。提到正店，不得不讲到北宋时期的"榷（que）酒制度"，即宋代的一种卖酒制度，有点类似于现代批发和零售的关系。正店类似现在的高档酒楼，出钱获得官府的特许（据说可以抵税），可以酿酒，批发零售都可以，而除此之外相对应的是"脚店"，不能自己酿酒，只能从正店买酒，然后再零售。这个"孙羊店"，就是有特许可以酿酒的正店。中国酒文化博大精深，在此拙笔不能深耕。但是自古以来，似乎酒肉文化就没分离过，经过千年的传承与发展，现今，这里的孙羊店的经营的不是以酒为主，而是以羊肉为主。

在《清明上河图》中看过十里长街市井、在河南省开封市的清明上河园里逐梦北宋盛世。2023 年 4 月本书作者跟着熙熙攘攘的人群，似乎穿越千年亭台楼阁、水榭桥廊。在汴河街上，寻味走去，最先映入眼帘的就是一家阔气的孙羊正店，两层楼，左右各有侧厅。楼前挂着写着"孙羊店"的幌子，旁边的招牌上写着"正店"，与图中景象十分契合。左边还有一个孙羊烩面店牌，其招牌食品是一道价格高于其他食品 3 倍多的坛酸菜生煲羊排，似乎羊才是饭菜里原料的主角。另外，在园中石刻的屏风中也能清晰地看到"孙羊店"和"正店"几个字。

清明上河园中雕刻中的孙羊店和正店　　　　清明上河图中的孙羊店和正店

清明上河园中的实景孙羊正店

清明上河园中的实景孙羊烩面
（摄于河南省开封市清明上河园）

清明上河园中的娱乐实景绵羊车
（摄于河南省开封市清明上河园）

# 主要参考文献

B. E. 查瓦多夫斯基，1958. 家畜起源 [M]，张忠仁，等. 译. 南京：江苏人民出版社.

P. 费里普斯基，1957. 适应于不良环境下的牲畜繁育 [M]. 严炎，涂友仁，译. 南京：畜牧兽医图书出版社.

阿力玛，2018. 蒙汉沙"羊"熟语义化特性对比研究 [D]. 呼和浩特：内蒙古大学.

艾明，2020. 国家羊肉地理 [J]. 农产品市场（5）：28 - 37.

包戈留布斯基，1959. 家畜的起源 [M]. 董易，译. 北京：科学技术出版社.

蔡大伟，张乃凡，赵欣，2021. 中国山羊的起源与扩散研究 [J]. 南方文物，1：191 - 201.

陈兆复，邢琏，1993. 外国岩画发现史 [M]. 上海：上海人民出版社：62 - 63.

迪利夏提·哈斯木，武红旗，买买提江·吐尔逊，等，2014. 苍耳属两种植物种群构件生物量结构特征 [J]. 新疆农业科学，51（4）：708 - 713.

董仲舒，2011. 春秋繁露 [M]. 北京：中华书局.

端木庆一，2005.《圣经》中的"lamb"的象征意义与"羊文化"探微 [J]. 河南机电高等专科学校学报，13（5）：101 - 103.

冯维祺，1991. 我国古代绵羊品种形成初考 [J]. 农业考古（3）：338 - 342.

高敏，1989. 论秦汉时期畜牧业的特征和局限 [J]. 郑州大学学报（2）：92 - 102.

广州年鉴，2022. 历史沿革 [EB/OL]. https：//www. gz. gov. cn/zlgz/whgz/lswh/lsyg/content/post _ 8221264. html.

韩旭阳，2015. 揭秘西方羊文化《圣经》中山羊惨变"替罪羊"[EB/OL]. http：// culture. people. com. cn/n/2015/0215/c22219 - 26568442. html.

胡松梅，杨苗苗，孙周勇，等，2016. 2012—2013 年度陕西神木石峁遗址出土动物遗存研究 [J]. 考古与文物，4：109 - 121.

黄杨，2002. 羊文化与善、义、美的原始内涵 [J]. 南通师范学院学报（哲学社会科学版），18（3）：100 - 104.

黄杨，2005. 中华民族是"羊的传人"[J]. 华侨大学学报（哲学社会科学版）（3）：52 - 58.

贾青，常洪，马章全，1997. 山羊的起源驯化和品种形成 [J]. 河北农业大学学报，20（2）：68 - 71.

简阳市政协学习文史委，2007. 简阳羊肉汤 [M]. 北京：大众文艺出版社.

李慧文，2003. 羊肉制品 678 例 ［M］. 北京：科学技术文献出版社.

李睿，2016. 民勤羊肉地理标志产品的品牌化建设研究 ［D］. 兰州：兰州大学.

李文涛，2012. 从牧猪到牧羊：中古黄河流域畜牧业的变化 ［J］. 鄱阳湖学刊，2：19 - 23.

李祥龙，张亚平，陈圣偶，等，1999. 山羊 mtDNA 多态性及其起源分化研究 ［J］. 畜牧兽医学报，30 (4)：313 - 319.

李元放，1984. 中国古代的畜牧业经济 ［J］. 农业考古 (2)：333 - 338.

李志农，1993. 中国养羊学 ［M］. 北京：农业出版社.

李志启，2015. 羊年溯源羊文化 ［J］. 中国工程咨询，173 (2)：80 - 81.

笠原仲二，1987. 古代中国人的美意识 ［M］. 魏常海，译. 北京：北京大学出版社.

刘波，2004. 姜炎崇羊文化与中华民族传统精神 ［J］. 宝鸡文理学院学报 (社会科学版) (3)：62 - 67，71.

刘全波，李若愚，2019. 敦煌悬泉汉简研究述评 ［J］. 吐鲁番学研究 (1)：85 - 109，155.

刘小青，2021. 科学技术视域下文化自信研究 ［D］. 广州：华南理工大学.

满珂，2001. 蒙古族风俗中的羊崇拜现象初探 ［J］. 中南民族学院学报 (人文社会科学版) (3)：60 - 62.

闵芳，2021. 沙尘暴来了怎么办？［J］. 生命与灾害 (4)：10 - 11.

内蒙古家畜家禽品种志编委会，1985. 内蒙古家畜家禽品种志 ［M］. 呼和浩特：内蒙古人民出版社.

邱晔，2011. 中西"羊文化"研究 ［D］. 北京：中央民族大学.

桑吉扎西，2015. 雪域高原藏族的崇羊习俗 ［E/OL］. https：//www. rmzxb. com. cn/c/2015 - 02 - 26/451033 _ 2. shtml.

谭欣宜，2014. 汶川县阿尔村羌族羊皮鼓舞的民俗符号与文化认同研究 ［D］. 重庆：西南民族大学.

唐克明，1981. 全羊席菜谱 ［M］. 沈阳：辽宁科学技术出版社.

王保国，2006. 羊文化：中国传统文化的新诠释 ［J］. 中州学刊 (3)：196 - 199.

王亚民，2009. 英语"羊"的词汇场及其文化语境 ［J］. 湖南医科大学学报：社会科学版，11 (5)：3.

王玉琴，吴秋珏，刘玉梅，等，2023. 羊文化视角下羊生产学课程思政元素的挖掘与应用 ［J］. 安徽农业科学 (51)：261 - 263，267.

谢·亚·托卡列夫，1985. 世界各民族历史上的宗教 ［M］. 魏庆征，译. 北京：中国社会科学出版社：32.

谢成侠，1985. 中国养牛羊史 ［M］. 北京：农业出版社.

谢梅，焦虎三，2022. "羊崇拜"的演化与变迁：早期岩画的文化意蕴与传播 ［J］. 四川戏剧 (3)：152 - 159.

邢莉，2022. 中华文化共同体建构视域下游牧文化与农耕文化的交融 ［J］. 云南师范大学学报 (哲学社会科学版)，54 (5)：88 - 96.

邢莉，1995. 游牧文化 ［M］. 北京：燕山出版社.

徐仲舒，1990. 甲骨文大字典［M］. 成都：四川辞书出版社：23.

许慎，1963. 说文解字·詰部［M］. 北京：中华书局.

杨冠丰，黄淼章，2007. 点解羊姓：祥和广州与华夏文化［M］. 广州：羊城晚报出版社：9.

杨冠丰，杨洪潮，黄淼章，2010. 羊图腾：中国人也是羊的传人［M］. 广州：南方日报出版社：10.

杨杰，2006. 河南偃师二里头遗址的动物考古学研究［D］. 北京：中国社会科学院.

杨苗苗，胡松梅，郭小宁，等，2017. 陕西省神木县木柱柱梁遗址羊骨研究［J］. 农业考古（3）：13 - 18.

杨小莉，2016. 地方文化资源转化为课程资源的研究与实践：以洛阳"苏羊竹马"的研究为例［D］. 新乡：河南师范大学.

余梦飞，2017. 《说文解字》羊部字与中国传统羊文化简述［J］. 昭通学院学报，39（3）：71 - 76.

袁靖，黄蕴平，杨梦菲，等，2007. 公元前 2500—公元前 1500 年中原地区动物考古学研究——以陶寺、王城岗、新砦和二里头遗址为例［C］//中国社会科学院考古研究所考古科技中心. 科技考古：第二辑. 北京：科学出版社.

赵节昌，2012. 羊方藏鱼文化说［J］. 科学养鱼（10）：77 - 78，93.

赵永欣，李孟华，2017. 中国绵羊起源、进化和遗传多样性研究进展［J］. 遗传，39（11）：958 - 973.

赵有璋，2013. 中国养羊学［M］. 北京：中国农业出版社.

赵有璋，2002. 羊生产学［M］. 2 版. 北京：中国农业出版社.

赵有璋，2015. 羊年谈中国的羊文化［C］. 临清：第十二届中国羊业发展大会.

朱光潜，1980. 谈美书简［M］. 上海：上海文艺出版社：25.

左豪瑞，2017. 中国家羊的动物考古学研究综述和展望［J］. 南方文物，1：155 - 163.

Chen S Y, Su Y H, Wu S F, et al. , 2005. Mitochondrial diversity and phylogeographic structure of Chinese domestic goats［J］. Mol phylogenet Evol，37（3）：804 - 814.

Fernández H, Hughes S, Vigne J, et al. , 2006. Divergent mtDNA Lineages of Goats in an Early Neolithic Site, Far from the Initial Domestication Areas［J］. Proceedings of the National Academy of Sciences of the United States of America，103（42）：15375 - 15379.

Lv F H, Peng W F, Yang J, et al. , 2015. Mitogenomic meta - analysis identifies two phases of migration in the history of eastern Eurasian sheep［J］. Mol Biol Evol，32（10）：2515 - 2533.

Pereira F, Queiros S, Gusmao L, et al. , 2009. Tracing the history of goat pastoralism：new clues from mitochondrial and Y chromosome DNA in North Africa［J］. Molecular Biology and Evolution，26（12）：2765 - 2773.

Peters K E, Walters C C, Moldowan J M, 2005. The Biomarker Guide, Volume 2：Biomarkers and Isotopes in Petroleum Exploration and Earth History［M］. 2nd ed. Cambridge：

Cambridge University Press.

Rezaei H R, Naderi S, Chintauan‐Marquier I C, et al. , 2010. Evolution and taxonomy of the wild species of the genus *Ovis* (Mammalia, Artiodactyla, Bovidae) [J]. Mol Phylogenet Evol, 54 (2): 315–326.

 # 后记

　　养羊业是畜牧生产中与自然生态条件结合最紧密的产业之一。羊是草食动物，草牧业承载了养羊业的发展。草原是游牧民族休养生息的家园，羊文化是游牧文化的重要组成部分；养羊业也是畜牧生产中与文化结合最紧密的产业之一，羊文化神秘而悠远，贯穿在中华文明中的方方面面。养羊业还是畜牧生产中与民族-宗教结合最紧密的产业之一，养羊业产品是很多民族的主要食品和重要生活用品的来源。中华文明五千年，源远流长、博大精深，羊文化是中华优秀传统文化的重要组成部分，已经成为中华民族基本的文化基因，古往今来，多少古圣先贤为中化羊文化在悠远的神韵中添加一个又一个美妙音符，供后人赏阅。我们深深尊重中华民族的文化历史的根脉与精神追求，此书既有养羊业历史，也体现养羊业现实；援引典籍，也引用传说；羊文化深深浅浅地在历史和现实中交融。挖掘羊文化中富有永恒魅力、具有当代价值，甚至是跨越时空、超越国度的文化精神思想理念，是当代羊人对羊文化传承、发展与创新的重要体现。

　　没有一种梦想是可以不需要努力而轻易实现的；没有一桩事业是可以不经历风雨而轻松成功的。前后经历8年的写作历程，由曾经面对浩瀚的羊文化知识海洋而一度心理崩溃，进而辍笔不前，到一次一次以"试将旧日弓弯看"之心态去涉猎和触及，在写作过程中越来越深地体会到"不登高山，不知天之高也；不临深溪，不知地之厚也"，越来越被羊文化的博大精深而触动，最终在恩师赵有璋教授的大力鼓舞下，"我做你书的顾问，写吧，我会一直顾下去"，语言简单、朴素却令人动容。同时，为了我更好地总结和著书，先生从兰州给我寄来一大箱子相关书籍和文献资料供我参考，"师，种道、种业、种惑，千里之外，解了道业，解不下这一世情怀，我该如何以滴水之恩拥抱大海"，每每想起这沉甸甸的希望和寄托，我全身顿然涌起一股无形的勇气和力量，坚持把书写下去。这种动力源于对已进入耋耋之年的恩师的无限感恩、爱戴和敬佩，也源于作为一个养羊学者一直秉持的初心，不辜负养羊界老一辈专家学者

一生致力于弘扬羊文化、振兴养羊业的深厚情感以及对养羊后生的无限寄托。终于拉箭入弦，日夜躬耕，值此书成稿际，有欣喜也有落寞，欣喜是因为经过不懈的努力一时有"春风得意马蹄疾，一日看尽长安花"的成就感；落寞之处在于，写作过程相当于在羊文化知识的海洋中一次又一次冲浪，虽然自身感悟和体会到羊文化的至深、至厚并使灵魂受到深深震撼，但受限于文学水平和历史知识及自身阅历的限制，我的笔力还没有完全触及羊文化之海的最深处，更不足以完全展现它的广博和深邃的内涵。权且以"夫尺有所短，寸有所长，物有所不足，智有所不明"安慰自己，并以"箭入弦来月样齐"回应当时的初心。总之，深耕羊文化一隅，深窥浩渺如烟海的中华羊文化，愚人以拙笔和一孔之见，"不以资浅而怯、不以力薄而卑、不以语贫而辍"，竭力为羊文化的传播和发展奉献绵薄之力，编汇古今羊文化，让未来羊文化继古开来，更好地传承、发展和创新。

一朝沐杏雨，一生念恩师，以"微意何曾有一毫，空携笔砚奉龙韬。自蒙半夜传衣后，不羡王祥得佩刀"，再次表达对恩师赵有璋教授对本人事业上的关爱和再造之恩以及在此书写作过程中的悉心指导和对全书的悉心审校。

在本书已交出版社之际，恩师赵有璋先生于 2023 年 5 月 30 日凌晨因病不幸辞世。他为中国的养羊事业奉献毕生的精力，倾尽了一生的心血，他审阅初稿亲自为本书写的序言也刚两月有余，时间永远定格在刹那，羊文化传承在后来人的笔下永续。

河南科技大学　王玉琴

作者于 2023 年 6 月 5 日

图书在版编目（CIP）数据

中国羊文化的历史发展与传承 / 王玉琴著. —北京：
中国农业出版社，2024.5
ISBN 978-7-109-31957-8

Ⅰ.①中…　Ⅱ.①王…　Ⅲ.①羊—畜牧业—文化研究
—中国　Ⅳ.①F326.3

中国国家版本馆 CIP 数据核字（2024）第 096127 号

中国农业出版社出版

地址：北京市朝阳区麦子店街 18 号楼
邮编：100125
责任编辑：肖　邦
版式设计：小荷博睿　　责任校对：范　琳
印刷：北京通州皇家印刷厂
版次：2024 年 5 月第 1 版
印次：2024 年 5 月北京第 1 次印刷
发行：新华书店北京发行所
开本：700mm×1000mm　1/16
印张：12.75
字数：236 千字
定价：108.00 元